Roland Geisler, Julia Seuser
Retributionem – Auge um Auge, Zahn um Zahn

Dieser Franken-Thriller ist ein Konstrukt aus Fiktion und Zeitgeschichte. Beides verschmilzt in „Retributionem – Auge um Auge, Zahn um Zahn" und führt den Leser aus der Gegenwart in die Vergangenheit zurück.
Alle Figuren, bis auf Ausnahme der zeitgeschichtlichen Personen, sind erfunden. Sofern diese Personen der Zeitgeschichte in unserem Buch handeln oder denken wie Romanfiguren, ist auch dies frei erfunden. Fiktiv sind ebenso die Handlungsorte in der Gegenwart. Die Planung und die Ereignisse rund um die Giftanschläge im Sommer 1945 beruhen auf einer wahren Begebenheit.
Die Autoren möchten dem Leser eine Handlung vermitteln, die eine gewisse Authentizität beinhaltet. Deshalb muss dem Geschichtenerzähler erlaubt sein zu sagen: Es ist nur eine Geschichte, aber vielleicht war es ja tatsächlich so!?
Lediglich manch taktische und kriminalistische Handlungsabläufe der Gegenwart könnten im wahren Leben so erfolgt sein.
Alle Informationen über polizeiliche und strafprozessuale Ermittlungshandlungen sind als „offen" einzustufen, da diese für die Öffentlichkeit frei zugänglich sind z.B. BGBL I, 2005, 3136. Alle diese Maßnahmen werden zudem im Internet durch verschiedene deutsche und ausländische Strafverfolgungsbehörden ausführlich beschrieben.
Im Anhang finden Sie ein Glossar zu fränkischen und kriminalistischen Redewendungen.

Roland Geisler und Julia Seuser

# Retributionem
## Auge um Auge, Zahn um Zahn

Ein Franken-Thriller

*für Daniela
herzlichst*

19/12/2016

© 2015 by Roland Geisler,
Goldhutstraße 13, 90559 Burgthann
Alle Rechte vorbehalten. Kein Teil des Werkes darf in irgendeiner Form (durch Fotografie, Mikrofilm oder ein anderes Verfahren) ohne schriftliche Genehmigung der beiden Autoren reproduziert oder unter Verwendung elektronischer Systeme verarbeitet oder vervielfältigt werden.
Umschlaggestaltung: Guter Punkt, München
Umschlagsmotive: © Thinstock
Abbildungen: Roland Geisler
Redaktion: Julia Seuser
Druck: CPI books GmbH, Leck
Made in Germany

Erstausgabe 2015
ISBN 978-3-00-049227-3
2. Auflage

*Schwierig ist es, verborgen zu bleiben, wenn man Unrecht tut; sicher zu sein, dass man verborgen bleiben werde, ist unmöglich.*

- Epikur -

*Das Leben ist wie eine Reise im Zug ...*

*... das große Mysterium der Reise ist, dass wir nicht wissen, wann wir endgültig aussteigen werden!*

(Quelle unbekannt)

# Prolog 1

*Mittwoch, 7. April 2010, 14.45 Uhr, Südfriedhof Nürnberg*

Es war Viertel vor drei, als das Totenglöckchen des Nürnberger Südfriedhofes zu läuten begann. Alle Freunde, die sie auf ihrem letzten Gang begleiten sollten, waren anwesend. Es war ein düsterer, kalter Tag, dieser 7. April 2010.

Der Nieselregen, der sich auf dem dunklen Eichensarg niederlegte und langsam an den lackierten Seiten herabfloss, vermittelte den Eindruck, als seien es Tränen. Tränen all derer, die sie heute zum letzten Mal begleiteten.

Wie konnte das passieren? Die Diagnose Leukämie traf beide wie ein Schlag. Doch dann, nachdem sich der erste Schreck gelegt hatte, die Erleichterung. Schneller als erwartet fand sich ein geeigneter Knochenmarkspender. Es schien wieder alles in die richtigen Bahnen zu laufen. Lediglich ihre ehemals dunkelblonden Haare waren verschwunden; durch die Knochenmarkspende wuchsen sie nun dunkelbraun, fast schwarz. Die Hoffnung, dass beide ihr glückliches Leben fortsetzen konnten, blühte auf. Sie schmiedeten bereits gemeinsame Pläne am Krankenbett im festen Glauben, die Krankheit sei besiegt.

Umso härter traf ihn der Anruf der Klinik. Man berichtete ihm, dass sie Fieber habe, die Blutwerte im Keller seien, und sich ihr Immunsystem auf einen Zweikampf einstellen müsse. Das war vor dreizehn Tagen. Heute wussten alle, wer den Zweikampf gewonnen hatte.

Gunda und Basti stützten ihn, als er gebrochen und schluchzend den letzten Weg hinter Isabell beschritt. Für den letzten Gruß hatte Schorsch ihre Lieblingsblumen gewählt, kirschrote

Gerbera. Die Schleife des Sargbuketts trug den Spruch: „Wenn die Liebe einen Weg zum Himmel fände und Erinnerungen zu Stufen würden, dann würde ich hinaufsteigen und dich zurückholen." Dieser sollte Isabell für ihn unvergessen machen.

Es war fünf vor drei, als die Pfarrerin den letzten Segen erteilte, „Der Weg" von Herbert Grönemeyer verhalten aus den beiden kleinen Lautsprechern erklang, die am Rande des Grabes aufgestellt waren, und ihr Sarg in die Tiefe ihrer letzten Ruhestätte versank.

Dies war nun eineinhalb Jahre her. Die Trauer hatte nachgelassen, der Alltag hatte sein Leben wieder eingenommen. Die schöne Zeit mit Isabell jedoch blieb in seiner Erinnerung.

# Prolog 2

*Freitag, 16. September 2011, 16.55 Uhr,*
*Fountain Street, Valletta, Malta*

Es war ein sonniger Herbstnachmittag, der 16. September 2011. Valletta lag noch in der Nachmittagssonne, und sie waren wie immer pünktlich. In einer Grube unweit des alten Olivenhains loderte bereits das Holz. Die weiße Schicht der Glut war ideal, es hatte die Hitze erreicht.

„Abaddon" hatte zum Fest geladen. Wieder einmal hatten seine Männer einen Teil ihres Auftrages erledigt, bedenkenlos konnte er sich auf sie verlassen. Ein Telefonat, und sie standen parat. Er hatte sie persönlich ausgewählt. Es waren Spezialisten aus Sonderkommandos verschiedener Armeen und Geheimdienste. Sie nahmen in seinem Firmengeflecht Schlüsselpositionen ein und wurden für ihre Aufträge bestens entlohnt.

Die Männer setzten sich auf die kahle Pinienbank. Auf dem Holztisch standen Tonbecher und eine Weinkaraffe bereit. Sie stießen miteinander an und tranken jeder einen großen Schluck. Nach einer Weile des Schweigens fokussierte sich ihr Blick auf das schwarze Lämmchen, das bereits angebunden, nur einen Meter von ihnen entfernt, auf seinen Tod wartete.

Die Prozedur konnte nun beginnen.

Sodann stand einer von ihnen auf und umklammerte das Lamm mit festem Griff. Der Jüngste der Männer legte den grauen Wetzstein auf dem Tisch ab, danach führte er die scharfe Klinge zur Kehle des unruhig zuckenden Tieres. Mit einem Schnitt führte er die Schächtung durch, dann drückten seine Hände das Opfer zu Boden. Das warme dunkelrote Blut, das schwallartig aus dem Körper des Tieres austrat und dabei über seine Hände floss, versickerte im staubigen Sandboden. Es dauerte nur wenige Sekunden, bis das Lämmchen sich nicht mehr regte. Sein Herz hatte aufgehört zu schlagen.

Das große Anwesen in der Fountain Street war von außen nicht einsehbar, die hohen alten Mauern aus vergangener Zeit schirmten unliebsame Besucher ab. Seit Jahrzehnten unterhielt man hier einen wichtigen Stützpunkt. Laut Firmenschild war es der Sitz der „Global Pax-Trade Ltd.".

Das Gebäude war strategisch sehr günstig gewählt. Luftlinie waren es nur zirka hundertfünfzig Meter bis zur nordöstlich abfallenden Steilküste, die nach ungefähr zwanzig Metern den Meeresspiegel erreichte. Hier hatte man in den späten Siebzigern einen separaten Zugangsbereich zu diesem Objekt angelegt. Sensible Transporte von Mensch und Material waren somit nicht mehr unter der Kontrolle der maltesischen Behörden.

Seit Jahren hatte man sich von hier aus ein Sprungbrett nach Europa und der restlichen Welt geschaffen. Als Angehöriger des Malteserordens kam man ungehindert durch alle Sicherheitskontrollen, und der internationale Flughafen Frankfurt lag nur zweieinhalb Flugstunden entfernt.

Seit Jahrzehnten war das „Gelübde der Vergeltung" – die „Talionsformel" – nicht mehr angewandt worden. Die ihnen bekannten Todeslisten waren abgearbeitet, und es gab lange Zeit keine Hinweise darauf, dass sich noch einer der Verbrecher unter ihnen befand. Alle Verantwortlichen von damals waren ihrer gerechten Strafe zugeführt worden.

Nun aber lagen neue Erkenntnisse vor. Offensichtlich gab es doch noch ein paar von ihnen, deren wahre Identität nach all den Jahren der Verschwiegenheit nun bekannt geworden war.

# 1. Kapitel

*Dienstag, 20. September 2011, 05.50 Uhr,*
*Pilotystraße, Nürnberg*

Oans, zwoa, gsuffa ... Er war fast noch im Tiefschlaf. Vor sechs Stunden erst war Georg Bachmeyer, der bei der Nürnberger Mordkommission von allen nur „Schorsch" genannt wurde, mit seinen Kollegen von der Wiesn zurückgekehrt. Das schrille Läuten seines Telefons beförderte ihn schlagartig aus seinen alkoholgeschwängerten Träumen wieder zurück ins Hier und Jetzt. Er gähnte herzhaft, verzog aber jäh das Gesicht. Die vier Maß Bier, der Radi und die gegrillte Schweinshaxe hatten einige nächtliche Blähungen verursacht, die deutliche Duftspuren in seinem Schlafzimmer hinterlassen hatten. Bevor er das Telefonat annahm, stand er auf und öffnete sein Schlafzimmerfenster bis zum Anschlag.

„Servus, Schorsch! Ausgeschlafen?"

Er erkannte die Stimme von Heidi Baumann. Heidi war die stellvertretende Leiterin des Kriminaldauerdienstes, kurz KDD.

„Guten Morgen, Heidi. Eigentlich habe ich noch einige Stunden Schlaf nachzuholen. Wir waren doch gestern alle auf der Wiesn beim ‚Tag der Betriebe', und die letzte Maß hätte ich wohl doch lieber stehen lassen sollen."

Heidi lachte. „Ich weiß, Schorsch, ich habe eure Rückkehr schließlich noch mitbekommen."

„Und warum rufst du mich dann zu dieser unchristlichen Zeit an?"

„Es geht leider nicht anders. Wir haben einen Toten westlich von Fürth, genauer gesagt, in der Westvorstadt. Die Kollegen von der Bundespolizei haben mich soeben verständigt. In der Oberleitung der Deutschen Bahn hängt eine gekreuzigte Person."

„Gekreuzigt?"

„Gekreuzigt und bis zur Unkenntlichkeit verbrannt. Es ist kein schöner Anblick."

„Und was sollen *wir* in Fürth? Da ist doch die Fürther Dienststelle zuständig!" Er sah sich schon wieder in seine Kissen zurückfallen, aber Heidi nahm ihm sogleich die Illusion.

„Die Kollegen in Fürth haben heute ihren Betriebsausflug, und wir vertreten sie bis morgen. Also ist deren Zuständigkeit seit heute Nacht null Uhr unsere Zuständigkeit. Tut mir leid, dass dein Tag heute nicht besonders gut anfängt!" Sie machte eine kurze mitleidige Pause, bevor sie die weiteren Informationen ausspuckte. „Die Bundespolizei sichert bis zum Eintreffen der Kriminalpolizei den Tatort. Das Oberleitungsnetz wurde abgestellt, derzeit fahren Ersatzbusse. Die Fahrstrecke sollte jedoch so schnell wie möglich wieder für den Schienenverkehr freigegeben werden. Unsere Spusi ist unterrichtet. Ebenso sind schon Kollegen meines Dauerdienstes dorthin unterwegs. Schau dir das bitte mal an!"

„Wo genau?"

„Die Eisenbahnbrücke, Verlängerung Parkstraße, die zum Scherbsgraben führt."

„Gut, Heidi, ich mache mich auf den Weg und werde so in dreißig Minuten da sein."

Der Tatort befand sich in unmittelbarer Nähe seiner Stammsauna, dem Fürthermare von Andreas Wolf. Wie gerne wäre Schorsch heute dorthin gefahren, allerdings aus ganz anderen Gründen. Er hastete ins Badezimmer, putzte seine Zähne und warf sich eine Ladung Wasser ins Gesicht.

Schorsch sah noch etwas verknittert aus, als er um kurz nach sechs Uhr in die Tiefgarage stürmte, seinen Mercedes-Benz Strich-Acht anwarf und die Pilotystraße Richtung Westen verließ. Es dämmerte, die Vögel zwitscherten, und es schien ein schöner Altweibersommertag zu werden. Der morgendliche Berufsverkehr hatte noch nicht wirklich begonnen, sodass er schon nach kürzester Zeit den Frankenschnellweg erreichte und Richtung Fürth fuhr.

Schorsch wählte die Mobilfunknummer von Roland Löw. Roland, Schorschs Kollege, wohnte in Fürth – war also ortskundig – und wurde von allen nur „Blacky" genannt. Nicht etwa aufgrund einer zufälligen Ähnlichkeit mit dem großen Joachim Fuchsberger, nein, er war das Kind eines dunkelhäutigen Vaters und einer hellhäutigen Mutter, was ihm seinen unwiderstehlichen dunklen Teint beschert hatte. Vielleicht kam er deshalb so gut bei Frauen an?

„Guten Morgen, Schorsch. Was gibt's?", meldete sich Blacky schon nach dem zweiten Klingeln. Anscheinend hatte er den gestrigen Abend besser weggesteckt als Schorsch.

„Guten Morgen, Blacky. Die Bundespolizei hat uns informiert, wir sollen einen Toten in Fürth inspizieren. Der hängt gekreuzigt in der Oberleitung, nahe der Eisenbahnbrücke, Verlängerung der Parkstraße. Mach dich fertig und komm bitte zum Tatort. Ich bin in fünfzehn Minuten vor Ort."

„Ok, Chef, ich beeile mich."

Schorsch erreichte die Parkstraße um kurz nach halb sieben. Von Weitem konnte er das Blaulicht der Einsatzfahrzeuge der Bundespolizei erkennen, die zwischenzeitlich die Zufahrt zu dieser Einbahnstraße mit einem Absperrband abgesichert hatten. Er parkte seinen Mercedes in der angrenzenden Lindenstraße und begab sich in Richtung Tatort. Schorsch erkannte die zwei Kollegen der Fürther Dienstgruppe neben der Polizeiabsperrung, die nun die Tatortabsperrung übernommen hatten und die Verkehrsteilnehmer ebenso in die Lindenstraße umleiteten. Er ging auf die Kollegen zu.

„Guten Morgen, Männer, Bachmeyer vom K11." Er zeigte ihnen seinen Dienstausweis.

„Guten Morgen, Herr Bachmeyer, man hat uns über Ihr Erscheinen informiert. Sie werden bereits erwartet." Der Kollege hob das Absperrband und ließ ihn passieren.

Die Stimmung war irgendwie unheimlich. Links von Schorsch, also im Osten kämpften sich die ersten Sonnenstrahlen durch den noch vorhandenen Bodennebel. Der leichte Wind verursachte einen herbstlichen Blättertanz, und je näher man sich dem Tatort näherte, desto mehr roch es nach verbranntem Fleisch.

„Schorsch, warte, ich bin schon da!", ertönte plötzlich eine Stimme hinter ihm. Blacky hatte den Tatort erreicht und joggte auf ihn zu.

Auf der Brücke hatte die Bundespolizei zwischenzeitlich eine Leuchtgiraffe installiert, um den Tatort besser ausleuchten zu können. Die beiden Kommissare überquerten die Brücke und hangelten sich langsam den steilen Bahndamm zu den Gleisanlagen hinab. Schorsch erkannte Robert Schenk und sein Team von der Spusi in ihren grauen Schutzoveralls. Robert und seine Leute waren für die Tatortsicherung zuständig. Jede noch so kleine Spur und jeder Hinweis konnte entscheidend sein. Deshalb war eine gründliche Spurensicherung wesentlicher Bestandteil einer guten und erfolgreichen Fallbearbeitung.

„Servus, Robbi! Und, wie weit seid ihr schon?"

„Guten Morgen, Schorsch! Servus, Blacky! Gut, dass ihr so schnell kommen konntet. Die Leuchtgiraffe von den

Schottersheriffs ist uns eine große Hilfe. Wir sind noch mittendrin, aber da hat jemand auf grausamste Weise eine regelrechte Hinrichtung durchgeführt. So etwas habe ich noch nie gesehen!", antwortete Robert.

Schorschs Blick wanderte vom Leiter der Spurensicherung hinauf zur Oberleitung. Roberts Leute versuchten gerade, das Stangenkreuz mit dem verkohlten und sichtlich geschrumpften Gekreuzigten von dort zu entfernen. Ihre Anstrengungen waren jedoch vergebens. Mit den ihnen zur Verfügung stehenden Mitteln war eine Bergung des Opfers unmöglich. Die Berufsfeuerwehr würde diesen Job übernehmen müssen.

Es war in der Tat ein schrecklicher Anblick. Man hatte das Opfer augenscheinlich mit einer Kette auf zwei Eisenrohre gekreuzigt und dann bodenabwärts auf die Oberspannungsleitung der Deutschen Bahn geworfen. Am Ende des Kreuzes war ein Anker angebracht, der das Opfer zwischen den Oberleitungen festhielt. Die Kette, mit der die Person festgebunden worden war, hatte man so lange gelassen, dass diese den Schotterboden berührte. Durch die extrem wirkenden Ströme war das Opfer bis zur Unkenntlichkeit verbrannt und verstümmelt worden.

Zudem verursachten die Böen des Herbstwindes ein makabres Spiel. Der Tote pendelte am Kreuz, und die Kette der Kreuzigung schleifte dabei über den Schotterboden. Das Geräusch erinnerte an die aneinander scheuernden Fußketten der Ruderer auf einer Galeere, auf die man im Mittelalter Schwerverbrecher verbannt hatte.

„Schorsch, hast du eine Ahnung, warum der Gekreuzigte verkehrt herum, also mit dem Kopf nach unten hängt?" Blacky guckte ihn fragend an.

„Hm ... Ich kann natürlich auch nur Vermutungen anstellen", antwortete Schorsch mit einem skeptischen Blick. „Aber es gibt da unterschiedliche Ansätze. Petrus ist ja auch nach unten gekreuzigt worden, weil er bei seiner Hinrichtung äußerte, dass er nicht würdig sei, auf die gleiche Weise wie Jesus zu sterben. Allerdings bedeutet das umgekehrte Kreuz in der heutigen Zeit auch die Umkehrung christlicher Werte. Man findet es häufig im Zusammenhang mit Okkultismus, und in der Black-Metal-Szene gilt es als ein Zeichen des Teufels."

„Was du alles weißt, Schorsch. Sei ehrlich, du warst damals der Streber im Konfirmandenunterricht." Blacky konnte sich ein Grinsen nicht verkneifen, wurde aber sogleich wieder ernst. „Oh Mannomann, Chef! Was kommt da wohl noch auf uns zu? Wenn ich diese Grufties schon von Weitem sehe, bekomme ich Gänsehaut."

Zwischenzeitlich waren auch die Bestatter eingetroffen. Der schwarze Mercedes-Kombi mit seinen lila Vorhängen und seinen weiß geätzten Milchglasscheiben mit Palmenblättern parkte direkt neben der Leuchtgiraffe. Die beiden älteren Herren stiegen aus dem Fahrzeug aus und warteten darauf, ihrer unangenehmen Arbeit nachgehen zu können. Sie hatten bereits ihren Leichenbergesack neben den Abhang abgelegt, da aufgrund des steilen Bahndamms eine Bergung mit dem üblichen grauen Kunststoffsarg nicht möglich war.

„Guten Morgen, meine Herren!" Plötzlich trat Oberstaatsanwalt Dr. Menzel aus dem Schatten des Bahnbrückenpfeilers hervor. „Gestern noch auf der Wiesn gefeiert, und heute geht's schon wieder ans Eingemachte. Und das in Fürth! Euer Kriminaldauerdienst hat mich verständigt."

Oberstaatsanwalt Dr. Menzel, Gruppenleiter bei der Staatsanwaltschaft Nürnberg-Fürth, war ein Hardliner unter den fränkischen Anklagevertretern. Sobald ihm die notwendigen Beweise vorlagen, fackelte er nicht lange, um Beschlüsse und Haftbefehle für seine Ermittler zu beantragen. Sein Mobiltelefon, munkelte man, hatte er immer griffbereit auf dem Nachttischkästchen liegen, den dazugehörigen Ersatzakku immer in der Ladestation. Er war keineswegs ein „Bedenkenträger", wie sie das in ihren Kreisen nannten. Denn einige junge Staatsanwälte waren sehr karriereorientiert und wollten durch möglichst wenig Aufsehen und mögliche Beschwerden die Karriereleiter schnell hinaufklettern. Entsprechend bekamen sie bei der Beantragung von Haftbefehlen, Beschlagnahmen und Durchsuchungsbeschlüssen das bekannte „Bauchdrücken", das sich schon mal bis zum Enddarm hinziehen konnte. Im Gegensatz zu diesen Anklagevertretern bekam Dr. Menzel höchstens mal Bauchschmerzen, wenn er etwas Falsches gegessen hatte. Er war einfach viel zu lange im Geschäft, und seine juristischen Erfahrungen in den letzten Jahrzehnten machten aus ihm den „Macher" der Anklage schlechthin! Menzel hatte noch sieben Jahre bis zu seiner Pension, bis dahin könnte er es sogar bis zum Leitenden Oberstaatsanwalt schaffen. Das Zeug dazu hatte er allemal.

Zeitgleich mit Dr. Menzel hatte auch die alarmierte Berufsfeuerwehr der Stadt Fürth den Tatort erreicht. Sie besaßen das notwendige Equipment, um eine gefahrlose Bergung des Gekreuzigten durchführen zu können.

Alle Anwesenden beobachteten nun gespannt, wie sich zwei Feuerwehrbeamte im Rettungskorb mit einer hydraulischen Drehleiter dem Opfer näherten. Sodann fixierten sie den Leichnam mit einer Rettungsleine und führten diesen langsam abwärts zur Gleisanlage. Zwei weitere ihrer Kollegen standen im Schotterbett, sicherten mit der Führungsleine und dirigierten den Leichnam zum Bahndamm. Kaum dass dieser im dunkelgrauen Schotterbett abgelegt worden war, schoss eine Kollegin aus Roberts Spusi-Team weitere Fotos vom Mordopfer. Jetzt erst wurde das Ausmaß der verheerenden Verbrennungen sichtbar, die der Starkstrom der Fünfzehntausend-Volt-Oberleitung verursacht hatte.

Nun trat auch Blacky heran und kniete sich neben das Opfer. Er war sichtlich geschockt. „Mensch, Schorsch, das ist ja nur noch ein Klumpen verbranntes Fleisch. Man kann nicht einmal mehr erkennen, ob es sich um einen Mann oder eine Frau handelt."

Nur widerwillig kniete sich Schorsch neben seinen Kollegen, und sie begannen mit der Inspektion der Leiche.

Die kleinen Nebelschwaden links und rechts vom Bahndamm verflüchtigten sich, und es wurde langsam heller. Die Stimmung war gespenstisch. Im Hintergrund hörte man das Krächzen von Raben, die auf der Oberleitung Platz genommen hatten. Warteten sie womöglich auf ihr Frühstück?

Mit einem großen Bolzenschneider der Berufsfeuerwehr entfernte Robert den lädierten Körper von dem Stangenkreuz, das aus zwei Wasserleitungsrohren zusammengezimmert worden war. Das Lösen der Metallteile vom Körper gestaltete sich hingegen schwierig, da durch den wirkenden Starkstrom die verschiedenen Körperteile regelrecht mit dem Kreuz und der Eisenkette verschmolzen waren. Die Hautoberfläche und die noch vorhandenen anhaftenden Klamotten des Toten verursachten beim Lösen ein knackendes Geräusch, wie das Ablösen einer verbrannten Schweineschwarte am Spieß. Der Anblick war mehr als grauenvoll, und das verkohlte menschliche Fleisch roch süßlich.

„Ich bin gespannt, ob unser Rechtsmediziner an dem noch Spuren findet", äußerte Robert erste Bedenken. „Wenn ich mir den Zustand der Leiche so ansehe, würde ich behaupten, dass das nahezu ausgeschlossen ist."

„Vermutlich hast du recht, Robert", bestätigte Schorsch. Er wandte sich an Staatsanwalt Dr. Menzel, der direkt zwischen ihm und Robert Platz genommen hatte. „Was sagen Sie dazu, Herr Dr. Menzel?"

„Schrecklich, einfach schrecklich! So etwas ist mir während meiner langen Amtszeit tatsächlich noch nie vor Augen gekommen. Habt ihr den Tatort so weit schon gesichert?"

„Unsere Spusi ist fertig, lediglich die körperliche Untersuchung hier am Opfer steht noch an", antwortete Schorsch.

„Gut, Bachmeyer. Ich frage deshalb, weil ich jetzt erst einmal eine Zigarette brauche. Rauchen am Tatort ist also okay?" Menzel schaute Robert fragend an.

„Geht in Ordnung, Dr. Menzel", gab dieser sein Okay.

Dr. Menzel griff in seine Jackentasche und holte sein silbernes Zigarettenetui hervor. Dann steckte er sich eine Mentholzigarette an und inhalierte einen tiefen, langen Zug. Währenddessen stießen nun auch die beiden Kollegen der Bundespolizei hinzu und begannen sogleich mit der Untersuchung des Opfers.

Nur wenige Minuten später wandte sich Polizeihauptmeister Axel Korn an die restlichen Anwesenden, die sich in der Zwischenzeit an den Anblick des verkohlten Fleischklumpens gewöhnt hatten. „Das Besondere an diesem Opfer ist, dass durch die vorhandene Kette, die den Schotterboden berührt hat, die fünfzehntausend Volt länger durch das Opfer geflossen sind als bei üblichen Oberleitungsunfällen. Stromunfälle bei Gleisbauarbeiten enden meist tödlich, aber die Opfer werden bei der Berührung der spannungsführenden Teile durch den Stromschlag von der Stromquelle zurückgeschleudert. Die Einwirkzeit dauert hier nur Sekunden, oder besser gesagt, Millisekunden. In den meisten Fällen kann das Opfer noch leicht identifiziert werden. Hier bei diesem Opfer sprechen wir aber von einer wesentlich längeren Einwirkzeit. Bis das

Sicherungssystem der Deutschen Bahn den Strom automatisch abgeschaltet hat, vergingen mindestens zehn bis fünfzehn Sekunden. Das erklärt, warum der Körper bis zur Unkenntlichkeit verbrannt ist. Unser Körper besteht zu achtzig Prozent aus Wasser, und wenn das verdampft, dann schrumpft er zusammen wie eine Rosine."

Der Leichnam lag nun neben dem Kreuz. Die Ketten waren gelöst und in Einzelteilen daneben ausgebreitet worden. Kaum zu glauben, dass der große Klumpen einmal ein Mensch gewesen sein soll, dachte Schorsch und durchkämmte mit seinem Blick noch einmal alle vor ihm liegenden Teile. Beim näheren Betrachten des verkohlten Körpers fiel ihm plötzlich ein Glitzern ins Auge. In der Mitte des Klumpens, schätzungsweise dort, wo normalerweise die Brust lag, stach etwas Metallenes hervor. Er ging erneut in die Hocke und entdeckte einen ovalförmigen Gegenstand, der an einer dünnen Kette befestigt war. Es sah aus wie eine Erkennungsmarke der Bundeswehr. Vorsichtig löste er die Kette mit der Marke vom Körper ab. Es knirschte.

Robert, der die Situation mitverfolgt hatte, beugte sich neugierig zu Schorsch, um einen Blick auf die Marke zu werfen. „Haben wir da etwa einen Bundeswehrler vor uns?"

Es schien in der Tat eine deutsche Erkennungsmarke zu sein, auf der jedoch eine ausländische Schriftprägung zu erkennen war. Die genaue Herkunft sollte sein Kollege Michael Wasserburger für ihn abklären. Wasserburger war Leiter der Nürnberger KTU, der 47-jährige Erlanger arbeitete seit 1997 beim Polizeipräsidium Nürnberg.

„Normalerweise sind hier der Anfangsbuchstabe des Namens, die Personenkennziffer, die Religionszugehörigkeit, Kennziffer des Kreiswehrersatzamtes und die Blutgruppe eingestanzt", bemerkte Schorsch. „Bei dieser Erkennungsmarke aber fehlen diese erforderlichen Einstanzungen. Hier haben wir eine ganz andere Beschriftung." Er reichte die Marke Robert, der sie wiederum an Dr. Menzel weitergab.

Es handelte sich um eine sehr außergewöhnliche Prägung:

עין תחת עין

„Das ist ja wirklich sehr mysteriös, das soll sich gleich mal unser Rechtsmediziner anschauen. Ich werde Dr. Nebel sofort anrufen." Dr. Menzel holte sein Mobiltelefon hervor und scrollte nach der Telefonnummer des Rechtsmediziners Prof. Dr. med. Alois Nebel, der von den K11-ern nur „Doc Fog" genannt wurde. Die Verbindung wurde aufgebaut.

Nach dreimaligem Läuten ging der Doc an den Apparat. „Dr. Menzel, was gibt es zu so früher Stunde? Ich bin gerade auf dem Weg in die Gerichtsmedizin", hörten auch alle anderen Anwesenden die markante Stimme durch den Lautsprecher.

„Ja, mein Lieber, wir haben hier eine Leiche in einem außergewöhnlichen Zustand, total verkohlt. Ich habe keine Ahnung, ob Sie da noch etwas finden werden." Dr. Menzel schilderte Doc Fog die Auffindesituation der Leiche.

„Schicken Sie mir den Leichnam gleich zu, Dr. Menzel, ein Oberspannungsopfer ist sehr lehrreich für meine Studenten", antwortete Doc Fog in seinem unnachahmlich pragmatischen Tonfall. „Ich werde mich gleich an die Arbeit machen."

„Werde ich veranlassen, besten Dank." Das Gespräch war beendet, und Dr. Menzel widmete seine Aufmerksamkeit wieder den Kollegen vor Ort. „Meine Herren, haben Sie eine Ahnung, was diese Schriftzeichen bedeuten?" Er deutete auf die Erkennungsmarke.

Wortlos guckte jeder nochmals auf die Marke, aber keiner von ihnen konnte den geheimnisvollen Präge- oder Schriftsatz genauer bestimmen. War es Farsi, Hebräisch oder Urdu? Sie hofften alle, dass Michael Wasserburger ihnen hier weiterhelfen würde.

„Okay, wir sind dann eigentlich so weit hier fertig." Dr. Menzel griff erneut zu seinem Zigarettenetui. „Man kann das Opfer in die Gerichtsmedizin bringen. Herr Bachmeyer, veranlassen Sie bitte den Transport zu Professor Dr. Nebel. Und Ihnen allen, meine Herren, dann noch ein erfolgreiches Schaffen!" Mit einer Kippe im Mund verließ der Herr Oberstaatsanwalt den Tatort.

Schorsch winkte den Bestattern zu und signalisierte ihnen damit, dass sie nun mit ihrer Arbeit beginnen durften.

Die Arbeit für die K11-er hingegen war hier beendet. Die Kollegen der Bundespolizei demontierten bereits die Leuchtgiraffe, während die beiden Bestatter sich mit dem gefüllten Leichenbergesack den Bahndamm hoch kämpften. Der Tatort war wieder freigegeben.

„Also dann, pack mer's!" Schorsch verabschiedete sich von den Kollegen der Bundespolizei. Zu Robert und seinem Team, die sich gerade ihrer Schutzoveralls entledigten, sagte er im Vorbeigehen: „Hört zu, wir treffen uns gleich bei der Anneliese in der Kantine. Ich brauche jetzt einen starken Kaffee und ein Leberkäsweckla!"

„Gute Idee, Schorsch", antwortete Robert, „das könnten wir alle auch gebrauchen. Also dann, bis gleich!"

## 2. Kapitel

*Dienstag, 20. September 2011, 08.42 Uhr,
Polizeipräsidium Nürnberg, K11*

Unmittelbar nachdem sie sich gemeinsam bei Anneliese gestärkt hatten, suchte Schorsch seinen Kommissariatsleiter, Kriminaldirektor Raimar Schönbohm, auf, um ihm den neuen Mordfall mitzuteilen. Er klopfte kurz an dessen Bürotür und betrat dann das Zimmer. Schönbohm war eben erst im Präsidium angekommen und zog sich gerade seine schwarzen Birkenstocks an. Der Kriminaldirektor hatte nur noch drei Jahre bis zu seiner Pensionierung und war der „Moosbüffel" unter den Kommissariatsleitern. Denn auch nach fast dreißig Jahren Polizeitätigkeit in Franken ließ er es sich nicht nehmen, seine Anweisungen in schönstem Oberpfälzisch zu erteilen, weshalb ihn einige Kollegen seiner Dienstgradgruppe als hinterwäldlerisch abtaten. Zudem war Schönbohm in Altneuhaus aufgewachsen, einem kleinen Dorf in der östlichen Oberpfalz. Und böse Stimmen behaupteten: „Wenn du in Altneuhaus an der ersten Haustüre klopfst und es macht jemand auf und schaut dich an, dann weißt du gleich, wie der Letzte im Dorf aussieht!" Sprüche wie diese musste sich der 59-Jährige des Öfteren anhören.

Aber immer stand Schönbohm hinter seinem Kommissariat, und seine Männer hinter ihm. Die kannten ihn und wussten genau, wie sie den „Wäldler" und seine Art zu nehmen hatten.

„Guten Morgen, Herr Schönbohm."

„Guten Morgen, Herr Bachmeyer. Was gibt's zu berichten? Kommt die Monatsstatistik für den Polizeipräsidenten voran?"

„Statistik läuft. Ich bin wegen eines neuen Kapitalverbrechens hier."

„Na hoppala, was ist denn passiert?"

Schorsch teilte Schönbohm die Ereignisse der letzten Stunden mit.

„Mensch, Bachmeyer, das ist ja schrecklich, da läuft es einem ja kalt den Buckel runter. Sonst schon irgendwelche Anhaltspunkte? Ich weiß, es ist eben erst passiert, aber ich möchte gleich den Polizeipräsidenten darüber in Kenntnis setzen."

„Nein, weitere Anhaltspunkte gibt es noch nicht."

„Gut, dann wollen wir wie gewohnt um zehn Uhr eine Lagebesprechung durchführen. Informieren Sie bitte alle Leute, die Spusi und Herr Wasserburger sollen auch mit dabei sein."

„Jawohl, wird erledigt", antwortete Schorsch und ging zurück in sein Büro.

Zwischenzeitlich war auch Schorschs Zimmernachbar eingetroffen, Kriminaloberkommissar Horst Meier, mit dem er sich seit Jahren ein Büro teilte.

„Servus, Schorsch! Ich hab schon gehört, es gibt ein neues Verbrechen."

„Guten Morgen, Horst. Ja, ich war gerade bei Schönbohm und hab ihn unterrichtet. Um zehn Uhr findet wie gewohnt eine Lagebesprechung statt. Kannst du bitte die Kollegen informieren, inklusive Michaels KTU und Roberts Spusi?"

Horst nickte und hängte sich sofort ans Telefon, um allen Bescheid zu geben.

*Dienstag, 20. September 2011, 09.53 Uhr,
Polizeipräsidium Nürnberg, K11, Besprechungsraum 1.102*

Eine solche Lagebesprechung fand eigentlich jeden Montag im Kommissariat statt. Neben dem Austausch von Informationen bezüglich des normalen Tagesgeschäfts, des jeweiligen Standes der offenen Ermittlungsfälle und bevorstehende Hauptverhandlungen erfolgte hier auch die Zuteilung von Neufällen und gegebenenfalls die Bildung von Sonderkommissionen, kurz SOKO genannt, beziehungsweise einer MOKO, wie es bei der Mordkommission hieß.

Sie hatten alle bereits Platz genommen. Horst hakte die Anwesenheitsliste ab, indem er die Namen seiner Kollegen aufrief. „Michael Wasserburger von der KTU, Robert Schenk von der Spusi, und das Team der K11 bestehend aus Sebastian Blum, Waltraud Becker, Eva-Maria Flinn, Roland Löw, Hubert Klein, Gunda Vitzthum, Schorsch und meiner Wenigkeit. Alle da, nur der Leiter des K11, Kriminaldirektor Schönbohm, fehlt noch."

In diesem Augenblick betrat Raimar Schönbohm mit Dr. Mengert den Raum.

„Guten Morgen, meine Damen und Herren. Ich werde heute mal an der Lage teilnehmen", begrüßte der Polizeipräsident die Anwesenden und nahm direkt neben Schorsch Platz.

Dr. Johannes Mengert war seit 2009 Polizeipräsident von Mittelfranken, und eines seiner großen Anliegen in seinem Präsidium war die schnelle und lückenlose Aufklärung von Straftaten. Egal ob Vergehen oder Verbrechen, die Mittelfranken hatten in der bayerischen Kriminalstatistik die höchste Aufklärungsquote, und das sollte unter seiner Führung auch weiterhin so bleiben.

Schönbohm trat vor den versammelten Kreis der Kollegen und eröffnete die Runde. „Guten Morgen, Kollegen! Wie Sie alle schon wissen, gab es heute Morgen einen Toten in Fürth. Ein schreckliches Kapitalverbrechen, das es rasch aufzuklären gilt. Herr Bachmeyer und Herr Löw waren mit unserer Spurensicherung vor Ort. Aber um Ihnen nicht weiter vorzugreifen, Herr Bachmeyer, würde ich Sie bitten, hier zu übernehmen." Er nickte Schorsch zu und nahm selbst auf einem der noch freien Stühle Platz.

„Guten Morgen, Herr Dr. Mengert", begann Schorsch, „schön, dass Sie Zeit gefunden haben, an unserer Lagebesprechung teilzunehmen." Noch einmal erklärte er allen Anwesenden den bis dahin bekannten Sachverhalt und gab dann das Wort weiter an Michael Wasserburger, ihren KTU-Leiter. Dieser hatte tatsächlich ein paar neue Hinweise in petto.

„Liebe Kollegen, die Spurenauswertung ist natürlich noch nicht abgeschlossen, wäre ja auch unmöglich in so kurzer Zeit. Aber ich habe zwischenzeitlich schon mal ein wenig über die Erkennungsmarke recherchiert, die das Opfer getragen hat. Es handelt sich vermutlich um eine Erkennungsmarke der Bundeswehr, die man im Internet auf verschiedenen Verkaufsplattformen erwerben kann. Aber ...", Michael stockte kurz, „die vorhandene Prägung ist hebräisch!"

„Hebräisch?", wunderte sich Dr. Mengert.

„Ja, hebräisch. Die vorhandene Prägung bedeutet: Auge um Auge!"

„Auge um Auge, Zahn um Zahn?", wollte Schorsch wissen.

„Eigentlich nur ‚Auge um Auge'. Aber meine Recherche hat ergeben, dass es sich hier um einen Rechtssatz aus dem Alten Testament, der Sefer ha-Berit, handelt." Er reichte eine Kopie herum, die folgendes Zitat beinhaltete:

*„Entsteht ein dauernder Schaden, so sollst du geben Leben um Leben, Auge um Auge, Zahn um Zahn, Hand um Hand, Fuß um Fuß, Brandmal um Brandmal, Beule um Beule, Wunde um Wunde."*
(Exodus 21, 23–25)

„Somit trifft deine Auslegung schon zu, Schorsch", sagte Wasserburger, nachdem fast alle das Papier einmal in der Hand gehabt hatten.

„Tja, mehr haben wir bisher allerdings nicht", entgegnete Schorsch. „Aber mal sehen, was Professor Dr. Nebel über den Toten in Erfahrung bringt."

„Trotzdem: sehr gute und schnelle Recherche, Herr Wasserburger", lobte Schönbohm, und Dr. Mengert nickte. „Wir müssen abwarten, was die Obduktion in diesem Fall noch bringen könnte, aber angesichts des Zustands des Opfers bin ich eher skeptisch. Die Tatortbilder der Spusi lassen mich eher daran zweifeln, dass die Rechtsmedizin hier noch nützliche Hinweise zutage fördert."

Schließlich übernahm der Polizeipräsident das Wort: „Herr Bachmeyer, es scheint ein überaus spannender Mordfall zu sein. Den Fall behalten wir hier bei uns. Eine Abgabe an die Fürther Dienstgruppe kommt nicht infrage!"

Schönbohm sah den Präsidenten erstaunt von der Seite an, fügte sich aber dem Wunsch seines Vorgesetzten. „Also bilden wir eine neue Mordkommission. Herr Bachmeyer, der am Tatort war und mit den Örtlichkeiten vertraut ist, bekommt den Fall übertragen. Herr Bachmeyer, bilden Sie eine neue MOKO und halten Sie mich bitte auf dem Laufenden."

Damit war die Lagebesprechung offiziell beendet, und Schönbohm und Dr. Mengert verließen schnellen Schrittes den Besprechungsraum.

Schorsch räusperte sich und wandte sich an die Zurückgebliebenen: „Tja, Leute, wir haben nicht viel, aber vielleicht ergeben sich ja noch weitere Erkenntnisse. Robert, habt ihr auf der Eisenbahnbrücke irgendwelche Spuren sichern können?"

„Wir sind dabei, aber gib uns bitte noch ein paar Tage Zeit", antwortete der Gefragte.

„Okay, ihr kennt ja das übliche Prozedere. Wir lassen uns überraschen, was die Spusi noch so alles zutage fördert. Wie soll unsere neue MOKO überhaupt heißen? Ich erwarte Vorschläge."

„Schorsch, wir haben da ja einen Gekreuzigten, wie wäre es also mit MOKO Golgatha?", warf Horst in die Runde.

„Super Name, Horst!", rief Gunda.

„Gefällt mir auch gut", sagte Blacky.

Auch die anderen signalisierten Zustimmung, indem sie mit den Köpfen nickten.

„Ihr habt mich überzeugt. Der Name passt wirklich gut. Also dann bleibt's bei MOKO Golgatha", bestätigte Schorsch den Vorschlag.

„Aber eigentlich ist Golgatha doch kein so guter Name", legte Horst plötzlich nach.

„Was? Wieso denn nicht?" Blacky sah seinen Kollegen verdutzt von der Seite an. „Das passt doch perfekt: damals die Kreuzigung auf Golgatha, nun die Kreuzigung in der Westvorstadt."

„Ja schon, meine Lieben. Aber was machen wir, wenn unser Gekreuzigter nach drei Tagen wiederaufersteht?"

Alle lachten und grinsten Horst an, der seinen schwarzen Humor in gewissen Situationen einfach nicht zügeln konnte.

„Waltraud und Eva-Maria", wandte sich Schorsch an die beiden Frauen, die sich bisher noch kaum zu Wort gemeldet hatten. „Ein Foto können wir der Öffentlichkeit zwar nicht präsentieren, aber startet dennoch mal einen Aufruf im Radio und in der Presse, ob heute Nacht irgendjemand etwas auf der Eisenbahnbrücke bemerkt hat, einen Lieferwagen oder Geräusche oder so. Und Waltraud, kümmere du dich bitte auch um die Erstellung eines neuen elektronischen Fallordners unserer MOKO Golgatha."

„Geht klar, Chef!"

„Basti und Blacky, checkt ihr doch mal die Blitzampeln rund um die Örtlichkeit, vielleicht ist da ja ein Lieferwagen oder Kombi drauf. Ebenso die Einsatzprotokolle der Kollegen von der Polizeidirektion Fürth. So einen Gekreuzigten bringt man ja nicht so ohne Weiteres in einem Pkw zum Tatort. Gunda und Hubsi, ihr bleibt mal mit Michael an der Erkennungsmarke dran. Gunda, vielleicht fällt dir ja ein Kontakt ein, der uns da weiterhelfen könnte. Deine Quellen bei den Nachrichtendiensten waren ja noch nie zu verachten. Und geht doch beide mal die aktuellen Vermisstenanzeigen durch."

Die Angesprochenen nickten und machten sich Notizen, während Schorsch sich noch einmal Michael Wasserburger zuwandte. „Was meinst du, Michael, bringen uns das Kreuz und die Ketten vielleicht weiter?"

„Unsere KTU gibt wie immer ihr Bestes, aber so wie es aussieht, sind die Wasserleitungsrohre aus dem Baumarkt, genau wie die Eisenkette. Und Baumärkte und Installationsbetriebe gibt es sehr, sehr viele hier bei uns. Also ich verspreche mir da nicht viel, aber hab noch ein wenig Geduld."

„Gut, dann wären wir meinerseits für heute durch. Habt ihr noch irgendwelche Fragen?" Keiner hatte dem etwas hinzuzufügen. „Also dann, frohes Schaffen!"

Horst und Schorsch verließen den Raum und gingen zurück in ihr Büro. Schorsch wollte mehr über Michaels Ausführungen bezüglich der Erkennungsmarke erfahren, und Google sollte ihm dabei helfen. Horst versuchte sich hingegen schon einmal an einem Schaubild bei „Analyst Notebook", einem Softwareprogramm für Ermittler, das die Strukturen und Verknüpfungen von Tatkomplexen aufzeigte. Hier konnten dann alle Sachbearbeiter ihrer neu ins Leben gerufenen MOKO alle wichtigen Details der Tat nachvollziehen: ein Beziehungsgeflecht vom Tatort zu möglichen Zeugen, weitere Anhaltspunkte zum Tatwerkzeug, markante Ergebnisse der Gerichtsmedizin, Täterprofile, mögliche Telekommunikationsverbindungen und vieles mehr. Jeder im Team hatte Zugriff auf das Schaubild und konnte seine weiteren Ermittlungsergebnisse an Horst weitergeben. Dieser aktualisierte dann das Schaubild, sodass alle im Team über den neuesten Ermittlungsstand informiert waren. Ein paar Informationen hatten sie ja schon: Tatort, Tatzeit, die Erkennungsmarke und deren Prägung, die Wasserleitungsrohre, die Ketten und natürlich das bis zur Unkenntlichkeit verstümmelte Opfer. Und vielleicht gab es ja doch noch einen Vermissten, der als Opfer infrage kam?

„Auge um Auge, Zahn um Zahn." Schorsch hatte jede Menge Treffermeldungen. Aber die Gesamtheit der Treffer sagte aus, dass dieser biblische Vers um den Begriff „Vergeltung" rankte.

„Horst! Vergeltung!"

„Wie, Vergeltung?"

„Na ja, dieser Spruch sagt ganz klar aus, dass es sich begrifflich um einen Vergeltungsakt handeln könnte. Unser Opfer wurde auf das Kreuz gefesselt und dann auf die Oberleitung geworfen. Diese Hinrichtung war ein Vergeltungsakt. Nur wofür? Und was hat es mit dieser hebräischen Schrift auf sich? War es ein Jude, der da hingerichtet wurde? Aber warum trug er dann eine solche Erkennungsmarke bei sich? Die ovale Form steht ganz klar für ihre deutsche Herkunft, da bis ins letzte Jahrhundert nur bei uns eine solche Form üblich war? Haben wir es womöglich mit Nazis zu tun? Also meiner Meinung nach tun sich da zwei Spuren auf: einmal das rechte Milieu und einmal ein religiöser Hintergrund. Na ja, vielleicht liegt ja mittlerweile eine Vermisstenanzeige vor, die uns weiterbringt." Er blickte auf seine Rolex GMT-Master, sein „Männerspielzeug", wie er die Uhr gerne nannte. Es war bereits Viertel vor zwölf, Zeit zum Mittagessen. „Wie sieht's aus, Horst, gehst du mit in die Mittagspause?"

Horst schüttelte seinen Kopf. „Nein, danke. Petra hat mir Nudelsalat eingepackt, ich bleib hier und lese meine Zeitung fertig." Er stand auf, ging in die Teeküche, holte eine blaue Tupperschüssel aus dem Kühlschrank und ging zurück an seinen Schreibtisch. Dann schlug er den Regionalteil der Nürnberger Nachrichten auf und stocherte genüsslich mit einer Gabel in seinem Nudelsalat.

„Lass es dir schmecken", rief ihm Schorsch zu, bevor er selbst das Büro verließ. „Ich drehe mal eine Runde in der Fußgängerzone. Bis gleich!"

Richtig Hunger hatte Schorsch allerdings nicht. Deshalb verzichtete er darauf, in die Kantine zu gehen. Auch das Restaurant seines Freundes Leonardo Pinneci am Jakobsmarkt, sein Stammlokal, konnte seinen Appetit nicht anregen. Gerade als Schorsch die Treppe zum Präsidiumsausgang nahm, kam ihm Michael Wasserburger entgegen.

„Mahlzeit, Michael, drehst du eine kleine Runde mit mir?"

„Gerne, ich hole nur noch schnell meine Jacke. Bin gleich wieder hier."

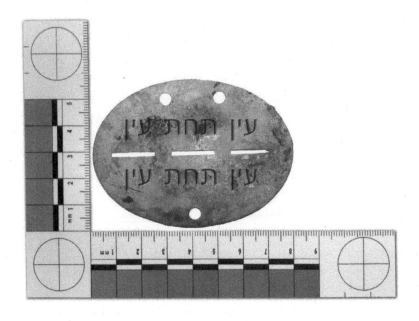

*Polizeipräsidium Mittelfranken – KTU-Tagebuch-Nr: 2011/09/22-03TD-K11-WassB-„MOKO Golgatha"*

*- Unbekanntes Tötungsdelikt*
*- Tatort: 90762 Fürth – Westvorstadt – Bahnüberführung/Parkstraße*
*- Tatzeit: 22. September 2011, gegen 04:55 Uhr*
*- Asservat : Erkennungsmarke der Deutschen Wehrmacht – mit hebräischen Schriftzeichen geprägt (deutsche Übersetzung = Auge um Auge) – mit teilweise menschlichen Anhaftungen!*
*- Gesichert durch: Tatortgruppe, KHK Robert Schenk*
*- Sachbearbeitende Dienststelle: K11, KHK Bachmeyer*
*- Zuständige Staatsanwaltschaft: StA Nürnberg-Fürth (JS-Registrierung noch offen)*

Kurze Zeit später verließen beide das Präsidium und schlenderten Richtung Fußgängerzone. Und Mittagspause hin oder her, natürlich blieb es nicht aus, dass sie sich über den spektakulären Fall unterhielten.

„Was ich schon sagen kann", berichtete Wasserburger, „ist, dass es sich um eine Erkennungsmarke aus dem Dritten Reich handelt, und nicht, wie zuerst angenommen, von der Bundeswehr. Meine Aussage von heute Morgen muss ich also revidieren, sie stammt sicher nicht aus irgendeinem Internetshop, sondern ist definitiv echt. Und der Wortinhalt der Prägung ist uns ja bereits bekannt."

„Deutsche Wehrmacht, sagst du? Bist du dir da ganz sicher, dass es sich um eine Hundemarke aus dem Zweiten Weltkrieg handelt?" Schorsch konnte seine Ungläubigkeit nicht verbergen, obwohl er wusste, wie gründlich sein Kollege Äußerungen wie diese abwog, bevor er sie aussprach.

„Ganz sicher, Schorsch. Ich habe soeben die Metallanalyse vom Labor erhalten, und hätte es dir nach der Mittagspause sowieso mitgeteilt."

„Interessant, eine Erkennungsmarke aus der Nazi-Zeit also. Was es damit wohl auf sich hat? Vielleicht steckt ja doch eine rechtsextreme Gruppierung dahinter? Vielleicht braune Extremisten, die einen Nichtgesonnenen hingerichtet haben? Das heißt für uns, dass wir in alle Richtungen ermitteln müssen, und unsere Staatsschutzabteilung muss mit ins Boot! Interessanter Hinweis, Michael, danke. Aber jetzt essen wir erst einmal ‚Drei im Weckla', komm, ich lade dich ein."

Kurz vor ein Uhr waren sie wieder im Präsidium, und jeder eilte an seinen Schreibtisch zurück. Schließlich gab es noch viel zu tun, damit die Ermittlungen im Fall Westvorstadt so richtig ins Rollen kommen konnten.

Auf der Treppe zu Schorschs Büro liefen ihm Waltraud und Eva-Maria über den Weg.

„Mahlzeit, Mädels. Gibt es schon was Neues?"

„Was die aktuellen Vermisstenanzeigen im Nürnberger Raum angeht, ist das Ergebnis leider negativ, aber wir sind auch noch nicht mit allen durch. Wir warten noch auf das Gesamtanfrageergebnis vom Landeskriminalamt", antwortete Eva-Maria.

„Alles klar, dann übe ich mich weiter in Geduld", entgegnete Schorsch und ging weiter in sein Büro. Dort schrieb er sogleich einen Vermerk über die Hinweise und das Gespräch mit Michael Wasserburger. Die Staatsschutzabteilung sollte in jedem Fall informiert werden.

Das Obduktionsergebnis von Doc Fog stand noch immer aus, sodass Schorsch auch hier noch keine weiteren Ermittlungsschritte einleiten konnte. Das gesamte Team war mit Aufgaben betraut, und er konnte sicher sein, dass es diesen auch pflichtbewusst nachging. Bis allerdings zuverlässige Ergebnisse vorlagen, konnte es noch eine ganze Weile dauern. Also beschloss Schorsch, den Feierabend einzuläuten. Es war ein schöner Altweibersommertag, und er hatte noch jede Menge Überstunden abzubauen.

Es werden wohl die letzten schönen Tage dieses Sommers sein, dachte er, und entschied sich dafür, den Nachmittag an der Wiesent zu verbringen. Vielleicht hatte er Glück und einige Äschen und Forellen würden seine *Sedge* nehmen.

Gegen Viertel nach vier erreichte er das Hotel „Zur Post" in Waischenfeld. Waischenfeld, der kleine Ort in der Fränkischen Schweiz, ist für Fliegenfischer eine Art Pilgerort, denn die Wiesent, die sich idyllisch in die Natur einbindet, ist hier besonders gut zu befischen. Die Inhaber des Hotels, die Familie

Schrüfer, bereiten die frisch gefangenen Fische sogar für ihre Gäste zu.

Schorsch zog seine Wathose an, legte seine Fliegenweste über und pirschte sich vorsichtig mit seiner Steckrute an das Gewässer. Das saubere und klare Wasser war eine Augenweide für jeden Fliegenfischer. Und er hatte genau die richtige Zeit erwischt. Die Äschen und Bachforellen fingen an zu steigen und bereiteten ihm so richtig Freude.

Es war gegen fünf Uhr, als er eine Flussbiegung umging und dort auf Doc Fog stieß, der gerade dabei war, eine große Bachforelle zu drillen.

„Mensch, Alois! Grüß Gott!"

„Schorsch, grüß dich! Kannst du mir bitte mal schnell beim Landen helfen? Das hier ist ein riesiger Brocken, und ich hab nur ein sehr dünnes Vorfach."

Vorsichtig führte Schorsch seinen Unterfangkescher in die Wiesent, und Doc Fog dirigierte gekonnt seinen Fang über den Kescher. Die „Rotgetupfte" war gelandet.

„Super, vielen Dank, Schorsch", bedankte sich der Arzt. „Du warst meine Rettung! Und die hier gibt es heute noch zum Essen." Sichtlich stolz begutachtete er den Fisch und fing sogleich damit an, ihn auszunehmen.

Während Doc Fog die Forelle versorgte, also ausnahm und für das gemeinsame Abendmahl putzte, nutzte Schorsch die Gelegenheit, um nach den Obduktionsfortschritten zu fragen.

„Ich bin ja erst vor zwanzig Minuten hier angekommen, weil ich euren Toten noch fertig machen wollte", erklärte der Doc. „Der sah zwar ziemlich verschmort aus, aber ihr solltet morgen unbedingt mal bei mir vorbeischauen."

„Warum? Was hast du gefunden? Ach Mensch, Alois, spann mich doch nicht so auf die Folter! Erzähl!", drängte Schorsch.

„Nun ja, allzu viel war ja nicht mehr auszuwerten, außer natürlich die Blutgruppe, die DNA und dass er links ein künstliches Hüftgelenk hatte. Aber eine Sache, die ich gefunden habe, gibt doch Anlass zu Spekulationen." Alois schaute ihn grinsend an.

„Alois, jetzt sag schon!"

„Er hatte eine speziell angefertigte Backenzahnbrücke, links oben die 6-8er. Diese Art von Brücke haben sich eigentlich nur wirkliche SS-Größen einsetzen lassen, die nicht mehr an den Endsieg geglaubt haben."

„SS-Größen? Backenzahnbrücke? Ich verstehe nur Bahnhof!"

„1943 bis Anfang 1945 gab es bei den Nationalsozialisten nur eine Handvoll Zahnärzte beziehungsweise Kieferchirurgen, die solche Geheimverstecke in den Kiefer einbrachten. Es waren Klappbrücken aus Reintitan. Diese Zahnbrücken sind in filigraner Handwerkskunst von speziellen Zahntechnikern hergestellt worden. Man hatte an einer Aufnahmemöglichkeit für eine Zyankali-Kapsel gefeilt und eine Lösung gefunden. Titan war das perfekte Material, das eine solche tödliche Kapsel sicher umhüllen und verstecken konnte. Man konnte also in dieser Titanbrücke seinen eigenhändigen Suizid platzieren lassen."

„Ja, aber war das nicht gefährlich für den Träger?", fragte Schorsch.

„Der Schließ- und Öffnungsmechanismus war so ausgereift, dass man die Brücke mit ein wenig Aufwand nach der Verhaftung problemlos in seiner Gefängniszelle öffnen konnte. Lediglich eine Büroklammer war hierzu notwendig."

Schorsch konnte kaum glauben, was er da hörte. „Und es bestand wirklich keine Gefahr, sich damit ungewollt das Leben zu nehmen?"

„Nein. Die Träger haben es zuerst an einem Modell geübt, bevor ihnen die Brücke eingesetzt wurde. Sie haben also minu-

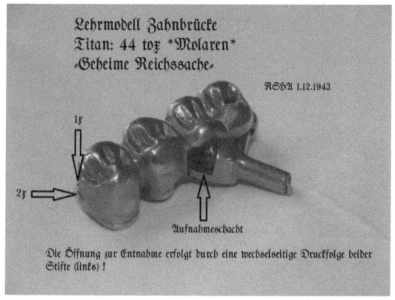

*Quelle: Bundesarchiv*

ziös gelernt, wie sie sich im Ernstfall aus ihrer Verantwortung stehlen können. Nach dem verlorenen Krieg haben sich die SS-Schergen das Gift wieder entnehmen lassen, beziehungsweise haben sie es selbst entnommen, wie gesagt, es war ja nicht sonderlich schwierig. Zudem waren die damaligen Zahnärzte ja noch bekannt. Die Zahnbrücke wurde nach der Entnahme wieder ganz normal verschlossen und diente weiter dem bisherigen Kauapparat. Am Gebiss musste also nichts verändert werden. Du wirst es kommende Woche an meinem neuen Exponat sehen, du kannst es sogar selbst mal ausprobieren. Adolf Eichmann hatte damals auch so eine spezielle Backenbrücke. Die Kapsel hatte er sich aber in Buenos Aires entnehmen lassen, weil er sich in Argentinien in Sicherheit wog. Hätte er gewusst, dass die Israelis ihn irgendwann einmal entführen werden, dann hätte er vermutlich noch damit gewartet."

„Das ist ja hoch spannend, Alois. Aber von welchem Exponat redest du?", wollte Schorsch wissen.

„Es mag sich jetzt vielleicht makaber anhören, aber ich bin riesig froh, dass ich solch ein Opfer noch mal auf den Tisch bekommen habe. Ich habe den noch vorhandenen Oberkiefer entnommen und unser Präparator macht mir daraus ein wunderbares Exponat. Eine solche Titanbrücke fehlte mir nämlich noch in meiner pathologischen Sammlung. Und seinen Oberkiefer braucht der sowieso nicht mehr."

Schorsch musste grinsen. „*Makaber* trifft es auf den Punkt, Alois. Aber das schau ich mir gerne an."

„Du wirst Augen machen, mein Lieber, wenn du das Exponat siehst. Bis jetzt habe ich nur davon gelesen und einige Fotos gesehen, aber kommende Woche liegt es bei mir in der Ausstellung. Einzigartig in Franken!" Die Augen des Rechtsmediziners leuchteten wie die eines kleinen Kindes, das gerade einen Dinosaurier-Bausatz erfolgreich zusammengebastelt hatte. „Und was das Opfer angeht", lenkte der Doc das Gespräch wieder in eine sachliche Richtung, „ihr müsst nach einem vermissten alten Mann suchen. Und ich meine, einem *richtig* alten Mann. Er müsste etwa im Alter von achtzig bis hundert Jahren sein."

Diese Information war grundlegend, und Schorsch wollte sie seinem Team nicht vorenthalten. Deshalb zückte er sein Mobiltelefon und rief direkt im Präsidium an. Von Gunda erfuhr er außerdem, dass sich zwischenzeitlich auch die Staatsschutzabteilung in den Fall mit eingeklinkt hatte, was nach den eben gehörten Erkenntnissen nur zu begrüßen war.

Dann wandte sich Schorsch wieder seinem Angelpartner zu. „Ich hätte nicht geglaubt, Alois, dass du an dem Toten überhaupt noch was findest. Aber jetzt wird mir auch das mit der Erkennungsmarke klar. Es könnte sich bei dem Opfer um eine ehemalige Nazi-Größe handeln, an der eine späte Rache verübt wurde. Der hebräische Satz auf der Erkennungsmarke ist eigentlich eindeutig. Oder aber jemand führt uns bewusst auf eine falsche Spur und der Täterkreis liegt ganz woanders!"

„Nein, das glaube ich nicht", widersprach ihm der Doc. „Ich gehe fest davon aus, dass unser Opfer im Dritten Reich eine Führungsposition innehatte. Mein Bericht ist gerade bei unserem Schreibdienst, ich denke mal, Ende der Woche liegt er bei dir auf dem Schreibtisch."

Es war schon nach neunzehn Uhr, als die beiden bei der Familie Schrüfer ihren ersten Silvaner tranken. Alois' Bachforelle wurde blau zubereitet, sie war jedoch so groß, dass sie fast nicht in das vorhergesehene Sudgefäß passte. Dazu gab es frische Kartoffeln mit Sahnemeerrettich und zerflossener Butter. Das Hotel in der Fränkischen Schweiz hatte nicht nur ein ausgezeichnetes Fliegengewässer, sondern auch eine hervorragende Küche.

## 3. Kapitel

*Mittwoch, 21. September 2011, 07.45 Uhr, Polizeipräsidium Nürnberg, K11*

Seine Vespa sollte Schorsch sicher zur Dienststelle bringen. Der Altweibersommer hielt an, es war ein wunderschöner Sonnenaufgang. Die Autoglasscheiben der parkenden Autos waren mit einer leichten Wasserschicht benetzt, aber östlich der Pirckheimerstraße blitzten bereits die ersten Sonnenstrahlen hervor. Dennoch hatte unverkennbar der Herbst Einzug in Nürnberg gehalten. Die Last des Morgentaus hatte vereinzelte Blätter von den Ästen der Bäume gelöst, und ein kühler, frischer Morgenwind blies Schorsch auf seinem Roller entgegen. Er jedoch genoss das Gefühl und fühlte sich schlagartig wacher und fit für den Tag.

Nachdem er seine Fünfziger auf den Behördenparkplatz abgestellt hatte, machte er sich schnurstracks auf den Weg in Raimar Schönbohms Büro. Sein Vorgesetzter sollte nun ebenfalls die Neuigkeit von Doc Fogs Obduktion erfahren.

„Guten Morgen, Herr Schönbohm, ich habe wichtige Neuigkeiten", fiel Schorsch sogleich mit der Tür ins Haus, nachdem er das Zimmer betreten hatte.

„Das klingt doch gut", begrüßte ihn Schönbohm. „Dann schießen Sie gleich mal los! Darf ich Ihnen einen Kaffee anbieten?"

„Ja, gerne!", antwortete Schorsch.

„Milch? Zucker?"

„Ein Schuss Milch, danke."

Schönbohm legte zwei Kaffeepads ein und betätigte den Bedienknopf der Kaffeepadmaschine. „Nehmen wir doch dort drüben in der Besprechungsecke Platz", sagte er und deutete auf zwei bequeme Sessel in der Ecke seines Büros.

Das Interieur traf Schorschs Geschmack. Schönbohm besaß eine Bildergalerie des französischen Malers Paul Gauguin. Natürlich nur Kopien. Der Künstler, der seinerzeit vor allem impressionistische Werke schuf und gleichzeitig den Grundstein zum Symbolismus legte, wurde vor allem durch seine Bilder aus der Südsee bekannt. Es war eine ungewöhnlich farbenfrohe Besprechungsecke, und es fehlte nicht viel und der Betrachter verschmolz in eine romantische Zweisamkeit nach Französisch-Polynesien. Schorsch dachte an Isabells ehemalige Wohnung in der Pachelbelstraße und an ihre gemeinsame Zeit. Auch sie hatte die Kunstwerke dieses Malers geliebt.

„Bitteschön, Ihr Kaffee, Herr Bachmeyer!", riss ihn die Stimme Schönbohms aus seinen Gedanken. Der Kriminaldirektor reichte Schorsch das Heißgetränk und ließ sich in einem der Sessel nieder. „So, was gibt es denn zu berichten, Herr Bachmeyer?"

Er erzählte Schönbohm von dem Röntgenbefund des Toten und von der geheimen Reintitanbrücke am Oberkiefer sowie deren Bedeutung.

„Das ist ja eine spannende Geschichte", war Schönbohms Kommentar. „Ich habe schon mal was von diesen Brücken gehört, aber selbst noch keine gesehen."

„Dann dürfen Sie sich freuen, denn kommende Woche bekommt Doc Fog ein Exponat davon. Dann können wir beim nächsten Betriebsausflug ja mal seine pathologische Sammlung besichtigen."

„Ach, er hat sich von dem Ding ein Präparat anfertigen lassen?" Schönbohm schien die Ironie hinter Schorschs Worten nicht bemerkt zu haben. Stattdessen dachte er einen kurzen

Moment nach und fügte dann hinzu: „Und was sagen die Angehörigen dazu?"

„Haben wir denn welche?", erwiderte Schorsch. „Bei dem Opfer konnte man sowieso nicht mehr viel von seiner ursprünglichen Gestalt erkennen, und auf diese Weise bleibt der Nachwelt, also unseren Medizinstudenten, zumindest ein anschauliches Exponat erhalten."

„Ich meinte ja nur ..." Schönbohms Bedenkenträgerei kam durch, doch er bemerkte es selbst und brach den Satz wohlweislich ab. Stattdessen fuhr er fort: „Unser Opfer muss demnach also eine Nazi-Größe gewesen sein. Wir müssen nach jemandem suchen, der in dieser Zeit eine Führungsposition innehatte. Diese Person muss demnach schon ein gewisses Alter gehabt haben. Haben wir schon alle Vermisstenmeldungen abgeklärt, Herr Bachmeyer?"

„Wir sind gerade noch dabei, aber vielleicht bekommen wir da ja zeitnah ein Ergebnis. Der Tote muss ja irgendwo abgängig sein. Das Isotopengutachten von Doc Fog liefert uns auf jeden Fall den Hinweis, wo das Opfer zuletzt gelebt hat. Aber welchen Bezug hatte das Opfer zu Fürth? Sind vielleicht unsere Täter aus Fürth? Eine Einzelperson können wir als Täter schon einmal ausschließen, denn das gekreuzigte Opfer muss von mindestens zwei Personen auf die Oberspannungsleitung geworfen worden sein. Zumal die Brücke auf beiden Seiten mit Pinkelschutzvorrichtungen versehen ist."

„Pinkelschutzvorrichtungen? Verstehe ich nicht." Schönbohms Blick hätte ungläubiger nicht sein können.

„Ganz einfach, viele Jugendliche finden beim nächtlichen Pinkeln von einer Eisenbahnbrücke den Tod. Die Oberleitungen haben fünfzehn Kilovolt, das sind fünfzehntausend Volt. Pinkelt man von einer Eisenbahnbrücke und trifft mit dem Strahl die Oberleitung, dann gibt es einen Lichtbogen und das Opfer wird durch den massiv fließenden Starkstrom getötet. Und das sind keinesfalls Einzelfälle. Dieses Phänomen, also warum Eisenbahnbrücken für Pinkler so anziehend sind, wurde sogar schon wissenschaftlich untersucht."

Schönbohms Blick verriet, dass er noch immer skeptisch war. „Interessant, was Sie da so erzählen, Bachmeyer. Aber wir haben das als Jungs auch immer gemacht, wenn wir samstags von der Disco nach Hause gelaufen sind, und da ist nie etwas passiert."

„In Ihrer Jugend fuhren ja noch Dampfloks, Herr Schönbohm", antwortete Schorsch.

„Stimmt, wir hatten bei uns in der Oberpfalz bis Mitte der Siebziger kein Oberleitungsnetz, nur Dampf- und später Dieselloks", sinnierte der Kriminaldirektor und schien Schorschs Geschichte endlich Glauben zu schenken.

„Jedenfalls müssen wir nach mehreren Tätern oder Tatbeteiligten suchen", nahm Schorsch den Kern ihres Gesprächs wieder auf. „Das rechte Milieu beziehen wir mit ein, die Kollegen vom Staatsschutz sind auch schon informiert. Haben Sie sonst noch irgendwelche Fragen, Herr Schönbohm?"

„Nein", antwortete sein Chef und entließ Schorsch somit in seinen Arbeitsalltag.

Um Punkt neun Uhr versammelten sie sich alle im Besprechungsraum.

Schorsch blickte freudig in die Runde und begann mit seinem Bericht: „Wie ihr aus der elektronischen Akte entnehmen konntet, habe ich gestern Nachmittag zufällig Doc Fog beim Fliegenfischen getroffen. Er hat mir vorab schon sein Obduktionsergebnis mitgeteilt, und ich habe auch Schönbohm gerade davon unterrichtet. Wir haben zwar noch nicht viel, aber wenn wir an den aktuellen Informationen anknüpfen und dort unsere Ermittlungen vertiefen, sollte uns das weiterbringen."

Einige der Anwesenden im Raum nickten und es schien, als wären auch die anderen bereits über die neuesten Erkenntnisse informiert.

Schorsch sprach weiter: „Ich fasse mal zusammen: Unser Opfer muss schon in einem gesegneten Alter gewesen sein. Diese Titanbrücke hat nicht jeder bekommen, es muss sich also um eine ehemalige Führungsgröße im Dritten Reich handeln. Ein Einzeltäter scheidet meines Erachtens nach aus, weil die Fürther Eisenbahnbrücke mit einem Pinkelschutz versehen ist und eine Person das Opfer unmöglich alleine über die Brücke werfen kann. Folglich haben wir es mit mehreren Tätern oder mit mehreren Teilnehmern einer Tat zu tun."

Diese Schlussfolgerung erschien allen logisch, und es kamen weder Einwände noch Nachfragen. Also fuhr Schorsch fort: „Das Isotopengutachten wird uns im besten Fall die Region aufzeigen, in der unser Opfer zuletzt gelebt hat. Ich weiß jedoch noch nicht, ob Doc Fog dafür brauchbares Material entnehmen konnte. Unser Opfer hatte zudem ein künstliches Hüftgelenk, DNA und Blutgruppe sind uns ebenfalls bekannt. Eine der dringlichsten Fragen, die wir uns nun stellen müssen, ist: Welchen Bezug haben Opfer und Täter zu Fürth? Der Staatsschutz hat Zugang zu unserer elektronischen Akte, vielleicht finden die ja einen Bezug in die rechte Szene."

In diesem Moment klingelte das Telefon. Horst nahm das Gespräch an. Es war die Vermittlung, die ein Telefonat für Eva-Maria durchstellte, die ihr Telefon in den Besprechungsraum umgeleitet hatte. Horst gab den Hörer an Eva-Maria weiter und Schorsch signalisierte ihr, da es ein dienstliches Gespräch war, dieses sogleich auf Lautsprecher umzuschalten, sodass sie alle mithören konnten.

„Flinn, K11, grüß Gott!"

„Guten Morgen, Kollegin Flinn, hier Lohmann von der Polizeiinspektion Kulmbach. Ich habe gerade Ihre Anfrage zu den aktuellen Vermisstenanzeigen vor mir liegen. Bei uns ist seit Sonntagabend, zirka neunzehn Uhr dreißig, ein gewisser Johannes Koch abgängig. Herr Koch lebt seit zwei Jahren hier bei uns in der Seniorenwohnanlage ‚Frankenwaldparadies'."

„Wie alt ist Herr Koch?"

„Johannes Koch wurde am 6. Juni 1915 in Lohr am Main geboren, er ist also sechsundneunzig Jahre alt."

„Das könnte passen. Hat er Angehörige?"

„Ja, hier in Kulmbach. Die Kochs sind sehr wohlhabende Geschäftsleute hier in Oberfranken. Die Familie wohnt in der Hans-Wilsdorf-Allee."

„Wer hat denn die Vermisstenanzeige aufgegeben? Und seit wann liegt sie vor?"

„Telefonisch wurden wir bereits am Sonntag gegen zweiundzwanzig Uhr benachrichtigt. Aber ihr wisst ja selbst, dass eine schriftliche Aufnahme erst nach Abklärung der Angehörigen und sonstigen Bekannten und Verwandten infrage kommt. Anhaltspunkte für eine sofortige Fahndung wegen der Gefahr für Leib und Leben hatten wir nicht. Zumal Herr Koch für sein Greisenalter körperlich noch ganz gut beieinander war. Man nennt ihn hier auch den ‚Jopi aus Kulmbach'."

„Jopi aus Kulmbach?", fragte Eva-Maria irritiert nach.

„Na, weil er noch so fit ist wie seinerzeit Johannes Heesters. Und der wurde immerhin stolze hundertacht Jahre alt. Die Eingabe in INPOL ist deshalb erst gestern Nachmittag erfolgt, weil alle Suchmaßnahmen unsererseits und der Familie erfolglos blieben. Allerdings war Herr Koch im letzten Jahr schon einmal für vier Tage abwesend. Da war er mit einer rüstigen Mitbewohnerin übers Wochenende nach Dresden gefahren, ohne irgendjemandem Bescheid zu sagen. Daher liegt die Vermutung nahe, dass er vielleicht gerade wieder unerlaubt Urlaub macht. Ich habe hier ein aktuelles Foto von ihm, das ich Ihnen schicken könnte."

„Danke, aber mit dem Foto kommen wir nicht weiter", antwortete Eva-Maria. „Unser Toter wurde bis zur Unkenntlichkeit verbrannt, der ist nicht mehr mit bloßem Auge zu identifizieren. Wir müssen mit den verantwortlichen Heimangestellten und den Angehörigen reden, vielleicht ist unser Opfer ja die gesuchte Person. Irgendwelche persönlichen Gegenstände, eine Zahn- oder Haarbürste, werden wir ja für den Abgleich der DNA bekommen, nehme ich an. Ich benötige bitte noch die genaue Anschrift des Seniorenheims und der Familie."

„Ja, die maile ich Ihnen zu", klang es durch den Lautsprecher.

„Perfekt. Und vielen Dank für den Anruf. Ihr habt uns damit schon sehr weitergeholfen. Und auf Wiederhören!" Eva-Maria beendete das Gespräch und blickte in die Runde.

Nach einer kurzen Zeit des Schweigens ergriff Schorsch wieder das Wort: „Johannes Koch also. Den sollten wir auf jeden Fall mal näher beleuchten. Recherchiert mal im Netz, was ihr über diese Person und ihre Familie finden könnt. Und Gunda, kläre doch bitte mal deine besonderen Quellen ab, ob dort vielleicht Kenntnisse über diesen Herrn Koch vorliegen. Möglicherweise ist das unsere erste interessante Spur. Ach ja, und Eva-Maria, sobald uns die Anschriften in Kulmbach vorliegen, sag mir bitte Bescheid. Ich möchte heute noch dorthin."

Kurz nach zehn Uhr stand Eva-Maria mit dem E-Mail-Ausdruck der Polizeiinspektion Kulmbach vor ihm.

„Schorsch, hier sind die Anschriften. Die Angehörigen des Herrn Koch wohnen in der Hans-Wilsdorf-Allee 4 in Kulmbach. Der Sohn, ein gewisser Josef Koch, ist Jahrgang sechsundfünfzig und verheiratet mit Karin Koch, ehemals Schürmann. Beide haben zwei Kinder, Henning und Angela. Und die Seniorenwohnanlage befindet sich im Mönchsweg 2."

„Sehr gut, das ging ja ruck zuck. Möchtest du noch Mittag machen oder können wir gleich losfahren?"

„Wir können ja unterwegs kurz was essen, oder was meinst du? Ich besorge schon mal ein Dienstfahrzeug."

„Gute Idee. Dann schaue ich noch kurz bei Robert vorbei, vielleicht finden wir ja Spuren in Kulmbach oder wir brauchen die vor Ort, dann sind sie zumindest schon mal vorinformiert."

Es war ein wunderbarer sonniger Herbsttag, die Temperaturen erreichten zur Mittagszeit noch zweiundzwanzig Grad, als ihr Audi A 6 RS in Richtung Kulmbach schnurrte. Gegen elf Uhr erreichten sie die BAB 9. Diese historische Autobahn führte nach Berlin und war somit der kürzeste Weg nach Kulmbach. In Höhe Hormersdorf erklang im Radio das Lied „Over My Shoulder" von Mike & the Mechanics. Beide summten die Melodie mit und betrachteten die wunderschöne Herbstfärbung. Schorschs Magen knurrte.

„So eine *Shoulder* vom Schwein wäre jetzt auch was."

„Du meinst ein Schäuferla, Schorsch?"

„Ja, das würde mir jetzt echt schmecken. Was hältst du von einem Stopp in Bernheck?"

„Bernheck?"

„In Bernheck, Ausfahrt Plech, gibt es zwei gute Gelegenheiten für ein gutes und preiswertes Mittagessen. Einmal den Seitz, am Ortseingang links, oder an der ersten Kreuzung rechts im Ferienhotel Veldensteiner Forst bei der Familie Schuster. Kommt also darauf an, was du essen möchtest. Die

Schäuferla beim Seitz sind hervorragend. Der Schuster hat wiederum den besten Käsekuchen, und da ist alles hausgemacht und schmeckt vorzüglich."

„Ich esse alles, also entscheidest du, Schorsch!"

Nur wenige Minuten später erreichten sie das Restaurant Seitz in Bernheck. Sie parkten den Dienstwagen in Sichtnähe und nahmen im wunderschönen Biergarten Platz. Der alte Kastanienbestand spendete an heißen Sommertagen den notwendigen Schatten, und auch an einem Herbsttag wie heute taten sie gut daran, sich nicht der prallen Mittagssonne auszusetzen.

Die hauseigene Metzgerei grenzte unmittelbar an das Wirtshaus an, und es roch nach frischer „Metzelsuppe". Schorschs Magen machte sich erneut bemerkbar, diesmal sogar noch etwas lauter als vorhin.

„Und sonst, Eva-Maria, alles klar bei dir?", fragte er seine Mitfahrerin, um sich von seinem bohrenden Hunger abzulenken.

„Ach Schorsch, jeder hat doch so seine Problemchen", gab sich Eva-Maria geheimnisvoll.

„Möchtest du darüber sprechen? Ich höre dir gerne zu", bot er ihr an.

Sogleich sprudelte es aus ihr heraus: „In meiner Beziehung mit Thomas kriselt es schon seit Langem. Du weißt, an den Wochenenden habe ich verschiedene Arrangements mit meinen Geigenauftritten, da kommt sicherlich die Zeit für uns etwas zu kurz. Aber ich versuche natürlich auch unter der Woche, mein Bestes in der Beziehung zu geben. Da aber spielt der liebe Herr Tennis und geht mit Freunden weg. Ich weiß nicht, wie das noch weitergehen soll!" Eva-Maria seufzte. „Wir haben einfach keine Gemeinsamkeiten. Im Gegenteil, er hasst alle meine Hobbies. Mit klassischer Musik kann er überhaupt nichts anfangen, also begleitet er mich auch nie auf ein Konzert. Möchte ich ihn ins Kino einladen, jammert er, dass die Filme immer so schrecklich lang und die Sitze unbequem sind. Koche ich etwas Außergewöhnliches für uns und stehe stundenlang in der Küche, dann schlingt er das in Nullkommanichts runter, und es dauert keine fünf Minuten, bis der Teller leer ist."

„Und wie klappt es, na ja ... äh ... also ..." Schorsch sah sie etwas verlegen an.

„Du meinst im Bett?" Sie schien sich an der Indiskretion der Frage nicht zu stören.

„Mhh!"

„Auch nicht wirklich toll. Er gibt mir einfach nicht das, was ich wirklich brauche. Ich brauche jemanden zum Kuscheln, der Verständnis hat und auch mal auf meine Bedürfnisse eingeht. Und ganz ehrlich, ich hasse Nullachtfünfzehn-Sex. Das bleibt aber unter uns, versprochen?" Eva-Maria reichte ihm die Hand.

Ohne zu zögern schlug Schorsch ein. „Ja, natürlich. Alles Private, über das sich Kollegen auf Dienstreisen unterhalten, bleibt unter ihnen. Dieser Ehrenkodex gilt nach wie vor."

„Was soll ich nur tun?", seufzte sie.

„Wie lange kennt ihr euch?"

„Im November werden es eineinhalb Jahre."

„Hast du ihn schon mal darauf angesprochen? Auf deine Hobbies, dein Verlangen, die nicht vorhandenen Gemeinsamkeiten?"

„Ja, aber mit ihm kann man nicht wirklich reden. Er weicht den Gesprächen aus und ist alles andere als kritikfähig. Es kommt dann immer sofort zum Streit, und der dauert dann meist mehrere Tage an. Ich habe einfach keinen Bock mehr!"

„Habt ihr schon mal eine Paartherapie versucht?"

„Das würde Thomas nie machen!"

„Vielleicht beratschlagst du dich dann doch lieber noch einmal mit einer guten Freundin. Aber wenn du mich fragst, ich rate dir: Schieß ihn ab! Du bist jung und hast die besten Jahre noch vor dir. Das Leben als Single kann auch ganz schön sein. Und Hobbies und Freunde hast du ja genug. Beruflich stehst du auch ganz oben. Warum also willst du deine wertvolle Zeit an diesen Typen verschwenden?"

Eva-Maria machte einen betrübten, ja gedrückten Eindruck. Aus ihren blauen Augen kullerten ein paar Tränen. Sie griff zum Tempo und schnäuzte sich. Dann sagte sie: „Danke, Schorsch, dass du mir zugehört hast. Das Gespräch und deine Meinung waren mir sehr wichtig."

Kurz vor halb eins bezahlten sie ihr Mittagessen. Schorsch hatte seine Metzelsuppe bekommen, genau wie das ersehnte Schäuferla und ein dunkles Veldensteiner. Eva-Maria hingegen hatte das Kalbsschnitzel mit fränkischem Kartoffelsalat und eine Apfelschorle gewählt. Und da sie unbedingt den von Schorsch so hochgelobten Käsekuchen der Schusters probieren wollte, nahmen sie als Wegzehrung noch zwei Stückchen mit. Schließlich konnte es ja noch ein langer Tag werden.

## 4. Kapitel

*Mittwoch, 21. September 2011, 13.22 Uhr,*
*Seniorenheim Frankenwaldparadies, Kulmbach*

Gegen ein Uhr parkte Eva-Maria den Dienstwagen auf dem Parkplatz des Seniorenheims „Frankenwaldparadies", und die beiden machten sich auf den Weg zur Heimleitung.

Das Seniorenheim am Mönchsweg war sehr schön gelegen. Man hatte einen wunderbaren Blick auf den Frankenwald. Und auch das Gebäude selbst hatte Stil. Der große Sandsteinkomplex aus der Gründerzeit mit seinen Holzfensterläden im fränkischen Rot-weiß gehalten vermittelte den Eindruck einer Sommerresidenz der alten Markgrafen. Unmittelbar vor dem Seniorenheim waren verschiedene Wander- und Gehwege ausgezeichnet, die auch für Rollatoren sowie Rollstühle geeignet waren. Es war ein Altenwohnsitz der ersten Klasse. Das bezeugten auch die verschiedenen Hinweisschilder neben dem Eingangsbereich: Schwimmhalle, Sauna, Kneipp-Bad, Physiotherapie, Frankenwald-Café, Boccia-Platz, Außenschach, Fitnessraum, Eisstockbahn, Fischteich, Waschbärengehege, Bibliothek, Fahrradkeller und Freilichtbühne. Man hatte bei der Planung und Umsetzung des Seniorenheims wirklich an alles gedacht, womit man den alten Leuten noch einen schönen Lebensabend bescheren konnte. Kein Wunsch blieb offen.

Schorsch wurde nachdenklich, als er die Anlage betrachtete. Er hatte vielleicht nicht mehr lange hin, bis auch er sich nach einem Altersruhesitz umschauen musste. Aber hier würde es ihm auch einmal gefallen.

Sie betraten das Gebäude. Im Eingangsbereich war ein Informationspult mit einer jungen attraktiven Frau besetzt. Sie schenkte den beiden ein freundliches Lächeln.

„Grüß Gott, wir sind von der Kripo aus Nürnberg und möchten gerne die Heimleitung sprechen", brachte Schorsch ihr Anliegen hervor.

„Grüß Gott, Sie kommen vermutlich wegen Herrn Koch, stimmt's?"

„Ja genau, wegen dem sind wir hier."

„Hier bitte geradeaus und die zweite Tür auf der linken Seite, dort sitzt Herr Brunner, der diese Einrichtung hier leitet."

Schorsch und Eva-Maria folgten ihrer Wegbeschreibung.

Schorschs Idealvorstellung von seinem zukünftigen Altersruhesitz wuchs weiter, je mehr er von der Einrichtung zu sehen bekam. Der große Empfangsbereich war in rustikalem hellen Holz getäfelt, und an den Wänden hingen verschiedene Bilder aus der Region. Der Frankenwald wurde in den vier Jahreszeiten dargestellt, und die unterschiedlichen Darstellungen der Bilder vermittelten dem Betrachter die fränkische Heimat in all ihren Grundzügen und Facetten. Verschiedene Sitzgruppen, teils in cognacfarbenem Glattleder, teils mit rotem Samtstoff bezogen, luden zum Verweilen ein. Eine Kaffee- und Tee-Ecke mit Kuchenbüfett rundete den Empfangs- und Aufenthaltsbereich ab. Und nicht zuletzt war unmittelbar neben dem Informationspult der hübschen Empfangsdame ein Defibrillator angebracht. Man hatte wirklich an alles gedacht. Schorsch schmunzelte.

Auf dem Weg zur Heimleitung kam ihnen ein Mann Mitte fünfzig entgegen. Seine graumelierten Haare und sein braungebranntes Gesicht mit stahlblauen Augen vermittelten einen sympathischen Eindruck. Er passte hierher.

„Guten Tag, meine Herrschaften, Sie wollen mit Sicherheit zu mir. Brunner mein Name, Schwester Erika hat mich soeben informiert."

„Grüß Gott, Herr Brunner, das ist Frau Flinn, mein Name ist Bachmeyer. Wir sind von der Mordkommission Nürnberg. Wir hätten Ihnen gerne ein paar Fragen zu Herrn Koch gestellt."

„Ja, bitte, kommen's. Wir gehen in mein Büro, da können wir ungestört reden."

Herr Brunner führte sie in sein Büro. Sie nahmen in seiner Besprechungsecke Platz.

Schorsch begann: „Tja, Herr Brunner, wir haben gehört, dass Herr Koch seit Sonntagabend verschwunden ist. Erzählen Sie uns mehr darüber. Wann und wo hat man ihn das letzte Mal gesehen? War Herr Koch alleine oder war er in Begleitung? Wer hat sein Verschwinden bemerkt? Wann haben Sie Herrn Koch als vermisst gemeldet? Haben Sie selbst nach ihm gesucht? Haben Sie unbekannte Personen in dieser Zeit in Ihrer Einrichtung wahrgenommen?"

Herr Brunner runzelte die Stirn. „Das sind aber eine Menge Fragen auf einmal. Da sollte ich vielleicht Schwester Erika mit hinzuziehen, die hatte am Sonntag Dienst. Dann können wir Ihre Fragen peu à peu abarbeiten. Vielleicht hat Frau Mauersberger Beobachtungen gemacht, die Sie interessieren könnten."

Herr Brunner verließ kurz sein Büro und kam nach wenigen Augenblicken mit der attraktiven Empfangsdame zurück.

„Schwester Erika, guten Tag!", stellte sich die junge Frau vor.

„Ach, die nette Empfangsdame von soeben. Grüß Gott!", empfing sie Schorsch. „Nehmen Sie doch bitte Platz, vielleicht können Sie uns weiterhelfen."

Erika Mauersberger war nicht nur eine freundliche Empfangsdame, ihre weiblichen Rundungen stachen ebenfalls sofort ins Auge und riefen vermutlich bei gewissen älteren Herren Frühlingsgefühle hervor. Ihre Bluse war fast eine Nummer zu klein für ihre üppige Oberweite. Beim Gedanken daran, dass ihre makellose Figur und ihr adrettes Erscheinungsbild bei so manch knackigem Senioren zu einer gesteigerten Libido führen könnten, musste Schorsch in sich hineingrinsen. Den Defibrillator gleich neben dem Empfang zu platzieren, war auf jeden Fall eine gute Idee.

Aber auch er selbst war gefesselt von dieser Frau. Ihr kirschroter Lippenstift, die langen blonden Haare und ihre smaragdgrünen Augen mit den langen Wimpern machten auch ihn ein wenig unruhig. Er rutschte nervös auf dem Sofa hin und her und musste sich konzentrieren, um wieder in die sachliche Gesprächssituation zurückzufinden.

„Also, Herr Kommissar, den Herrn Koch habe ich zuletzt am Sonntagabend gesehen", plauderte die junge Frau zum Glück gleich drauflos. „Er hatte Besuch von drei Männern, alle im Alter von etwa dreißig bis vierzig Jahren."

„Können Sie die Männer näher beschreiben? Und wo sind sie mit Herrn Koch hingegangen?" Schorsch blickte Schwester Erika tief in die Augen.

„Also erinnerlich war es gegen sechzehn Uhr dreißig, als sich die drei Männer bei mir nach Herrn Koch erkundigten. Alle drei waren sportlich gekleidet und hatten einen dunklen Teint. Sie waren alle ungefähr gleich groß, vielleicht so zwischen eins siebzig und eins achtzig. Einer ist mir besonders aufgefallen, der hatte so lange geflochtene Koteletten und einen Rauschebart. Ich habe mich noch gefragt, ob das wohl ein neuer Modegag sei."

„Hätten Sie vielleicht noch eine etwas präzisere Beschreibung von diesem Mann?"

„Wie gesagt, er hatte einen langen rötlichen Bart mit Zöpfen, dazu trug er ein schwarzes Baseballcape. Er war auch schwarz gekleidet und hatte eine vierschrötige Figur. Seine Erscheinung erinnerte mich ein wenig an Gimli aus ‚Herr der Ringe', kennen Sie den? Die beiden anderen hatten dunkle mittellange Haare. Der eine trug ein helles Sommerblouson und eine Hornbrille, der andere eine schwarze Softshell-Jacke eines bekannten Freizeitausstatters." Sie grinste und fügte mit einem Augenzwinkern hinzu: „Na, Sie wissen schon, von ‚Sepp Wolfshaut'."

Auch Eva-Maria und Schorsch konnten sich ein Lachen nicht verkneifen, und Schorsch bemerkte: „Ja, diese Marke ist wohl jedem bekannt."

Schwester Erika fuhr fort: „Soweit ich mich erinnere, hatte ihr Sprecher – das war der besagte Gimli – einen leichten Akzent. Da Herr Koch sich wie jeden Nachmittag bei seinem Waschbärengehege aufhielt, habe ich die Herren dorthin geschickt."

„Wieso *sein* Waschbärengehege?", fragte Eva-Maria.

„Herr Koch hat doch vor zwei Jahren das Waschbärengehege hier gestiftet", warf Herr Brunner ein. „Und vielleicht kann ich auch noch etwas ergänzen. Frau Krause, eine Mitbewohnerin, hat gesehen, dass Herr Koch in einem Rollstuhl von einem der Herren zum Parkplatz geschoben wurde. Er sah so aus, als wäre er im Rollstuhl eingenickt."

„War Herr Koch denn Rollstuhlfahrer?", hakte Eva-Maria nach.

„Das ist es ja", antwortete Schwester Erika, „Herr Koch, oder besser gesagt, unser Jopi, ist noch rüstig. Der braucht keinen Rollstuhl, nicht einmal einen Rollator. Er hat doch vor drei Jahren eine neue Hüfte bekommen und ist eigentlich noch ganz gut zu Fuß. Frau Krause ist allerdings auch schon etwas älter und leicht vergesslich, daher hat sie sich erst einmal gar nicht darüber gewundert. Erst als sie mitbekam, dass seit Tagen fieberhaft nach Herrn Koch gesucht wird, hat sie uns ihre Beobachtung mitgeteilt. Dann fiel ihr auch wieder ein, dass auf dem Parkplatz ein schwarzer VW-Bus bereitstand, in dem die Männer Herrn Koch auf dem Rücksitz platzierten."

„Das klingt höchst verdächtig", murmelte Schorsch vor sich hin. „Als Erstes müssen wir uns aber einmal die Wohnung von Herrn Koch ansehen. Wir benötigen auch seine Zahnbürste und eine Haarbürste oder einen Kamm von ihm zwecks DNA-Abgleich."

„Gerne, meine Herrschaften. Alles, was Sie benötigen, steht Ihnen zur Verfügung."

Schwester Erika und Herr Brunner führten Schorsch und Eva-Maria in die erste Etage zu dem Appartement, in dem Johannes Koch lebte. Herr Brunner öffnete mit seinem Generalschlüssel die Eingangstür, gemeinsam betraten sie die Wohnung.

Vor ihnen lag eine großzügige Zweizimmerwohnung von etwa siebzig Quadratmetern. Herr Koch hatte eine klassische Einrichtung gewählt. Neben den antiken Holzmöbeln aus dem letzten Jahrhundert schmückten vornehme Perserteppiche den dunklen Eichenboden. Die weiß gehaltenen Wände zeigten verschiedene Bilder, von erstaunlich viel weiblicher Erotik über heroische Landschaften bis hin zu Balletttänzerinnen. Über dem Kanapee hing ein wuchtiges Bild im Goldrahmen, das einen Hirsch im Mondschein zeigte. Den Schreibtisch dekorierte eine schwere Bronzefigur auf schwarzem Marmor. Sie zeigte einen Handgranatenwerfer der Deutschen Wehrmacht im Feld kniend. Schorsch erkannte sofort die Handschrift des Bildhauers Arno Breker, dessen Kunst im Nationalsozialismus ihren Höhepunkt erfahren hatte.

Im zweiten Zimmer war das Schlafzimmer untergebracht. Auch hier hatte Arno Breker deutliche Spuren hinterlassen. Die Wände waren mit heroischen Radierungen und Zeichnungen versehen.

„Waren die Männer auch hier im Haus beziehungsweise in der Wohnung?" Schorsch blickte Schwester Erika fragend an.

„Nein, in der Wohnung waren sie nicht, das wäre mir aufgefallen. Herr Koch war ja bei den Waschbären. Ich habe die Herren dorthin geschickt, und sie sind dann auch schnurstracks dahin gelaufen. Seit Montag wartet der Erwin nun schon auf Herrn Koch. Der frisst gar nix mehr!" Schwester Erika setzte eine mitleidsvolle Miene auf.

„Wer ist Erwin?", fragte Schorsch irritiert.

„Sein Lieblingswaschbär, den er jeden Tag besucht hat. Erwin ist sehr zutraulich, und er vermisst Herrn Koch wirklich sehr. Der arme Kerl!"

Was für ein seltsamer Kerl dieser Johannes Koch doch war, dachte Schorsch und widmete sich wieder der Wohnungsdurchsuchung. Dennoch, Alter und Beschreibung stimmten mit dem überein, was sie über das Opfer wussten. Und Koch hatte ebenso ein künstliches Hüftgelenk. Der Bürstenkopf der elektrischen Zahnbürste und ein paar aus dem elektrischen Rasierapparat entnommene Bartstoppeln sollten ihnen Gewissheit bringen, ob es sich tatsächlich um ein und dieselbe Person handelte. Eva-Maria tütete die Asservate im Badezimmer vorsichtig ein. Schorsch untersuchte zwischenzeitlich den Schreibtisch des verschwundenen Waschbärenfreundes. Auf der rechten Tischseite war ein metallener Möbeltresor mit Doppelbartschloss eingebracht. Ein kleines ovales Messingschild mit der Aufschrift „L. Härtel, Limbach" wies auf den Hersteller hin.

„Herr Brunner, wissen Sie zufällig, wo sich der Schlüssel zu diesem Tresor befindet?", wandte sich Schorsch an den Heimleiter.

„Tut mir leid, keine Ahnung", antwortete dieser. „Aber der muss ja hier irgendwo sein!"

Herr Brunner sollte recht behalten. Keine fünf Minuten später fand Schorsch den Schlüssel unter dem bronzenen Handgranatenwerfer. Er war im Marmorboden der Skulptur durch eine vorhandene Ausfräsung eingelassen, die Fixierung hierfür übernahm ein Magnet. Ein wirklich perfektes Versteck!

Schorsch steckte den rund zwölf Zentimeter langen Sicherheitsschlüssel in das Schloss. Er bemerkte, wie sein Puls schneller schlug. Langsam drehte er den Schlüssel nach rechts und legte den messingfarbigen Griff um. Er zog daran. Die Tür öffnete sich. Erstaunt blickten alle Anwesenden auf die vier Tresorfächer. Der Safe war voll mit alten Aufzeichnungen und Briefen. In der untersten Ablage stand eine dunkle Holzschatulle, die mit einer gliedrigen goldenen Umrandung verziert war. Schorsch griff zuerst die Schatulle und stellte sie auf dem Schreibtisch ab. Er knipste die schwarze Schreibtischlampe an – und erschrak. Die für ihn augenscheinlich als Intarsien eingelassenen goldenen Glieder waren gar keine Glieder. Es waren goldene Zähne! Für die Aufwertung dieser Schatulle waren tatsächlich menschliche Goldzähne verwendet worden! Eine äußerst makabre Einlegearbeit.

Auch die anderen staunten nicht schlecht, als Schorsch ihnen seine Entdeckung präsentierte. „Ich gehe mal davon aus, dass es sich um die Zähne von ermordeten KZ-Häftlingen handelt", stellte Schorsch fest.

Eva-Maria holte ihr Smartphone heraus und machte mehrere Fotos. Anschließend öffnete Schorsch den Deckel. Gespannt blickten sie auf den Inhalt. Neben zwei alten Herrenarmbanduhren mit schwarzem und dunkelbraunem Lederband, einer goldenen Taschenuhr nebst Goldkette sowie einer Damenarmbanduhr mit Metallarmband lag ein kleines schwarzes Samtsäckchen. Eva-Maria öffnete den Beutel und goss den Inhalt in ihre linke Hand. Es waren Diamanten sowie verschiedene Edelsteine, die ihnen da entgegenfunkelten. Woher kamen diese Steine wohl? Schorsch bemerkte, wie sich seine Kehle langsam zuschnürte. War es möglich, dass hier ein geraubtes Vermögen von ermordeten Juden vor ihnen lag?

Eva-Maria dekorierte die Edelsteine auf den Samtbeutel und sicherte den Fund durch Beweisfotos. Anschließend füllte sie die Steine wieder in den Beutel zurück und legte diesen auf dem Schreibtisch ab. In den weiteren Tresorfächern kamen Briefe und Schriftstücke zum Vorschein, die alle in Kurrentschrift verfasst waren. Aber weder Schorsch noch Eva-Maria waren in der Lage, diese bis Mitte des zwanzigsten Jahrhunderts verwendete altdeutsche Schrift problemlos zu lesen. Hier würde Michaels Team von der KTU gefragt sein. Dennoch, Schorsch konnte und wollte nicht warten, der Inhalt schien ihm zu brisant. Eine Grobsichtung sollte ihnen zumindest aufzeigen, worum es in den Briefen ging. Also teilte er die sauber geordneten und nach deutscher Gründlichkeit sortierten Papiere in zwei Stapel und wies Eva-Maria an, sich mit ihm auf die Couch zu setzen, um sie zu sichten. Herr Brunner und Schwester Erika ließen die beiden allein, um selbst wieder ihren täglichen Aufgaben nachzugehen.

Gegen halb vier hatten die beiden Ermittler die erste Kurzauswertung der vorgefundenen Schriftstücke beendet. Es war ein schwieriges Unterfangen, aber sie hatten viel über die Vergangenheit des alten Mannes erfahren. Sie fanden auch zwei verschlossene Kuverts mit der Aufschrift „Mein letzter Wille", auf dem zweiten Umschlag stand zudem: „Für meinen Sohn Josef Koch". Diese Schriftstücke öffneten sie nicht, sie wollten sie den Angehörigen persönlich übergeben. Und da sie auch noch keine absolute Gewissheit über das Ableben von Johannes Koch hatten, waren sie sowieso gezwungen, das Brief- und Postgeheimnis zu wahren. Für den Fall, dass die Schreiben tatsächlich wichtige Informationen zur Auflösung des Falles enthielten, gingen sie davon aus, dass der Adressat, also Josef Koch, ihnen den Inhalt der Schriftstücke freiwillig mitteilen würde.

Zusammenfassend lag ihnen nun ein grobes Bild über Herrn Koch vor. Johannes Koch aus Kulmbach unterhielt einen freundschaftlichen Briefkontakt zu Max Weber aus Bad Windsheim. Die Korrespondenz ließ sich bis in das Jahr 1944 zurückverfolgen, jedoch unter verschiedenen Namen und ohne Briefkuverts. Die hatte Herr Koch nicht aufgehoben, somit waren der genaue Absender und Empfänger vorerst nicht erkennbar. Bis zum 4. April 1945 hieß der eine Briefeschreiber noch Karl Henzel, der andere Max Weber. Ab dem 27. April 1945 gab es dann einen Johannes Koch und einen Adolf Bergmann, die beide jedoch die gleiche Handschrift hatten wie Henzel und Weber. In einem gefalteten Brief befand sich ein Schwarz-Weiß-Foto mit gerippmtem Rand. Man sah zwei sehr junge SS-Obersturmbannführer im Alter von Mitte zwanzig. Im Hintergrund erkannte man über einem großen Kamin das Führerbild. Beide Herren hielten grinsend ein Sektglas in ihren Händen und toasteten dem Fotografen zu. Auf der Rückseite des Fotos war mit Bleistift vermerkt:

„Karl Henzel und Max Weber, 20. Januar 1942, Berlin/Wannsee"

Und es gab noch ein weiteres Foto zwischen den Briefen, vermutlich aus dem Jahr 1952. Es zeigte drei Personen. Die beiden bereits bekannten Männer und eine weitere unbekannte dritte

Person. Dieser Mann war etwas untersetzter als Henzel und Weber, die links und rechts von ihm standen. Geschätzt war der Unbekannte etwa Mitte dreißig, er trug eine Hornbrille sowie einen dunklen Anzug mit Hut. Alle drei standen vor einem großen Sandsteingebäude. Auf der Rückseite war mit Kuli vermerkt:

*„Neujahrsempfang bei der Eidgenössischen Kreditanstalt (EKA) 1952"*

Als Schorsch die Schrift entdeckte, sagte er: „Schau an, das sind doch schon mal eine Menge aufschlussreicher Informationen. Anhand der Bildbeschreibung könnten die beiden Offiziere an der Wannseekonferenz teilgenommen haben. Somit wären sie zwei ehemalige hochrangige SS-Leute. Allerdings wirken beide noch recht jung in ihrer Uniform. Vermutlich waren sie schon als Jugendliche überzeugte Nazis, sonst hätten sie in diesem jungen Alter keine Karriere gemacht."

Dann kontrollierte er die verschiedenen Bankauszüge, die chronologisch abgeheftet waren. Die Masse der Bescheinigungen waren Jahresnotierungen der EKA in Zürich. Nach deren Aufmachung handelte es sich um ein vorhandenes Nummernkonto, was die nachfolgenden Aufzeichnungen im Anhang bezüglich eines solchen eingerichteten Kontos bestätigten. Denn Henzel alias Koch hatte alles nach deutscher Gründlichkeit in seinem Tagebuch vermerkt:

- *Donnerstag, 17.02.1944: Vollmacht und Kontonummer von Nathan Kleemann erhalten. Kontakt mit der EKA aufgenommen.*
- *Mittwoch, 23.02.1944: Herr Ischy von der EKA möchte das Kennwort telefonisch oder per Fernschreiber mitgeteilt bekommen.*
- *Freitag, 25.02.1944: Kleemann wurde nochmals einer Sonderbehandlung zugeführt. Das Nummernkonto mit dem Losungswort*

wurde nun wiederholt glaubhaft bestätigt: „Sahra bleib mir treu – unser Zug fährt immer am Mittwoch um 19.09 Uhr vom Gleis 2".
- Montag, 28.02.1944: Telefonisch das Kennwort an Urs Ischy übermittelt. Dieser hat das Nummernkonto mit Fernschreiben bestätigt. Die notwendige Vollmacht von Kleemann zwecks Übertragung erhält er mit der Post.
- Mittwoch, 08.03.1944: Heimaturlaub. Fahre mit Agnes nach Zürich. Um 13.00 Uhr Termin bei Herrn Ischy.
- Freitag, 10.03.1944: Es hat alles geklappt. Neues Nummernkonto auf unseren Namen eingerichtet. Urs Ischy hat 1500,- Reichsmark für die Umstellung erhalten. Agnes verwahrt das Kennwort. Wir sind reich. Wir sind wirklich reich!
Habe noch zwei Tage mit Agnes. Wir wollen Zoppot und Danzig besuchen. Am 13. geht es zurück nach Sobibor. Alles hat reibungslos geklappt. Juden bringen uns Geld!

„Mir wird gleich schlecht." Schorsch wollte nicht glauben, was er da gerade gelesen hatte. „Wenn ich das richtig verstehe, dann hat sich unser Freund hier am Vermögen von Juden bereichert, die kurz vor ihrem Tod standen. Johannes Koch war also ein NS-Verbrecher, der bis heute unentdeckt geblieben ist."

Auch Eva-Maria blickte versteinert auf die schriftlichen Vermerke. „Das ist ja wirklich unglaublich! Diese akribischen Aufzeichnungen hier beweisen in der Tat, dass reiche deutsche Unternehmer und Geschäftsleute zur damaligen Zeit Juden um ihr Vermögen gebracht haben. Diese Rassisten haben das Nummernkonto herausgefoltert, oder was verstehst du unter Sonderbehandlung? Anschließend wurde das geraubte Vermögen durch einen korrupten Schweizer Bankier auf diese Nazis übertragen. Das ist, gelinde gesagt, eine Riesenschweinerei!"

„Wenn dem so ist, können wir fast sicher sein, dass es sich bei unserem Toten um diesen SS-Schergen Karl Henzel handelt, der heute als Johannes Koch unter uns lebt. Ich bin mir sicher, dass die DNA-Analyse das bestätigen wird." Schorsch schüttelte sich, bevor er weitersprach. Das Mitleid, das er anfangs für den Gekreuzigten verspürt hatte, war mit einem Schlag verflogen. Jetzt überwog der Ekel, ja geradezu Scham über diese ruchlosen Verbrechen der Vergangenheit. „Aber auch solche schwerwiegenden vergangenen Taten rechtfertigen keinen weiteren Mord. Koch hätte einer ordentlichen Gerichtsbarkeit zugeführt werden müssen, auch wenn seine Verbrechen erst Jahre später bekannt geworden waren. Denn diese Verbrechen verjähren nie. Vermutlich zum Leid vieler betroffener Nachkommen wäre dieser Verbrecher aufgrund seines hohen Alters allerdings nicht mehr haftfähig gewesen. Deshalb könnte man einen Vergeltungsmord in gewisser Weise nachvollziehen. Auch wenn ein Mord nach all den Jahren auch keine Lösung ist."

Da in den Aufzeichnungen kein Nachweis über die Eigentumsrechte von seinem Brieffreund Max Weber gefunden wurde, die Schriftstücke aber genügend Anhaltspunkte aufwiesen, dass es sich um Vermögen von ermordeten Juden handeln könnte, wurde neben der Ebenholzschatulle sämtlicher Schriftverkehr mit Ausnahme der beiden persönlichen Anschreiben an Josef Koch sichergestellt. Michael und Roberts Leute mussten diese Asservate nun zeitnah für sie auswerten. Schorsch informierte zugleich Dr. Menzel über die neuen Erkenntnisse und seine durchgeführte strafprozessuale Maßnahme in Bezug auf Johannes Koch. Danach verließen er und Eva-Maria das Appartement und suchten erneut Herrn Brunner auf.

Um mögliche Spekulationen über die wahre Identität bei der Heimleitung und den Bewohnern auszuschließen, beschlossen sie, den Namen Karl Henzel nicht zu erwähnen. Schorsch wollte auf Nummer sicher gehen, deshalb blieb man vorerst bei Johannes Koch.

„Herr Brunner, es könnte sich bei Herrn Koch tatsächlich um das Opfer handeln, das wir am Dienstagmorgen bei uns in Fürth aufgefunden haben", erstattete Schorsch beim Heimleiter Bericht, als sie wieder in dessen Büro saßen. „Sicherheit wird uns jedoch erst das Ergebnis der Gerichtsmedizin bringen. Aber eines noch, Herr Brunner: Bitte versperren Sie die Wohnungstür zu Herrn Kochs Wohnung. Sollten wir in den kommenden Tagen Gewissheit haben, dass es sich bei Herrn Koch um unser Opfer handelt, so werden unsere Kriminaltechniker die Räumlichkeiten untersuchen. Bis dahin sollte keineswegs etwas in der Wohnung verändert werden. Wir werden heute auch noch Kontakt mit den Angehörigen diesbezüglich aufnehmen. Ich möchte aber kein Polizeisiegel anbringen, das würde nur unnötige Unruhe und Spekulationen bei den übrigen Bewohnern hervorrufen. Ich kann mich auf Sie verlassen?"

Herr Brunner nickte. „Sicher, Herr Kommissar. Ich schließe die Wohnung ab und informiere auch den Reinigungsdienst, sodass keiner die Wohnung mehr betritt."

Es war kurz nach siebzehn Uhr, als Schorsch und Eva-Maria ihr Ziel erreichten. Ein großes Schild an der Einfahrt zur Allee wies sie auf die Koch KG hin. Neben dem großen Firmengebäude lag etwas abgesetzt das von Herrn Brunner beschriebene Wohnhaus von Josef und Karin Koch. Schorsch parkte den Dienstwagen vor der Hauseinfahrt, sie stiegen aus und gingen Richtung Hauseingang.

Ein untersetzter Mittfünfziger mit grauem schütteren Haar und einem Spitzbart, der gerade dabei war, das Unkraut auf den Gehwegen mit einem Gasbrenner abzufackeln, bemerkte sie und trat auf sie zu. „Grüß Gott, wo möchten Sie denn gerne hin?"

„Grüß Gott, Bachmeyer und Flinn von der Kripo aus Nürnberg. Wir möchten gerne zu Herrn Josef Koch." Schorsch zeigte ihm seine Dienstmarke.

„Der steht vor Ihnen", antwortete der Herr und lächelte freundlich. Das Lächeln verschwand jedoch genauso schnell wieder aus seinem Gesicht, und er wurde ernst. „Sie kommen vermutlich wegen meines Vaters. Hat die Vermisstenanzeige schon etwas ergeben?"

„Herr Koch, wir waren eben im Seniorenheim und haben Spurenmaterial Ihres Vaters gesichert. Denn wir haben bei uns in Fürth am Dienstagmorgen einen Toten aufgefunden. Die Person wurde ermordet. Ob es sich hierbei um Ihren Vater handelt, ist jedoch noch unklar. Eine DNA-Analyse sollte uns bald das Ergebnis liefern. Aber ich möchte auch nichts beschönigen: So wie es bislang aussieht, könnte es sich bei unserem Opfer tatsächlich um Ihren Vater handeln."

Josef Koch blickte zunächst stumm auf die abgefackelten Unkrautreste, drehte dann die Gaszufuhr ab und legte den Gasbrenner zur Seite. Dann sagte er mit leisem Ton: „Kommen Sie doch bitte mit rein. Wir gehen ins Kaminzimmer, da können wir über alles reden. Ich hole meine Frau dazu."

Herr Koch geleitete beide in das repräsentative Wohnhaus. Es schien noch relativ neu zu sein, und der Planer hatte sich hier extra viel Mühe gegeben. Die weiße Fassade und die hohen verspiegelten Fenster bildeten eine Einheit. Auf dem Dach war eine Glaskuppel angebracht. Das Sonnenlicht brach auf die Glaskuppel ein und reflektierte die Sonnenstrahlen in die große Eingangshalle. Durch die verschiedenen Glasbeschichtungen wurde das eintretende Licht in unterschiedlichen Farbnuancen wiedergegeben. Eine durchdachte Meisterleistung des Architekten! Eva-Maria und Schorsch waren beeindruckt.

Sie erreichten das Kaminzimmer, das mit verschiedenen Jagdtrophäen ausgestattet war. Links neben dem Kamin, der aus großen Kieselsteinen gebaut war, stand ein ausgestopfter Grizzlybär mit weit aufgerissenem Maul. Der Bär war gut und gerne zwei Meter fünfzig groß. Rechts vom Kamin standen flankierend ein präparierter Wolf sowie ein amerikanischer Berglöwe. Der Steinboden war mit wertvollen Teppichen und einem Braunbärenfell belegt. Die Wände des Kaminzimmers waren in dunklen Eichenbohlen und fränkischem Schiefer belegt. Die Bilder an den Wänden zeigten verschiedene Jagdszenen, und der Blick durch die überdimensionalen Fenster fiel auf die imposante Festung Plassenburg. In der Mitte des Raumes stand eine mächtige viereckige Sitzgarnitur in cognacfarbenem Büffelleder. Links in der Ecke standen ein Waffenschrank und ein Humidor. In der rechten Ecke des Kaminzimmers war eine dunkelfarbene Eichenbar mit erlesenen Whiskysorten und verschiedenen Cognacs eingelassen. Alles war sehr stilvoll und edel eingerichtet. Hinter einer Rauchglaswand verbarg sich der Zugang zu einer Schwimmhalle, die wie im alten Rom mit Carrara-Marmor ausgestaltet war. Auch die großen Säulen erinnerten an ein Badehaus der Antike. Es fehlen nur noch Cäsars Gespielinnen, die in Eselsmilch baden, dachte Schorsch. Keine Frage, die Kochs hatten Geschmack – und das notwendige Kleingeld!

„Bitte nehmen Sie Platz." Herr Koch wies sie auf die Sitzecke des Kaminzimmers hin. „Meine Frau kommt gleich dazu. Darf ich Ihnen etwas anbieten?"

„Vielleicht ein Glas Wasser und einen Kaffee", antwortete Eva-Maria, und Schorsch nickte zustimmend.

Kurze Zeit später erschien Frau Koch mit den Getränken. Sie trug einen lila Hausanzug eines bekannten französischen Modezaren, dazu hatte sie passend ein fliederfarbenes Haartuch um ihre schulterlangen blonden Haare gewickelt. Ihre Stirn und Augenpartie wiesen keinerlei Falten auf, sie wirkte wie Anfang vierzig, obwohl sie sicher älter war. Eine hübsche und attraktive Frau, die vermutlich ein Botox-Abo bei ihrem plastischen Chirurgen hatte, dachte Schorsch und stellte sie beide nochmals vor.

„Wie ich schon eingangs erwähnt habe, waren wir soeben im Seniorenheim, haben dort Zeugen befragt und uns ein wenig in seiner Wohnung umgesehen. Dabei haben wir neben erschreckenden Aufzeichnungen auch ein Testament sowie einen Brief gefunden, der persönlich an Sie gerichtet ist, Herr Koch."

„Von welchen erschreckenden Aufzeichnungen sprechen Sie denn?", wollte Herr Koch wissen. „Hat sich mein Vater in seinem Alter etwa noch illegale Pornos reingezogen?"

„Nein, keine Videos oder Filme", konnte Schorsch ihm zumindest diese Sorge nehmen. „Aber wir haben schriftliche Aufzeichnungen gefunden, die Anlass zur Annahme geben, dass Ihr Vater im Dritten Reich eine Führungsposition innehatte." Er sah die beiden Eheleute fragend an.

„Über den Krieg hat mein Vater nie viel erzählt", antwortete Herr Koch. „Was hat denn Ihre Besorgnis ausgelöst?"

„Er hat sich, so wie es augenblicklich aussieht, an dem Vermögen jüdischer Mitmenschen bereichert, die er anschließend in die Gaskammer geschickt hat. Und soweit wir das aufgrund der Sichtung seiner Unterlagen sagen können, handelt es sich bei Ihrem Vater um Karl Henzel, einen ehemaligen SS-Lagerkommandanten von Sobibor."

Josef Koch reagierte nun zum ersten Mal unwirsch. „So ein Schmarrn, mein Vater ist Johannes Koch, geboren am 6. Juni 1915 in Lohr am Main. Die Geburtsurkunde und seine amtlichen Papiere bestätigen das. Sonst wäre ich ja nicht sein Sohn!" Sein Gesicht fing an, vor Empörung rot anzulaufen. Er atmete einmal tief durch, dann fuhr er fort: „Seit vorgestern fehlt jede Spur von meinem Vater, und Sie kommen heute daher und sagen mir ganz unverblümt, dass mein Vater ein ehemaliger Nazi sei und eigentlich Karl Henzel heißt. Das ist wirklich unglaublich!"

Karin Koch versuchte, ihren Mann zu beruhigen, indem sie nach seinem Arm griff. Dann wandte sie sich an Schorsch: „Ich gehöre seit dreißig Jahren zur Familie, kenne meinen Schwiegervater sehr gut und ich sage Ihnen: Niemals ist Johannes ein Kriegsverbrecher. Und er hieß schon immer Johannes Koch, seitdem ich hier in Kulmbach lebe."

„Das mag sein, Frau Koch, aber wir haben eben einen berechtigten Grund für diese Annahme." Schorsch breitete die gefundene Korrespondenz zwischen Henzel und Weber auf dem Tisch aus. Er nahm seinen Kugelschreiber und wies auf die markanten und schlüssigen Passagen in den Briefen vom 4. und 27. April 1945 hin. „Auch wenn hier unterschiedliche Namen verwendet werden, das Schriftbild ist identisch, und das wird uns auch eine durchgeführte Schriftprobenanalyse unserer KTU zeitnah bestätigen. Und hier habe ich noch zwei Fotos. Erkennen Sie die Personen?" Schorsch legte ihnen beide Fotoaufnahmen vor.

Josef und Karin Koch blickten stumm auf die Bilder und lasen die handschriftlichen Vermerke auf der Rückseite.

Es war mucksmäuschenstill, bis Schorsch nach einer Weile wieder das Wort ergriff: „Solange wir nicht hundertprozentig wissen, ob es sich bei unserem Opfer tatsächlich um Ihren Vater handelt, sollten wir uns darüber keine weiteren Gedanken machen. Aber eines ist gewiss: Die gefundenen Unterlagen in dem Safe Ihres Vaters deuten auf Verbrechen hin, die nicht verjährt sind. Ermittlungen in diesem Tatkomplex sind unumgänglich. Sollte Ihr Vater noch am Leben sein, wird ein Ermittlungsverfahren gegen ihn eingeleitet werden. Die Beweislast ist erdrückend."

Josef Kochs Wut schien verraucht, stattdessen machte sich nun Bestürzung breit. Seine Stimme war nur noch ein Flüstern. „Die Fotos und die Korrespondenz könnten von meinem Vater stammen, das ist richtig." Er zitterte und reichte Schorsch die Bilder zurück.

„Max Weber alias Adolf Bergmann, wie gut kennen Sie den?", setzte Schorsch die Fragerunde fort, auch wenn er den beiden Eheleuten gerne weiteren Kummer erspart hätte. Aber jede Information konnte hilfreich sein, um das Rätsel um den Gekreuzigten schnellstmöglich zu klären.

„Onkel Adolf war ein alter, oder sagen wir mal, der beste Freund meines Vaters. Unsere Familien kennen sich bestimmt schon ein halbes Jahrhundert. Adolf ist Mitte der Neunziger verstorben, aber mein Vater besucht ab und an seine Familie. Wir sind alle freundschaftlich miteinander verbunden, sind mehr oder weniger gemeinsam aufgewachsen. Die Bergmanns haben ein großes Weingut. Ich habe am Montag dort angerufen und gefragt, ob mein Vater wieder mal außerplanmäßig bei ihnen ist, aber leider hat er sich dort auch nicht blicken lassen." Josef Koch nahm einen großen Schluck von seinem Wasser und starrte dann ins Leere. Schließlich sagte er: „Adolf und mein Vater haben sich im Krieg kennengelernt. Aber wie gesagt, mein Vater hat uns fast nie etwas aus dieser Zeit erzählt. Mutter wusste ein bisschen mehr darüber, da sie mit

Adolfs Frau befreundet war, aber sie hat uns vor fünfundzwanzig Jahren plötzlich verlassen. Ein Aneurysma ist geplatzt, und sie starb innerhalb von Sekunden."

„Dann haben sich die beiden Herren also regelmäßig bis zum Tod von Herrn Bergmann getroffen?", hakte Schorsch noch einmal nach.

„Ja, das haben sie. Beide waren ja auch noch sehr rüstig für ihr Alter." Plötzlich schüttelte Josef Koch heftig den Kopf, und die Verzweiflung war ihm deutlich anzusehen. „Jetzt verstehe ich auch, dass hier einiges auf uns zukommen könnte, wenn sich Ihre Vermutungen bestätigen sollten. Wenn die Presse Wind davon bekommt, dann ist unsere Reputation hier in Oberfranken ruiniert. Wir können den Laden verkaufen und wegziehen!" Er griff nach der Hand seiner Frau und drückte sie fest, so fest, dass selbst Karin Koch überrascht war, wie man ihrem Gesichtsausdruck deutlich entnehmen konnte.

„Herr Koch, wir sind leider noch nicht fertig, wir müssen noch etwas von Ihnen wissen", bohrte Schorsch weiter. „Wir sind heute hierher gekommen, weil Hinweise an unserem Opfer in Fürth auf eine ältere Person mit einer Hüftgelenks-OP hindeuten. Zugleich hat unser Toter eine spezielle Backenzahnkrone, die nur ganz bestimmten Patienten eingesetzt wurde. Hatte Ihr Vater eine solche Backenzahnkrone, wissen Sie etwas darüber?"

„Er bekam etwa vor drei Jahren eine neue Hüfte, aber über seine Zähne hat er nie geredet. Da kann Ihnen vermutlich Dr. Wirth mehr dazu sagen, der hat hier in Kulmbach seine Praxis."

Schorsch notierte sich den Namen und fuhr dann fort: „Kennen Sie drei Männer im Alter zwischen dreißig und vierzig Jahren, vermutlich südländischer Abstammung? Einer von ihnen hat lange geflochtene rötliche Koteletten und einen

Rauschebart. Außerdem fahren sie einen schwarzen VW-Bus oder VW-Transporter."

Beide Eheleute starrten nachdenklich auf die züngelnden Flammen im Kamin und dachten nach. Aber ihnen fiel niemand ein, auf den diese Beschreibung passte.

„Hatte Ihr Vater hier im Haus noch ein Zimmer?", mischte sich nun auch wieder Eva-Maria in die Befragung ein.

„Mein Vater hat damals beim Umzug in das Seniorenheim alles, was er nicht mitnehmen wollte, aufgelöst. Er behielt nur das, was jetzt im Seniorenheim steht."

„Warum ist er überhaupt in das Seniorenheim gezogen? Warum ist er nicht hiergeblieben?", wollte Schorsch wissen.

Diesmal antwortete Frau Koch für ihren Mann: „Ach wissen Sie, Herr Bachmeyer, mein Mann und ich sind viel unterwegs, wir verreisen oft. Johannes wollte einfach unter seinesgleichen sein. Er suchte die Unterhaltung mit Gleichgesinnten. Und das Waschbärengehege mit dem Erwin war sein Ein und Alles. Er war glücklich im Betreuten Wohnen, das hat man ihm auch angesehen."

„Sie sind Unternehmer, Herr Koch. Haben Sie die Koch KG aufgebaut oder haben Sie die Firma von Ihrem Vater übernommen?", wandte sich Schorsch wieder an ihn.

„Mein Vater hat nach dem Krieg hier in Kulmbach eine große Brennerei eröffnet. Der Schwerpunkt unserer Produkte liegt in der Vermarktung der Vogelbeere. Wir kaufen fast alle Vogelbeeren hier in der Region auf und brennen daraus unseren Vogelbeerschnaps, der nicht nur hier in Deutschland Abnehmer findet. Unsere großen Absatzmärkte sind die USA und Japan. Unser Premium ist der ‚Koch Nr. 12', dieser wird zwölf Jahre in Barriquefässern gelagert. Die genaue Holzart ist auf der Flasche vermerkt. Besonders interessant ist immer die erste Füllung des Fasses. Je nachdem, welche ursprüngliche Füllung das Fass vorher hatte, entweder Bourbon, Sherry oder Portwein. Diese erste Füllung mit unserer Vogelbeere entzieht dem Holz die stärksten Aromen. Das zeichnet unser Produkt weltweit aus. Darf ich Ihnen einen Kleinen zur Kostprobe anbieten?"

„Herr Koch, wir sind im Dienst!"

„Ach so, natürlich. Darf ich Ihnen beiden denn ein Fläschchen mitgeben?"

„Nein, danke, Herr Koch. Lieb gemeint, aber wir dürfen so etwas leider nicht annehmen. Vor zwanzig Jahren hätte da keiner etwas gesagt, aber heute geht das leider nicht mehr. Unsere Antikorruptionsstelle würde sich über solch eine *Tat*, also die verbotene Annahme von Geschenken, sehr freuen." Schorsch erhob sich. „Wir sind dann so weit fertig. Sobald wir das rechtsmedizinische Ergebnis vorliegen haben, werden wir Sie informieren. Sollte Ihnen spontan zum Verschwinden Ihres Vaters noch etwas einfallen, dann können Sie uns unter dieser Telefonnummer erreichen." Schorsch überreichte Herrn Koch seine Visitenkarte.

„Danke, Frau Flinn und Herr Bachmeyer. Die Hoffnung stirbt bekanntlich ja zuletzt. Und wenn das mit den dargelegten Verbrechen meines Vaters wirklich stimmt, dann sind wir erschüttert. Wir haben davon wirklich nichts gewusst."

Schorsch und Eva-Maria verließen das Anwesen. Aufgrund der fortgeschrittenen Zeit hatte die Zahnarztpraxis Wirth schon geschlossen. Eva-Maria wollte das vorliegende Zahnschema des Opfers mit dem aktuellen Zahnbefund von Dr. Wirth am kommenden Tag abgleichen, vielleicht brachten ja diese Erkenntnisse schon die Gewissheit über den Tod von Johannes Koch.

Um kurz vor halb sieben erreichten sie die A9, ihr Navigationssystem zeigte hundertsiebenundzwanzig Kilometer bis zum Präsidium.

Die Dunkelheit war hereingebrochen. Schorsch musste an seinen Vater denken, der 1997 in einem Seniorenheim verstorben war. Bis heute quälte ihn ein schlechtes Gewissen, weil er sich damals viel zu wenig um ihn gekümmert hatte. Nach dem Tod der Mutter war sein Vater lethargisch und depressiv geworden, und die Besuche im Heim waren für Schorsch eher eine lästige Pflicht als ein Vergnügen gewesen. Aber jetzt dachte er daran, dass auch er selbst im Alter einsam sein würde. Er hatte keine Ehefrau, nur eine Tochter, die sich jedoch seit Jahren nicht mehr bei ihm gemeldet hatte. Schorsch war betrübt. Und er dachte darüber nach, was er in seinem Leben alles falsch gemacht hatte. Diese trübseligen Gedanken trieben ihm ein wenig Feuchtigkeit in die Augen, was er sich gegenüber Eva-Maria aber keineswegs anmerken lassen wollte.

Auf der Autobahn A9 war wenig Verkehr, sodass sie gegen halb acht am Präsidium eintrafen. Eigentlich wollte Schorsch so schnell wie möglich nach Hause, aber er bemerkte nebenan in der St. Jakobskirche noch einen Lichtschein. Die Kirche war geöffnet. Irgendwie hatte er das Gefühl, seinen verstorbenen Eltern dort näher zu sein. Wie lange war er schon nicht mehr in der Kirche gewesen! Er besuchte den Abendgottesdienst und zündete zwei Kerzen an. Als er nach dem Gottesdienst etwas in die Kollekte werfen wollte, bemerkte er zwei Briefkuverts in der linken Innentasche seiner Jacke. Es waren die beiden persönlichen Anschreiben, die er an Josef Koch übergeben wollte. Er hatte es schlichtweg vergessen! Er beschloss, sie am nächsten Tag in die Eilpost zu geben.

## 5. Kapitel

*Donnerstag, 22. September 2011, 08.30 Uhr,
Pirckheimer Straße, Nürnberg, Dermatologie Dr. Hengsberg*

Schorsch hatte einen Arzttermin bei Dr. Gustav Hengsberg. Er war zwar kein Hypochonder, aber vor einiger Zeit hatte ihn eine Kollegin über ihre bestehende Diagnose Hautkrebs informiert. Und als Schorsch nun vor ein paar Wochen bei seiner morgendlichen Gesichtspflege zwei raue Hautstellen unter den beiden unteren Augenpartien festgestellt hatte, die auch nach mehreren Wochen Behandlung mit einer Wundsalbe nicht verheilt waren, suchte auch er Rat bei Dr. Hengsberg.

„Was führt Sie zu mir, Herr Bachmeyer?", fragte der Arzt, als Schorsch nach nur fünf Minuten im Wartezimmer in den Behandlungsraum gerufen wurde. Er schilderte sein Problem, woraufhin Dr. Hengsberg seine beleuchtete Lupe hervorholte und die beiden Stellen begutachtete.

„Hmm ... Das könnte tatsächlich eine Vorstufe von Hautkrebs sein. Man bezeichnet es als ‚Aktinische Präcancerosen'", erklärte er sachlich.

„Allmächd!" Unwillkürlich zuckte Schorsch zusammen. „Jetzt sagen Sie bloß, dass das nicht wahr ist!"

„Keine Panik, Herr Bachmeyer. Solche Hautreizungen habe ich fast täglich. Wir machen eine Gewebeanalyse, und dann sehen wir weiter. Kommen Sie mit, wir gehen gleich in den OP-Raum."

Schorsch wurde flau. Er dachte an Isabell und daran, dass auch bei ihr alles ganz harmlos angefangen hatte. Was, wenn er tatsächlich an Krebs erkrankt war? Würde er bald sterben müssen? Er dachte an den gestrigen Tag zurück und an die

Gedanken, die ihn auf der Heimfahrt beschäftigt hatten. Die Angst vor der Einsamkeit, die ihn gestern überfallen hatte, wich nun der Angst vor einem viel zu frühen Tod. Nein, er wollte nicht sterben. Er würde von nun an immer brav zur Vorsorge gehen, mindestens einmal im Jahr ein Screening durchführen lassen.

Der Eingriff entpuppte sich als völlig harmlos. Nachdem Dr. Hengsberg beide Stellen kurz betäubt hatte, entfernte er mit einem scharfen Löffel die Hautpartien. Obwohl sich Schorsch jetzt schon sichtlich wohler fühlte, redete der Arzt weiter beruhigend auf ihn ein.

„Herr Bachmeyer, kommenden Mittwoch liegt uns das histologische Ergebnis vor. Bis dahin heißt es: Nicht aufregen, sondern cool bleiben! Ich habe täglich mindestens drei bis sechs Patienten mit dieser Diagnose. Viele Leute unterschätzen die Sonnenstrahlung. Gebräunte Menschen gelten in unserer Gesellschaft einfach als vitaler, gesünder und erfolgreicher. Die Nebenwirkungen, im schlimmsten Fall Hautkrebs, ignorieren die meisten. Erst wenn sie die Hautveränderungen bemerken, denken viele darüber nach. Aber da kann es schon zu spät sein."

„Na, Sie machen mir ja Mut, Herr Doktor!" Schorsch schluckte und verließ geknickt die Praxis.

Um zwanzig Minuten nach neun Uhr betrat Schorsch sein Büro. Sein Zimmergenosse Horst war gerade dabei, die Zimmerpflanzen zu gießen. Währenddessen unterhielt er sich mit Eva-Maria über ihre gestrige Dienstreise. Als die beiden Schorsch erblickten, sahen sie ihn mit großen Augen an.

„Allmächd, Schorsch, was haben sie denn mit dir gemacht?" Horst deutete auf die zwei kleinen Pflaster, die unterhalb von Schorschs Augen platziert waren.

„Kleines Hautproblem. Nächste Woche bekomme ich den Befund", antwortete Schorsch ein wenig barsch.

„Welchen Befund?", fragte Eva-Maria.

„Na ja, ob das vielleicht einmal ein Hautkrebs geworden wäre."

Die beiden anwesenden Kommissare schwiegen betreten, denn auch sie wussten von der Krebserkrankung der Kollegin, die immerhin noch keine vierzig war. Schorsch einen Hypochonder zu nennen oder Witze über seine Gesichtsbepflasterung zu machen, wagten sie deshalb nicht. Stattdessen sahen sie ihn mitleidig an.

„Darüber habe ich neulich einen interessanten Beitrag in der Rentner-Bravo gelesen", bemerkte Horst.

„Wo?", meinte Eva-Maria.

„Na, in der Apotheken-Umschau! Solche Hautveränderungen muss man ernst nehmen", antwortete Horst.

Das Gespräch war Schorsch spürbar unangenehm, deshalb wechselte er schnell das Thema. „Was gibt's Neues im Fall Koch beziehungsweise Henzel?"

„Das sichergestellte DNA-Material ist schon in Erlangen in der Rechtsmedizin. Bin soeben zurückgekommen. Doc Fog will sich gleich drum kümmern", berichtete Eva-Maria. „Und noch etwas Neues gibt es. Ich habe den Befund von Dr. Wirth bekommen, Kochs Zahnarzt. Er hatte im linken Oberkiefer tatsächlich eine Titanbrücke. Hier ist das Fax, da steht es schwarz auf weiß."

„Bingo! Dann ist er sicher unser Opfer! Die sichergestellten Unterlagen soll die KTU übernehmen. Michael und Robert sollen den Schriftverkehr chronologisch und bis ins kleinste Detail für uns auswerten. Unsere gestrige Grobsichtung hat uns zwar eine kleine Einschätzung der Korrespondenz erlaubt, aber die Übersetzung in lateinische Schrift hat oberste

Priorität. Bereite deshalb doch bitte schon mal ein Übergabeprotokoll für die beiden vor. Und ich bin nicht weniger gespannt auf das Ergebnis der makabren Schatulle nebst Inhalt."

„Welche makabre Schatulle?" Von diesem Fund hatte Eva-Maria Horst augenscheinlich noch nichts erzählt.

„Wir haben gestern eine dunkle Holzschatulle gefunden, die mit einer außergewöhnlichen Umrandung verziert ist", klärte Schorsch ihn auf. Er holte alle sichergestellten Gegenstände aus seinem Wertfach und legte die Schatulle auf dem Schreibtisch ab.

„Leck mich am Ärmel!", entfuhr es Horst. „Ist das das, was ich vermute? Sind das menschliche Zähne?"

„Richtig", bestätigte Schorsch. „Das sind Goldzähne von ermordeten Menschen. Eva-Maria, bereite doch bitte die Asservate schon mal im Besprechungsraum auf. Jeder soll sehen, was diese sogenannten ‚Herrenmenschen' damals unter Handwerkskunst verstanden haben." Dann galt sein Blick Horst. „Und du, trommle doch bitte mal die Mannschaft zusammen. Wir teilen denen gleich mal unsere Ermittlungsergebnisse mit. In fünfzehn Minuten im Besprechungsraum. Die Runde Kaffee geht auf mich."

Punkt drei viertel zehn war das Team der MOKO Golgatha versammelt. Michael Wasserburger und Robert Schenk waren ebenfalls anwesend, genau wie Raimar Schönbohm, der wie so oft in Birkenstocks und weißen Socken in den Besprechungsraum schlurfte. Eva-Maria hatte auf einem Beistelltisch bereits die Asservate aufgereiht.

Schorsch begann: „Guten Morgen miteinander! Bitte keine Fragen wegen meiner zwei kleinen Pflaster. Das ist keine große Sache, und wir haben weitaus Wichtigeres zu besprechen." Er gab einen kurzen Abriss über die gestrigen Geschehnisse in

Kulmbach. Insbesondere die Tatsache, dass Johannes Koch unter falschem Namen gelebt und seine wahre Identität so lange verschleiert hatte, stieß auf Ungläubigkeit.

„Karl Henzel alias Johannes Koch war ein ehemaliger SS-Scherge", fuhr Schorsch fort. „In weiser Voraussicht, man könne ihn als Kriegsverbrecher identifizieren, hat er kurz vor Kriegsende seine Identität gewechselt. Als ranghohes Partei- und SS-Mitglied hatte man ja Kontakte zu gewissen Stellen im Dritten Reich. Da konnte man für sich sowie für seine Angehörigen schnell neue Ausweisdokumente ausstellen lassen. Und so wurde aus Karl Henzel Johannes Koch und aus Max Weber Adolf Bergmann. Das sagen uns zumindest die gefundenen Dokumente und die verschiedenen Lichtbilder. Eines der Bilder zeigt beide Herren bei der Wannseekonferenz in Berlin. Sie müssen also zwei hochrangige SS-Offiziere gewesen sein. Wir sollten uns im Staatsarchiv nach den beiden erkundigen. Gunda und Basti, könntet ihr bitte diesen Part übernehmen?"

Beide nickten Schorsch zu.

„Ich klinke mich da auch mit ein und checke mal das Internet", gab Blacky Schorsch zu verstehen.

„Gut. Dann könnt ihr schon mal die beiden Personen Henzel und Weber durch unsere Systeme laufen lassen. Vermutlich aber werden wir unter den echten Namen nichts finden, wenn die neuen Legenden von 1945 behördlich ausgestellt wurden. Das ist lange her, und es gab damals keine Computersysteme, nur Karteikarten und Geburts- und Meldebücher bei den jeweiligen Passbehörden bzw. Standesämtern. Trotzdem dürfen wir nichts unversucht lassen. In den Fünfzigern und Sechzigern wurden viele Karteien auf Mikrofilm, den sogenannten Mikrofiches, gezogen. Vielleicht finden wir da noch was."

Nun meldete sich auch Waltraud zu Wort: „Chef, der elektronische Ordner ‚MOKO Golgatha' steht. Eure gestrigen Daten hat mir Eva-Maria schon zukommen lassen, die sind bereits eingepflegt. Und das Fax von Dr. Wirth scanne ich gleich noch ein."

„Danke, Waltraud, auf das Fax komme ich gleich noch zu sprechen. Aber zuvor möchte ich euch allen noch etwas zeigen, was man nur aus dem Gruselkabinett, den Geschichtsbüchern oder alten Dokumentationssendungen kennt."

Schorsch bat alle, sich um den Tisch zu versammeln. Dann zeigte er auf die Beweismittel. „Hier seht ihr die sichergestellten Asservate aus dem Seniorenheim. Wir haben im Tresor von Johannes Koch unter anderem diese Schatulle gefunden. Eine Schatulle mit Intarsien aus menschlichen Goldzähnen."

Der Anblick löste bei allen heftige Reaktionen aus. Gunda schüttelte fassungslos den Kopf, und Hubsi konnte ein angewidertes „Igittigitt!" nicht unterdrücken. Auch Schönbohm konnte man ansehen, dass ihm ein solch makabres ‚Kunstwerk' in seiner ganzen Laufbahn noch nicht unter die Augen gekommen war.

Nach einigen Sekunden betretenen Schweigens ergriff Schorsch wieder das Wort: „Wir müssen nicht nur den Mord in Fürth aufklären, der Umstand gebietet auch eine Aufarbeitung der Vergangenheit von Johannes Koch, die wiederum ein Schlüssel zu dem Verbrechen an ihm und an unbekannten Dritten sein könnte." Schorsch deutete auf die Wandtafeln. „Heute Morgen haben wir einen Befund von Dr. Wirth erhalten. Das war der Zahnarzt von Johannes Koch. Das hier vorliegende Zahnschema ist mit dem von Doc Fog konform, somit ist davon auszugehen, dass es sich bei dem Opfer aus der Fürther Westvorstadt um Koch handelt. Das noch ausstehende DNA-Ergebnis wird das bestätigen. Wichtig ist mir aber zunächst die chronologische Aufschlüsselung der sichergestellten Dokumente, das heißt, deren Übersetzung in die lateinische Schrift." Er blickte zu Michael Wasserburger. „Michael, das wäre bitte deine Aufgabe. Genauso dringend ist eine Schriftprobenanalyse, um zu sehen, ob die Korrespondenz diesen Personen zuzuordnen ist, und zwar sowohl vor 1945 als auch nach 1945."

Wasserburger nickte. „Alles klar, Schorsch, wir werden den Schriftverkehr analysieren und ein Verknüpfungsbild erstellen, ebenso werden wir durch die Schriftprobenauswertung die genaue Zuordnung feststellen. Wichtig wären zudem noch aktuelle handschriftliche Aufzeichnungen von den anderen an dem Schriftverkehr beteiligten Personen, also Max Weber und diesem Schweizer Bankier. Aber das erfordert Zeit und geht nicht von heute auf morgen."

„Wir werden versuchen, die benötigten Unterlagen schnellstmöglich zu bekommen." Schorsch blickte zu Kriminaldirektor Schönbohm. „Vielleicht sollten Sie sich schon mal drauf einstellen, Herr Schönbohm, dass in Kürze ein Dienstreiseantrag in die Schweiz auf Ihrem Schreibtisch landet."

„Ja, Herr Bachmeyer, das sehe ich kommen", gab dieser ihm recht. „Aber wir sollten in jedem Fall noch die Auswertung von Herrn Wasserburger abwarten, dann haben wir vermutlich mehr Fleisch am Knochen für ein Rechts- und Amtshilfeersuchen an die Eidgenossen."

Bevor Schorsch das Team aber endgültig entlassen konnte, wollte er noch sein eigenes Versäumnis einräumen. „Ich habe gestern vergessen, die zwei persönlichen Briefe an Josef Koch auszuhändigen, also werde ich der Familie Koch noch einmal einen Besuch abstatten. Und ich glaube, es wäre gut, wenn wir auch das Appartement im Seniorenheim noch mal gründlich von der Spusi untersuchen lassen, Robert. Vielleicht hat unser ehemaliger Lagerkommandant noch irgendwelche Geheimverstecke mit möglichen Hinweisen auf Täter, aber auch Opfer."

„Schorsch, gib uns Bescheid, wenn du nach Kulmbach fährst", signalisierte Robert Einsatzbereitschaft. „Ein Team der Spusi ist dabei."

Nachdem niemand mehr eine Frage hatte und jeder wusste, was er zu tun hatte, beendete Schorsch das Meeting und alle zogen sich wieder zurück in ihre Büros.

Es war kurz vor zwölf Uhr mittags, als Schorsch sein Ermittlungsergebnis in einem Vermerk zusammengefasst hatte und das Telefon klingelte. Es war die Nummer von Doc Fog.

„Mahlzeit, Alois, ich bin gespannt auf deine Neuigkeiten."

„Servus, Schorsch! Ich habe das Ergebnis der forensischen Isotopenanalyse vorliegen. Also, die geografische Herkunft unseres Opfers ist Oberfranken. Aber ich habe meinen Mitarbeiter ja auch gebeten, die DNA-Proben, die mir deine Mitarbeiterin heute Morgen vorgelegt hat, mit der vorhandenen Isotopensignatur unseres Toten abzuklären. Wir haben eine Match-Meldung! Die analysierten Haarproben und die Anhaftungen an der Zahnbürste sind mit der DNA des Opfers konform."

Volltreffer! Aber nach dem positiven Zahnabgleich hatte Schorsch auch nichts anderes erwartet. Er hätte nur nicht gedacht, dass es so schnell gehen würde, daher bedankte er sich überschwänglich bei dem Rechtsmediziner für seinen prompten Einsatz.

„Das mache ich doch gerne", erwiderte Doc Fog. „Gerade bei dieser verstümmelten Leiche war es mir wichtig, forensische Spuren für euch zu finden und auszuwerten. Und für meine Studenten konnte ich einmal eine nicht in Formalin präparierte Leiche für die forensische Begutachtung mitnehmen. Das ist für angehende Mediziner viel einprägsamer, weil sie eben nicht nach Formalin, sondern nach verbranntem menschlichen Fleisch riecht, und das ist eben die Realität. Meine Studenten können sich so viel besser auf ihre künftigen Arbeiten vorbereiten."

Schorsch wunderte sich immer wieder über die Euphorie, die eine stark verstümmelte Leiche bei Alois auslöste. Aber das gehörte wohl einfach zu seinem Job, dass ihn das nicht schreckte, sondern vielmehr herausforderte. „Danke nochmals, Alois", sagte er und verabschiedete sich.

„Kein Thema. Ich wünsche euch einen schnellen Ermittlungserfolg", erwiderte der Doc. „Den Bericht schicke ich morgen mit der Post. Servus, mein Bester, bis demnächst! *Tight lines and dry socks!*"

Das Gespräch war beendet.

Unmittelbar nach dem Gespräch informierte Schorsch das Team über die bestätigte Identität des Opfers. Außerdem rief er Staatsanwalt Dr. Menzel an, um ihm den aktuellen Ermittlungsstand und das weitere Vorgehen durchzugeben.

„Horst, fertig werden! Wir fahren nach Kulmbach", richtete er sich dann an seinen Zimmergenossen. „Wir müssen der Familie die Todesnachricht überbringen, ebenso der Heimleitung, weil da ja jetzt wieder ein Platz frei geworden ist. Und ich habe noch eine Überraschung für dich: Schwester Erika!" Schorsch grinste über das ganze Gesicht.

„Schwester Erika? Wer ist den edzerdla des?"

„Das wirst du dann schon sehen! Ich rufe noch Robert und Schönbohm an. Zwei von der Spusi sollen sich noch einmal gründlich die Wohnung unseres Opfers anschauen, und Schönbohm sollte doch wissen, wo wir heute Nachmittag sind."

„Alles klar, Schorsch, ich besorge schon mal ein Auto und warte dann in der Tiefgarage." Horst stand auf, packte seine Jacke und holte seine Dienstwaffe aus dem Waffenfach. Dann verließ er das Büro.

Kurze Zeit später saßen beide im Auto und fuhren auf der BAB 9 in nördliche Richtung. Die Autobahn war an diesem Tag wenig befahren, und schon um drei viertel eins passierten sie Lauf an der Pegnitz. Sie hatten den Hienberg vor sich. Es war ein herrlicher Anblick. Die anhaltende trockene und warme Wetterperiode, die seit Wochen in Franken herrschte, ließ die Rotbuchen und Eichen in einer besonders intensiven Blattverfärbung erscheinen. Dazu der strahlend blaue Himmel, so machte selbst die Autobahnfahrt Spaß. Ein Wetter zum Heldenzeugen, dachte Schorsch. Passend dazu fuhren sie schon bald am ersten Hinweisschild auf die Festspielstadt Bayreuth vorbei. Bis heute hatte Schorsch es nicht geschafft, eine Karte für den sogenannten „Grünen Hügel" in Bayreuth zu ergattern. Dabei hatte ihn „Der Ring des Nibelungen", der Opernzyklus von Richard Wagner, schon in seiner Jugend begeistert. Das Heldenepos um Siegfried, Hagen und Brünnhilde und die sagenhafte Welt der nordischen Mythologie hatten ihn in ihren Bann gezogen und seine Liebe zu den Kompositionen Wagners entfacht. An eine Karte für dieses jährliche Event zu kommen, war jedoch ein schwieriges Unterfangen, da nur eine begrenzte Anzahl zur Verfügung stand und nach dem Losverfahren entschieden wurde. Bisher hatte er noch kein Glück gehabt, aber er hoffte sehnlichst, dass das Los irgendwann einmal zu seinen Gunsten entscheiden würde.

Etwa eine Stunde später erreichten sie das Seniorenheim. Vorsorglich hatte Schorsch ihr Erscheinen bereits telefonisch bei Herrn Brunner angekündigt.

Frau Mauersberger erwartete sie bereits im Eingangsbereich. Sie sah beinahe noch hübscher aus als bei Schorschs erstem Besuch. Ihre blonden Haare hatte sie zu einer Banane hochgesteckt, dazu schmückten silberne Creolen ihr sanftes Gesicht. Sie trug ein türkisfarbenes Kleid, das ihre üppigen Rundungen betonte, dazu waffenscheinpflichtige rosarote High Heels. Als sie die beiden Kommissare begrüßte und vor ihnen zum Büro der Heimleitung tippelte, schwangen ihre Hüften so sexy mit, dass die beiden Männer gar nicht anders konnten, als ihr auf den Po zu lugen.

„Meine Herren, das ging ja ruck zuck!", empfing sie Herr Brunner. „Nehmen Sie doch bitte Platz."

Die beiden Kommissare setzten sich, und Schorsch erklärte Herrn Brunner, dass es sich bei dem in der Fürther Westvorstadt gefundenen Opfer zweifelsfrei um den seit Tagen vermissten Heiminsassen Johannes Koch handelte. Außerdem bereitete er den Heimleiter darauf vor, dass ihnen ein Spurensicherungsteam folgte, das die Wohnung des Verstorbenen noch mal gründlicher unter die Lupe nehmen sollte. Ohne zu zögern überreichte Herr Brunner ihnen den Appartementschlüssel, sodass sich Robert und seine Leute sogleich an die Arbeit machen konnten.

Schorsch und Horst fuhren weiter zum Anwesen in der Hans-Wilsdorf-Allee. Beide Eheleute waren gerade mit Gartenarbeiten beschäftigt, als der Wagen in die Hofeinfahrt des Anwesens einbog.

„Grüß Gott, Herr Bachmeyer. Sie bringen sicher keine guten Nachrichten, wenn Sie so schnell wieder hier auftauchen", begrüßte sie Herr Koch. Das Ehepaar legte die Gartenutensilien ab und kam auf sie zu. Beide wirkten trotz der schlimmen Vorahnung gefasst und legten dieselbe Höflichkeit an den Tag wie schon tags zuvor.

„Grüß Gott, das hier ist mein Kollege Kriminaloberkommissar Meier. Können wir uns irgendwo ungestört unterhalten?"

„Kommen Sie bitte, wir gehen auf die Veranda", antwortete Herr Koch und ging gesenkten Hauptes voran.

Nachdem sie alle Platz genommen hatten, eröffnete Schorsch den beiden Angehörigen die Todesnachricht. Angesichts der traurigen Gewissheit konnte Frau Koch die Tränen nun nicht mehr unterdrücken, das Gesicht ihres Mannes aber blieb regungslos. Vermutlich hatte er sich nach dem gestrigen Gespräch schon auf das Schlimmste gefasst gemacht.

„Haben Sie noch einmal nachgedacht, ob Ihr Vater irgendwelche Feinde hatte?", fragte Schorsch. „Vielleicht aus früherer Zeit? Aufgrund seiner Vergangenheit als KZ-Lagerkommandant könnte das doch gut möglich sein."

„Nein, Herr Kommissar, uns ist da nichts bekannt, überhaupt nichts! Es gab keinerlei Hinweise auf irgendwelche Feindschaften, weder Drohschreiben noch irgendwelche seltsamen Anrufe."

„Wir haben hier zwei Schreiben dabei. Einmal einen persönlichen Brief, der an Sie, also seinen Sohn gerichtet ist, und hier ein Kuvert mit dem letzten Willen Ihres Vaters. Vielleicht steht da ja ein Hinweis drin, der uns bei dem Tötungsdelikt weiterführen könnte. Es wäre vermutlich sehr hilfreich für uns, wenn wir den Inhalt erfahren dürften." Dabei sahen Horst und Schorsch Herrn Koch fragend an.

„Also ganz ehrlich, meine Herren, obwohl mein Vater Ihrer Ansicht nach kein guter Mensch war, haben wir ihn nur als liebenden Vater erlebt. Wir möchten deshalb in aller Stille die beiden Kuverts öffnen."

„Ich kann Sie gut verstehen, dass Sie das in Ruhe lesen möchten", beruhigte ihn Schorsch. „Wir lassen Sie deshalb jetzt auch wieder allein, damit Sie die Nachricht vom Tod

Ihres Vaters verarbeiten können. Trotzdem: Sofern sich in dem Schreiben ein Hinweis auf den oder die möglichen Täter verbirgt, bitte ich Sie eindringlichst, sich umgehend bei uns zu melden."

Herr Koch schluckte, signalisierte jedoch Kooperationsbereitschaft. „Wir müssen erst einmal unsere Kinder benachrichtigen, das verstehen Sie doch. Wir melden uns dann bei Ihnen, Herr Bachmeyer."

Schorsch und Horst hatten gehofft, den Inhalt der Briefe direkt zu erfahren, aber die Überbringung einer Todesnachricht fiel oftmals unterschiedlich aus. Manche Angehörige trugen es mit Fassung, wollten so schnell wie möglich zur Aufklärung des Falles beitragen, während sich andere erst einmal mit dem Umstand des gewaltsamen Todes abfinden mussten. Letzteres traf wohl auch auf die Familie Koch zu, die nicht den leisesten Schimmer von der dunklen Vergangenheit ihres Familienoberhauptes gehabt hatte.

Es nutzte nichts, sie mussten unverrichteter Dinge wieder zurück nach Nürnberg fahren. Und da es eher unwahrscheinlich war, dass die Inhalte der beiden Schreiben im Zusammenhang mit dem jetzigen Tötungsdelikt standen, konnten sie die Dokumente auch nicht wegen „Gefahr im Verzuge" beschlagnahmen. Sie hatten bis dato keinerlei Anhaltspunkte dafür, deshalb mussten sie warten, bis ihnen das Ehepaar eine Einsicht gewährte.

Als Schorsch sich von seinem Platz erhob, hielt ihn Josef Koch noch einmal zurück. Er räusperte sich und sprach mit belegter Stimme: „Uns liegt sehr viel an der Aufklärung des Falles, und wir möchten gerne eine Belohnung für die Ergreifung der Täter ausloben. Ich rede hier von einer Summe von fünfzigtausend Euro. Teilen Sie das bitte der zuständigen Staatsanwaltschaft mit und geben Sie das bitte auch an die regionalen Medien weiter", gab er zu verstehen.

Schorsch klopfte ihm mit einer Mischung aus Anerkennung und Anteilnahme auf die Schulter. „Wir werden Sie jetzt alleine lassen. Die Freigabe des Leichnams sollte am Freitag erfolgen. Ich werde Ihnen die notwendigen Formulare für den Bestatter zukommen lassen. Gleichwohl wird es im Zusammenhang mit Ihrem Vater als ehemaligen KZ-Lagerkommandant und der Tatsache, dass der Verdacht besteht, sich am Vermögen von ermordeten Juden bereichert zu haben, Ermittlungen geben. Als Opfer kann er zwar nicht mehr belangt werden, jedoch wird hierzu noch eine Aufarbeitung seiner Verbrechen erfolgen müssen. Stellen Sie sich also darauf ein."

„Danke, Herr Bachmeyer." Beide Eheleute reichten den Kommissaren die Hand und brachten sie noch bis zur Haustür.

In ihrer Haut möchte ich jetzt nicht stecken, dachte Schorsch, als er aus der Hofeinfahrt bog und die beiden im Rückspiegel in der Tür stehen sah. Viel schlimmer als der Tod eines Familienmitglieds war wohl die Tatsache, dass sich der geliebte Mensch als brutaler NS-Verbrecher entpuppte und dieses Geheimnis sein Leben lang mit sich herumgetragen hatte. Wie konnte man mit einer solchen Schuld nur unbekümmert leben? Wie konnte ein Mensch dermaßen unterschiedliche Wesenszüge in sich tragen, einmal liebend und fürsorglich, einmal habgierig und brutal? Diese Fragen würden sich sicherlich auch die Kochs nun stellen. Ihre heile Welt würde einen tiefen Riss bekommen.

Es war kurz nach siebzehn Uhr, als die beiden Ermittler in Richtung Nürnberg aufbrachen. Sie hatten zwar die Todesnachricht überbracht, aber keine weiteren Erkenntnisse gewonnen. Jetzt hofften sie auf ihre Spusi. Konnten Robert und sein Team noch etwas Verwertbares für sie finden? Und nur allzu gerne hätte Schorsch den Inhalt der beiden Briefe erfahren. Sein Instinkt allerdings sagte ihm, dass er sie irgendwann doch noch zu lesen bekommen würde.

## 6. Kapitel

*Freitag, 23. September 2011, 07.55 Uhr,*
*Polizeipräsidium Nürnberg, K11*

Schorsch biss gerade in sein Nusshörnchen und machte sich Gedanken über das noch ausstehende Ergebnis von Dr. Hengsberg, als Robert sein Büro betrat.

„Guten Morgen, Schorsch! Ich möchte dir nur schnell das Ergebnis unserer gestrigen Spurensicherung in Kulmbach bekannt geben, der ausführliche Bericht folgt."

„Oha, habt ihr noch etwas Interessantes gefunden?"

„Na ja, wie man es nennt. Die Heimleitung war sehr kooperativ, es ging ja alles ohne Durchsuchungsbeschluss. Dennoch haben wir leider keine weiteren Beweismittel oder mögliche Geheimverstecke mehr gefunden, das Appartement war soweit sauber. Aber Michael und sein Team haben bis gestern Nacht um halb zwölf noch den von euch vorgefundenen Schriftverkehr, also jede Korrespondenz mit einem gewissen Adolf Bergmann alias Max Weber aus Bad Windsheim ausgewertet."

„Und?"

„Wie du bereits bei deiner Kurzbewertung mit Eva-Maria feststellen konntest, verband die beiden eine jahrzehntelange Freundschaft. Koch und Bergmann waren Lagerkommandanten in der NS-Zeit. Koch in Sobibor und Bergmann in Flossenbürg. Die vorliegenden handschriftlichen Aufzeichnungen aus dem Jahr 1943 belegen eindeutig, dass man beidseitig übereinkam, sich an dem Vermögen von wohlhabenden Juden zu bereichern. Sowohl Koch als auch Bergmann sprechen zudem von einem gemeinsamen Schweizer Bankier, Urs Ischy von der Eidgenössischen Kreditanstalt, der ihnen hierbei geholfen hat."

„Da schau an, das klingt ja fast nach einem bandenmäßigen Vorgehen! Aber ob die drei nach der heutigen Rechtsprechung, der sogenannten ‚deliktischen Vereinbarung', also nach der Bandenabrede, ihre Taten besprochen haben, werden wir nicht mehr beweisen können."

„Aber diese Person, dieser Ischy, könnte demnach auch die dritte Person auf dem Foto sein. Du weißt schon, der Neujahrsempfang."

„Dann war also meine Vermutung richtig? Und die Erkennungsmarke mit dem hebräischen Satz ‚Auge um Auge' könnte ein später Racheakt möglicher Angehöriger sein, die um ihr Vermögen beziehungsweise Erbe gebracht wurden? Nur wie fand man nach so vielen Jahren das jetzige Opfer, zumal dieses ja legendiert worden war? Robert, glaub mir, da steckt mehr dahinter! Wir müssen die Familie in Bad Windsheim kontaktieren, vielleicht kommen wir über die Angehörigen von Adolf Bergmann weiter. Ich fahre mit Horst kommende Woche dorthin. Wenn Koch nach dem Tod seines Freundes dessen Familie regelmäßig kontaktiert hat, dann hat er vielleicht in deren Gegenwart irgendetwas über eine bevorstehende Bedrohung geäußert. Und wenn es nur irgendein belangloser Kommentar war! Zudem möchte ich die Familie Bergmann mit den sichergestellten Beweismitteln konfrontieren."

Robert zog skeptisch die rechte Augenbraue nach oben. „Das könnte ein heißes Pflaster werden, Schorsch. Insbesondere, wenn die Presse Wind davon bekommt. Schließlich ist unser Opfer kein Unbekannter, sondern hat sich von dem geraubten Vermögen hier ein Imperium aufgebaut."

„Du hast recht, Robert, das könnte ein brisanter Fall für unser Kommissariat werden. Zumal viele Fragen noch ungeklärt sind. Haben die bestohlenen Angehörigen überhaupt noch einen Rechtsanspruch auf das Vermögen? Können die rechtmäßigen Nachkommen im Nachhinein identifiziert werden beziehungsweise gibt es überhaupt noch welche? Wenn ja, wo halten sie sich auf? Ferner die Frage, was mit dem korrupten Bankier aus der Schweiz geschehen ist?" In Schorschs Kopf überschlugen sich die Fragezeichen, so vielschichtig kam ihm der Fall plötzlich vor. Da würde in der Tat noch jede Menge Arbeit auf sie zukommen. „Robert, ich schlage vor, wir treffen uns um halb zwei im großen Besprechungsraum. Alle K11-er sollten zeitnah über die Erkenntnisse unterrichtet werden. Ich bin jetzt gleich weg zur Schieß- und Sportausbildung. Wir sehen uns!"

Der Leiter der Spurensicherung nickte und verließ das Büro, um das Team über das anstehende Meeting zu informieren.

Kurze Zeit später traf Schorsch im Schießkino ein. Ihr Schießausbilder, Frank Schubert, präsentierte den Anwesenden einen neuen Ausbildungsfilm. Darin ging es darum, dass der Schütze genau erkennen sollte, ob eine Gefahrensituation für Leib und Leben vorliege oder ob er es mit Personen zu tun hatte, die in nicht alltäglichen Lebenssituationen einfach nur überreagierten. Schon ein schneller, ruckartiger Griff zum Kugelschreiber in der oberen Jackettasche konnte ja in einer brenzligen Situation fehlgedeutet werden. Keine Kollegin und kein Kollege sollte sich zu einem möglichen Schusswaffengebrauch provozieren lassen. Die verschiedenen Filmsequenzen forderten ein ruhiges und überdachtes Handeln.

Die monatliche Schießausbildung war für jeden Polizeibeamten eine Pflichtteilnahme. Doch durch das regelmäßige Schießtraining war man der Verbrecherwelt auch immer einen kleinen Schritt voraus. Denn im Gegensatz zu den Gangstern dieser Welt hatten die Gesetzeshüter Schießstände und

Schießkinos, also immer einen Platz, an dem sie in Ruhe und unbemerkt ihre Schießübungen abhalten konnten. Jeder Polizeibeamte hatte zudem seine persönliche Schutzweste, die im Fall eines Schusswechsels seine lebenswichtigen Organe schützen sollte.

Der anschließende Dienstsport rundete das Training ab. Denn neben der Schießausbildung war die Sportausbildung eine wesentliche Ergänzung. Die persönliche Fitness eines jeden Beamten war für den Polizeiberuf sehr wichtig. Einen flüchtenden Täter zu verfolgen und seiner habhaft zu werden, setzte eben genau diese körperlichen Eigenschaften voraus. Deshalb legte man bereits bei der Einstellung von Polizeibewerbern großen Wert auf den Sporttest, und hier endete für viele Anwärter auch schon der Weg zum Polizeiberuf. Denn neben der gewünschten Fitness war auch die Bereitschaft zur waffenlosen Selbstverteidigung ein wichtiger Aspekt, um den Polizeischüler an seine bevorstehenden dienstlichen Verwendungen und mögliche Einsätze heranzuführen. Waren diese Voraussetzungen nicht gegeben, war dies die Endstation in dem angestrebten Beruf.

„Mahlzeit, Schorsch!", begrüßte ihn Horst, als er pünktlich zum Mittagessen und frisch geduscht wieder im Präsidium eintraf. „Ich habe schon mal den verstorbenen Adolf Bergmann aus Bad Windsheim durch die Systeme gejagt. Er war sehr wohlhabend und sehr bekannt in seiner Gegend. Seine Familie besitzt mehrere Weinberge und ist zudem in einer von ihm gegründeten Stiftung aktiv."

„Welche Stiftung?"

„Er hat 1972 die Stiftung ‚Das Herz von Franken' ins Leben gerufen. Sie engagiert sich für krebskranke Kinder und deren Familien. Hier, das hab ich alles aus dem Internet gefischt."

Horst legte ihm verschiedene Ausdrucke über die Stiftung vor.

„Unser ehemaliger SS-Henker war also zum Wohltäter mutiert. Vom Saulus zum Paulus, sozusagen."

Schorsch studierte die Auszüge. Adolf Bergmann hatte nach 1945 keinerlei Einträge in ihren polizeilichen Informationssystemen. Er hatte demnach bis zu seinem Tod augenscheinlich eine weiße Weste.

„Horst, nächste Woche werden wir seine Familie aufsuchen. Die müssen doch in all den Jahren irgendetwas aus seiner Vergangenheit mitbekommen haben! Am besten, wir fassen gleich mal den Montag dafür ins Auge."

Nach seiner Mittagspause, die er heute in der nahe gelegenen „Brown's Coffee Lounge" verbracht hatte, waren sie nun pünktlich im Besprechungsraum versammelt.

„Servus miteinander", begann Schorsch. „Ich weiß, das Wochenende steht vor der Tür, deshalb wollen wir auch pünktlich um vierzehn Uhr fertig sein." Er beeilte sich mit der Zusammenfassung der Ergebnisse der Spurensicherung und schob noch ein paar motivierende Worte hinterher. „Wir wissen noch nicht viel, aber wir werden den Ball spielen und jede neue Spur, jedes neue Steinchen wird uns schlussendlich zum Täter führen. Wir werden nichts außer Acht lassen, jede kriminaltaktische Maßnahme – auch wenn diese nicht sofort den erhofften Erfolg bringen sollte –, wird uns ermutigen und weiterführen."

Schorschs Worte blieben nicht ohne Wirkung. Alle im Team hatten aufmerksam zugehört, wie wild Notizen gemacht und schienen mehr und mehr von dieser Geschichte gefesselt zu sein.

Zufrieden nahm Schorsch einen tiefen Atemzug, bevor er weitersprach: „Und wie sieht es bei euch aus? Gibt es da schon neue Erkenntnisse?"

Gunda erstattete als Erste Bericht. „Ja, Schorsch, wir waren gestern und heute Morgen im Staatsarchiv. Wie wir ja schon wissen, war Johannes Koch eine Führungspersönlichkeit im Dritten Reich. Im Lager in Sobibor sind Tausende von Juden und Andersdenkende vernichtet worden. Er rühmte sich mit monatlichen Bekanntmachungen an Himmler, wie viele Männer, Frauen und Kinder in seinem Lager entlöst wurden. Er gab sogar Berichte über gesammelte Goldzähne, Schmuck, Uhren und Haare der Getöteten ab." Gunda zeigte auf die Pinnwand der MOKO und verwies auf die dort angehefteten Ablichtungen von Protokollen des Nürnberger Staatsarchivs.

„Danke, Gunda, gut gemacht!", lobte Schorsch seine Mitarbeiterin. „Und dennoch konnte man Koch nie zur Verantwortung ziehen. Es gab zwar einen Kontrollrat der Alliierten, der sich mit der Aufarbeitung solcher Verbrechen nach der Nazi-Zeit beschäftigt hat, aber unter einer falschen Identität war eine Entdeckung dieser Täter nahezu unmöglich."

„Genau auf diese Hinweise sind wir auch gestoßen, Chef", klinkte sich nun auch Blacky in das Gespräch ein. „Im Dezember 1945 wurde das Gesetz Nr. 10 des Alliierten Kontrollrates erlassen. Es sah die Bestrafung von Personen vor, die sich Kriegsverbrechen, Verbrechen gegen den Frieden oder gegen die Menschlichkeit schuldig gemacht hatten. Aber man musste die Täter zuerst hundertprozentig identifizieren, und das war so gut wie aussichtslos mit einer neuen behördlichen Identität, ausgestellt von einem NS-Regime. Unser Opfer konnte deshalb fest davon ausgehen, dass man ihn aufgrund seiner neuen Identität nicht mehr finden würde. Er konnte über Jahrzehnte mit seiner neuen Legende unbehelligt hier in Franken leben und sich ein kleines Imperium aufbauen. Er rechnete keineswegs damit, dass er irgendwann aufgespürt werden würde. Alles war nach deutscher Gründlichkeit behördlich bereinigt, das Einwohnermeldeamt spuckte nur den Namen Karl Henzel, geboren am 6. Juni 1915 in Lohr am Main, aus. Und die Recherche im Mikrofilm-Archiv erbrachte den glaubhaften Hinweis, dass SS-Obersturmbannführer Karl Henzel vermutlich bei Rückzugskämpfen 1945 im Südosten Polens gefallen sei. Sein Leichnam wurde jedoch nie gefunden. Ebenso verlief die Recherche im Staatsarchiv über Max Weber. Weber, geboren am 17. Februar 1917 in Gunzenhausen, verübte am 6. Mai 1945 Selbstmord. Er schoss sich auf einem Bauernhof in Waldsassen mit einer Schrotflinte in den Kopf. Lediglich anhand der Uniform, so der damalige Ortsvorsteher, erkannte man, dass es sich um Weber gehandelt haben musste. Über eine mögliche Blutgruppentätowierung, etwa zwanzig Zentimeter über seinem linken Ellenbogen auf der Innenseite des Oberarmes, wurde bei dieser Leichendokumentation keinerlei Angabe gemacht. Diese Tätowierung hatten damals alle Mitglieder der SS-Verfügungstruppe, der SS-Totenkopfverbände und später auch der größte Teil der Waffen-SS. Also hat man seine vorhandene Tätowierung entweder bewusst nicht erwähnt, oder aber Weber hatte sich nie eine stechen lassen in weiser Voraussicht, diese könnte ihm vielleicht einmal zum Verhängnis werden. Vermutlich packte man einfach einen KZ-Gefangenen in Webers Uniform, aufgrund des Kopfschusses konnte man den Toten ja nicht zweifelsfrei identifizieren."

Nach Blackys Bericht besprach das Team noch ein paar Details, um die sie sich in der nächsten Woche kümmern mussten, dann entließ Schorsch alle in ihr wohlverdientes Wochenende. Er selbst war ebenfalls froh, all die grausamen Enthüllungen wenigstens für ein paar Stunden hinter sich lassen zu können, und freute sich auf einen entspannten Feierabend in seiner Lieblingssauna, dem Fürthermare.

# 7. Kapitel

*Samstag, 24. September 2011, 10.50 Uhr,
Bayernstraße, Nürnberg,
Dokumentationszentrum Reichsparteitagsgelände*

Das mit dem freien Wochenende hatte sich Schorsch ein wenig anders vorgestellt. Denn wie so oft ließ ihm die Arbeit auch nach Dienstschluss keine Ruhe, insbesondere die Vergangenheit ihres Opfers ging ihm nicht mehr aus dem Kopf. Er wollte mehr über dieses Nazi-Regime erfahren. In seiner Schulzeit hatten viele Lehrer dieses Kapitel der deutschen Geschichte einfach ausgeklammert, zu frisch war anscheinend noch die Erinnerung an die vielen grausamen Verbrechen, die unter der NS-Herrschaft stattgefunden hatten. Manch einer seiner alten Lehrer mochte vielleicht selbst einmal ein Anhänger Hitlers gewesen sein und schämte sich lange danach noch dafür.

Nürnberg als ‚Stadt der Reichsparteitage' wurde durch das Dritte Reich geprägt. Die Aufarbeitung der NS-Ideologien und die Verurteilung der Hauptkriegsverbrecher fand vor dem Internationalen Militärgerichtshof im Justizpalast in der Fürther Straße statt. Zur Erinnerung an die grausame Vergangenheit errichtete die Stadt Nürnberg 2001 das Dokumentationszentrum Reichsparteitagsgelände, kurz Doku-Zentrum. Das Museum in der Kongresshalle, einem römischen Kolosseum gleichenden Gebäude, das jedoch nie fertiggestellt wurde, sollte der Nachwelt als Mahnung dienen und den Größenwahn der Nationalsozialisten veranschaulichen. Auf fast tausenddreihundert Quadratmetern befasst sich seither die Dauerausstellung „Faszination und Gewalt" mit den

Zusammenhängen, Folgen und Ursachen der Gewaltherrschaft.

Schorsch beschloss, der Ausstellung heute einen Besuch abzustatten, und fand schließlich, was er suchte. Auf einer Dokumentationswand mit der Überschrift „Die KZ-Verantwortlichen" war Johannes Koch abgebildet. Sieben gut erhaltene Schwarz-Weiß-Fotos zeigten den SS-Schergen in seiner Uniform mit Reitgerte in verschiedenen Posen. Der damals noch sehr junge Obersturmbannführer trug eine Nickelbrille. Sein starrer Blick war auf eine Menschenmenge gerichtet, die soeben im Lager ankam und den Deportationszug verließ. Seinen rechten Fuß hatte er triumphierend auf einen Holzhocker platziert. Seine hohen schwarzen Lederstiefel stachen hervor. Sie glänzten. Mit der Reitgerte in der rechten Hand dirigierte er, welchen Weg die einzelnen Personen gehen mussten. Die Arbeitsfähigen schickte er nach rechts, die Todeskandidaten nach links.

Als Schorsch erst Stunden später die Ausstellung verließ – das Thema hatte ihn so sehr gepackt, dass er jegliche Zeit vergessen hatte –, brauchte er dringend etwas, das ihn wieder auf angenehmere Gedanken brachte. Und da das Herbstwetter sich gerade von seiner besten Seite zeigte, beschloss er, ein wenig durch die Nürnberger Fußgängerzone zu bummeln.

Er schlenderte durch die Breite Gasse, betrachtete die verschiedenen Schaufenster und verspürte schon bald ein Hungergefühl. Oder besser gesagt, einen gewaltigen Appetit auf etwas Süßes, vielleicht ein Stück Kuchen. Zielgerichtet steuerte er das Café Beer an, um sich dort ein Stückchen Käsekuchen zu gönnen. Das Café Beer war noch eine der wenigen Konditoreien in Nürnberg, die sich seit Jahrzehnten halten konnte. Das klassische Caféhaus-Ambiente erinnerte an eine

Pariser Pâtisserie und eine riesige Theke lud den Besucher ein, die reiche Auswahl an hervorragenden Torten und Kuchen auszuprobieren.

Schorsch nahm an einem Tisch im hinteren Bereich des Cafés Platz, bestellte seinen Lieblingskuchen mit einem Cappuccino und ergriff die Zeitungsklemme mit der Wochenendausgabe der Nürnberger Nachrichten.

„Ist hier noch frei?" Vor ihm stand eine attraktive Frau Anfang vierzig.

„Ja, freilich. Bitteschön, nehmen Sie Platz!" Schorsch rückte seinen Sessel ein wenig zur Seite und beobachtete seine Nachbarin, wie sie ihre Einkaufstüten neben seinen Sessel abstellte und sich ihm gegenüber niederließ. Sie griff zur Karte und richtete ihre Augen auf Schorsch.

„Können Sie mir etwas empfehlen?" Sie lächelte ihn freundlich an.

„Hier ist eigentlich alles vorzüglich", erwiderte er höflich. „Worauf hätten Sie denn Lust? Etwas Fruchtiges, mit Schoko oder Sahnecreme?"

„Was nehmen Sie denn?"

„Ich esse meinen Lieblingskuchen."

„Und der wäre?"

„Käsekuchen mit Sahne."

„Mag ich auch gerne!", sagte sie und strahlte ihn an.

Langsam begriff er, dass die unbekannte Schönheit das Gespräch mit ihm suchte. Er musterte sie möglichst unauffällig. Weiße Bluse, dunkelblauer Blazer, hochgesteckte dunkelbraune Haare und ein hübsches Gesicht mit grünen Augen. Eigentlich gefiel sie ihm ganz gut. Aber wer war diese Frau, die versuchte, mit ihm ins Gespräch zu kommen?

„Sind Sie das erste Mal hier im Café Beer?" Sein Blick fiel auf ihre moderne Halskette, die aus verschiedenen Modesteinen gefertigt war und sehr gut zu ihrem restlichen Outfit passte.

„Schöne Halskette, steht Ihnen!"

„Schöne Uhr, passt zu Ihnen!", erwiderte sie sein Kompliment.

„Danke sehr, ist mein Spielzeug. Männer tragen ja bekanntlich keinen Schmuck außer ihrer Uhr oder einen Ring, wenn sie gebunden sind."

„Aha, gefällt mir. Aber der Ring fehlt." Ihre Augen waren weiterhin auf Schorsch gerichtet.

Er spürte, wie die sympathische Stimme etwas Nervosität in ihm hervorlockte. Er wurde ein wenig unruhig. Zum Glück brachte die Kellnerin gerade seinen Kuchen.

„Oh ja, der sieht lecker aus. Bringen Sie mir bitte das Gleiche, wie der Herr da hat", gab seine Tischnachbarin ihre Bestellung auf.

„Gerne." Die Kellnerin notierte die Bestellung und verschwand wieder.

„Darf ich Ihnen mein Gedeck anbieten?", offerierte Schorsch der unbekannten Schönheit. „Ich kann noch warten und habe es nicht eilig."

„Nein, nein, ich warte, Sie waren zuerst da! Sind Sie eigentlich öfters hier?"

„Soll das ein Verhör werden?" Schorsch lachte, und nach einem kurzen Moment der Unsicherheit kicherte auch sie. „Ab und zu, wenn ich Lust auf guten Kuchen habe und die Ruhe finde, die Zeitung zu lesen."

„Dann möchte ich Sie nicht weiter stören", entschuldigte sie sich.

„Nein, Sie stören mich nicht, keineswegs. Zeitunglesen kann ich auch später." Schorsch legte die Zeitung neben sich ab und schenkte ihr sein charmantestes Lächeln. „Dann verhören Sie also gerne wildfremde Leute?"

„Na ja, derjenige sollte schon sympathisch wirken", konterte sie. „Aber da haben Sie wohl genau den richtigen Punkt bei mir getroffen."

„Vielen Dank für das Kompliment! Sind Sie das erste Mal hier im Café Beer, oder sagen wir mal, hier in der Fußgängerzone?"

„Café Beer ja, Fußgängerzone nein. Ich komme aus Bamberg."

„In der Gegend bin ich auch gerne. Direkt aus Bamberg oder eher Umgebung?"

„Ich komme direkt aus Bamberg. Und in welcher Gegend findet man Sie bei uns?"

„Na ja, eigentlich bin ich eher so der gemütliche Bierkellermensch mit guten Brotzeiten und ein Fan des fränkischen Karpfens. Und beides findet man halt nur in Oberfranken."

„Das stimmt."

„Da schau her, dann zähle ich Sie mal zu den Genießern der fränkischen Küche."

„Und der fränkischen Gemütlichkeit", fügte sie schmunzelnd hinzu.

In diesem Moment brachte die Kellnerin auch ihre Bestellung.

„Na dann, auf den Nürnberger Käsekuchen!", meinte Schorsch und blickte ihr tief in die Augen.

„Und darauf, dass ich Sie heute hier treffen durfte", erwiderte sie den Flirt.

„Sie schmeicheln mir." Schorsch wurde ein bisschen verlegen.

Sie sah ihn an. „Schlimm?"

„Nein, überhaupt nicht. Aber solch eine nette Bekanntschaft macht man nicht alle Tage."

„Da stimme ich Ihnen zu."

Ihr Charme fesselte Schorsch. Sein Blick galt ihren Händen. Kein Ehering. Lediglich ein modischer Silberring zierte ihre rechte Hand.

„Und haben wir heute etwas Schönes geshoppt?" Schorsch blickte grinsend auf die Einkaufstüten.

„Ja, schon. Aber das interessanteste Stück habe ich erst nach dem Einkaufsbummel gefunden."

Schorsch wurde zunehmend verlegener. Er merkte, wie sein Pulsschlag heftiger wurde und hoffte sehnlichst, dass man ihm seine wandelnde Gesichtsfarbe nicht ansah. So etwas war ihm bisher noch nie passiert. Eine hübsche, nette Frau fing einfach so mit ihm einen Flirt an. Jetzt nur keine Fehler machen, Schorsch. Cool bleiben! Sein Interesse an dieser Schönheit war entfacht. Er musste diese Frau näher kennenlernen.

„Tja, für mich war der Besuch hier ebenfalls die richtige Wahl. Ich wollte ursprünglich nur ein wenig in der Fußgängerzone bummeln, hatte aber spontan Lust auf etwas Süßes. Und nun sitze ich hier und führe ein nettes Gespräch." War das richtig so? Konnte man das als Flirten bezeichnen oder waren seine Worte nur höfliches Geplänkel? Er wusste es nicht. Der letzte Flirt war schon viel zu lange her.

„Das haben Sie schön gesagt. Ich bin Rosanne." Sie reichte ihm ihre Hand.

„Gern geschehen. Ich heiße Georg, aber alle nennen mich Schorsch. Rosanne, ein schöner Name. Woher kommt der?"

„Aus Amerika", antwortete sie. „Mein Vater war in Bamberg stationiert und lernte dort meine Mutter kennen."

„Dann sind Sie, äh ... bist *du* Amerikanerin?"

„Ich habe die deutsche und die amerikanische Staatsangehörigkeit. Ich bin in Bamberg geboren, aber habe in den Staaten und in Deutschland studiert. Nun verdiene ich meine Brötchen bei Siemens in Erlangen."

„Und deine Eltern leben hier in Deutschland?"

„Mein Vater ist seit neun Jahren in Pension. Er leitete bis 1995 das US-Hospital in Nürnberg."

„Er war Arzt?"

„Ja, Innere Medizin. Auch mein Grandpa war Arzt bei der Army. Und mein Uropa ebenso."

„Und nun endet die Tradition? Oder wer führt den Arztberuf nun weiter fort in der Familie?"

„Leider keiner. Ich bin die einzige Tochter und ich kann kein Blut sehen. Der Arztberuf wäre also nichts für mich."

Schorschs Neugierde stieg. „Stattdessen kam dann welcher Beruf infrage?"

„Ich habe Wirtschaftswissenschaften und Germanistik studiert. Seit sieben Jahren bin ich nun Pressesprecherin in Erlangen."

„Toller Beruf, da lernt man mit Sicherheit viele interessante Menschen kennen." Er schmunzelte.

„Schon, aber auch viele oberflächliche Menschen. Dennoch ist es ein interessanter Beruf, der einen ganz schön fordern kann. Aber er macht Spaß."

Beide waren in die Konversation vertieft und merkten gar nicht, wie die Minuten verstrichen. Der Kaffee war längst ausgetrunken, und auch vom Kuchen blieben nur noch ein paar restliche Krümel auf den Tellern liegen. Und dennoch wollte keiner von beiden das Gespräch beenden. Ganz im Gegenteil.

„Ich glaube, mein Blutdruck ist etwas im Keller, den sollte ich ein wenig anheben. Darf ich dich zu einem Prosecco einladen?", war Schorsch nun voll in seinem Element.

Auf die Antwort musste er nicht lange warten. „Aber gerne, Schorsch. Warum nicht? Der Anlass scheint ja gegeben!"

Schorsch bestellte zwei Gläser Prosecco.

„Und was machst du beruflich?", wollte sie wissen.

„Ich bin Beamter."

„Aber nicht beim Finanzamt, oder?"

„Warum, wäre das so schlimm? Haben wir wohl etwas zu verheimlichen?" Schorsch zwinkerte ihr zu.

„Nein, natürlich nicht. Ich stelle mir das nur so langweilig vor. Jeden Tag hinter dem Schreibtisch und Aktenkram erledigen."

„Polizei."

„Oh! Bei der Polizei hier in Nürnberg?"

Die Kellnerin servierte die beiden Sekttulpen.

„Ja, hier gleich um die Ecke, am Jakobsplatz. Aber stoßen wir doch erst mal an. Prost!"

Rosanne nahm das Glas und stieß mit ihm an. Dabei funkelte sie ihn mit ihren grünen Augen an, sodass ihm erneut der Schweiß ausbrach.

„Bei der Polizei also", nahm sie das Gespräch wieder auf. „Darf ich fragen, wo genau du dort im Einsatz bist, Schorsch?"

„Bei der Kripo, beim K11."

„Dann habe ich jetzt also einen Kommissar vor mir?" Sie stützte ihr Kinn auf ihre linke Hand, Daumen und Zeigefinger ihrer rechten Hand umspielten währenddessen den Stil des Sektglases.

„Jepp." Schorsch lächelte sie an.

„Und was macht man beim K11?"

„Wir sind für Mord und Totschlag zuständig, also Tötungsdelikte."

„Ui, da muss man bestimmt schreckliche Dinge sehen können, das wäre nichts für mich. Gleichwohl finde ich die Ermittlungstätigkeit richtig spannend. Den Täter mit der richtigen Taktik zu überführen, dabei neue Spuren zu entdecken und abschließend dann die Mörderin oder den Mörder dingfest zu machen. Aber das ist doch mit Sicherheit auch gefährlich, oder?"

Schorsch schmunzelte. „Die Polizeibeamten werden gut auf ihren Job und mögliche Gefahrensituationen vorbereitet, da sieht man das aus einem ganz anderen Blickwinkel. Und jeder Job birgt eine gewisse Gefahr, ob nun ein Lehrer bei einer Amoklage in seiner Schule ums Leben kommt oder ein Bauarbeiter tödlich vom Gerüst stürzt. Keiner von beiden wusste, wann das Schicksal zuschlägt, und so ist das auch in unserem Beruf. Bis jetzt ist ja aber alles gut gegangen." Schorsch lächelte und klopfte dreimal auf den Holztisch.

Sie unterhielten sich und merkten nicht, wie die Zeit verflog. Irgendwann jedoch konnte Schorsch nicht mehr anders und musste kurz die Toilette aufsuchen. Bitte, lass sie jetzt nicht einfach verschwinden, sandte er ein Stoßgebet gen Himmel, als er vor dem Pissoir stand. Frauen waren ja so undurchschaubar und er konnte sich noch immer nicht erklären, warum Rosanne ausgerechnet ihn angesprochen hatte. Als er auf dem Weg zurück aber schon von Weitem sah, dass sie immer noch an ihrem Platz saß, entwich ihm ein erleichterter Seufzer.

Zurück in seinem Sessel bemerkte er, dass Rosanne gerade beide Rechnungen beglichen hatte. Der Bon lag noch auf dem Tisch.

„Warum hast du mit der Rechnung denn nicht einfach auf mich gewartet?", fragte er verwirrt.

„Ich hatte heute so eine nette Unterhaltung, und da wollte ich dich einfach einladen. Der Nachmittag wäre mit Sicherheit nicht so aufregend und spannend verlaufen, wenn ich nicht das Café Beer besucht hätte. Ich freue mich einfach, also lass mir doch die Freude."

„Hm ... Also na ja, dann danke!", brummte Schorsch etwas widerwillig. „Und wie sieht dein Abend heute noch aus? Fährst du gleich wieder zurück nach Bamberg?"

„Ja, ich wollte heute Nachmittag noch eine Freundin besuchen, aber die aufregende Unterhaltung mit dir hat mein Zeitgefühl gesprengt. Ich rufe sie später an."

„Wollen wir noch eine Kleinigkeit essen? Ich kenne da um die Ecke einen netten Italiener. Ein Freund von mir hat ein Ristorante und eine nicht zu verachtende Speisekarte. Ich würde dich gerne noch dorthin einladen."

„Warum nicht! Wir sind gerade in so nette Gespräche verwickelt, gerne können wir dort weiterquatschen." Ihr Strahlen verriet, dass sie genau auf einen solchen Vorschlag gewartet hatte.

Sie verließen das Café, und Rosanne hängte sich bei Schorsch ein. In der Fußgängerzone waren immer noch haufenweise Menschen unterwegs und sie waren froh, diesem Trubel entfliehen zu können. Als sie um kurz vor neunzehn Uhr bei Leonardo eintrafen, lief im Hintergrund das Lied „Parla con me" von Eros Ramazzotti. Wie passend, dachte Schorsch und führte Rosanne an einen Zweiertisch. Leo, der gerade eine Bestellung aufnahm, winkte ihm freudig zu. Sein Gesichtsausdruck verriet, dass er überrascht war, Schorsch in Begleitung einer fremden Dame zu sehen.

Kurze Zeit später stand Leo an ihrem Tisch. Seine schwarz gegelten Locken hatte er nach hinten gekämmt. Er trug ein schwarzes Seidenhemd über der Brust geöffnet, und auf seiner behaarten Brust glitzerte wie immer sein schwerer goldener Kreuzanhänger.

„Servus, Schorsch! Welch eine nette Begleitung bringst du denn heute mit?" Leo begrüßte ihn wie immer auf sizilianische Art, indem er ihn umarmte und abklopfte.

Schorsch stand auf und stellte ihm Rosanne vor. „Servus, Leo, das hier ist Rosanne aus Bamberg. Können wir hier sitzen bleiben, der Tisch ist ja eigentlich reserviert?"

„Aber natürlich, reserviert für meine besonderen Gäste. Ich bringe gleich die Tafel. Heute hätte ich als Empfehlung Saltimbocca alla Romana. Das Rezept ist von meiner Oma aus Favara. Fantastico!"

Schorsch und Rosanne sahen sich fragend an. Dann lächelten sie, denn sie dachten wohl beide dasselbe.

„Das nehmen wir", entschied Schorsch. „Und für mich ein Weizen dazu. Was möchtest du trinken, Rosanne?"

„Ich nehme einen Silvaner und ein Glas Wasser ohne Sprudel." Rosanne legte die Weinkarte zurück.

„Kommt sofort!", rief Leo entzückt, zündete die Tischkerzen an und machte sich schleunigst wieder vom Acker.

„Und was machst du so privat, wenn du einmal nicht Verbrecher jagst?" Rosannes smaragdgrüne Augen glänzten durch das funkelnde Kerzenlicht.

„Ich gehe gerne Fliegenfischen, treibe Sport –"

Rosanne unterbrach ihn. „Nein, wirklich? Wo gehst du denn Fliegenfischen?"

„An der Wiesent oder an der Pegnitz. Warum interessiert dich Fliegenfischen?"

„Weil ich seit meinem siebzehnten Lebensjahr diesem Hobby nachgehe. Überwiegend an der Wiesent, die liegt ja direkt vor meiner Haustür, aber ab und an ist auch die Pegnitz mein Revier."

Schorsch konnte kaum glauben, was er da hörte. Überhaupt erschien ihm die Situation irgendwie irreal. Da lernte er durch puren Zufall eine attraktive und sympathische Single-Frau kennen, die gutes Essen zu schätzen wusste und sich auch noch fürs Fliegenfischen begeistern konnte. Ja, war denn heut schon Weihnachten? Eines war klar: Er musste bei dieser Frau am Ball bleiben.

Leos Tagesempfehlung mundete beiden vorzüglich. Das Kalbsschnitzel war butterzart, und der Schinken mit dem

Salbei verlieh dem Gericht eine mediterrane Note. Während des Essens quatschten sie ausgiebig über ihr gemeinsames Hobby und beschlossen, gemeinsam die Pegnitz zu befischen, sollte der Altweibersommer noch ein paar Tage anhalten.

Es war kurz nach halb neun, als sie Leos Restaurant verließen. Ganz gentlemanlike geleitete Schorsch sie noch ins Parkhaus. Schon im Restaurant hatten sie ihre Telefonnummern ausgetauscht, sodass ein Wiedersehen bereits beschlossene Sache war. Schorsch freute sich darauf, denn Rosanne hatte ihn verzaubert.

„Gut, dann lass uns doch bald telefonieren", schlug er vor und gab ihr einen Abschiedskuss auf die Wange.

Sie nickte und warf ihm noch einmal einen verführerischen Blick zu. Dann packte sie ihre Einkaufstüten in ihren weißen BMW X3. Beim Einsteigen sagte sie: „Danke, Schorsch! Es war ein wundervoller Tag", und startete den Motor. Im selben Moment sprang das Radio an, und aus den Lautsprechern erklang die Liedzeile: „Ohne dich schlaf ich heut Nacht nicht ein ..." Rosanne zwinkerte Schorsch zu, lächelte und winkte noch einmal durch das Fenster. Dann brauste sie mit ihrem BMW davon.

Auch Schorsch fuhr nach Hause. Er gönnte sich noch ein Glas Bocksbeutel und machte es sich auf seiner Couch bequem.

Es war schon fast Mitternacht, als auf seinem Mobiltelefon eine Mitteilung einging.

*„Lieber Schorsch, danke nochmals für den wunderschönen Tag. Bin gerade nach Hause gekommen. Ich freue mich schon auf ein Wiedersehen mit dir. Irgendwie gehst du mir nicht mehr aus dem Sinn. Träume was Schönes. Alles Liebe, Rosanne."*

Und Schorsch schrieb zurück:

„Liebe Rosanne, seit langer Zeit habe ich keinen so schönen Nachmittag und Abend mehr genossen. Es gibt Menschen, die lernt man kennen, und schon nach kurzer Zeit weiß man, wie wertvoll sie sind. Ich freue mich auf dich. Ebenso einen bunten Traum. Herzlichst, der Schorsch."

*Samstag, 24. September 2011, 18.35 Uhr,*
*Internationaler Flughafen Frankfurt/Main*

Alle vier standen vor dem Gepäckband und warteten auf ihre Koffer. Die Alitalia via Rom war planmäßig gelandet. Der angemietete schwarze VW-Transporter in der Tiefgarage sollte sie anschließend zu ihrem Zielort bringen. Bis Nürnberg waren es noch gute zwei Stunden Fahrt. Die Einreisekontrolle war wie immer problemlos verlaufen. Ihre zugeteilten Pässe hielten jeder Überprüfung stand. Hier hatte die Organisation hervorragende Arbeit geleistet, denn die ausgestellten Reisedokumente des „Souveränen Malteser Ritterordens" wiesen sie als Diplomaten aus und erlaubten ihnen eine gewisse Freizügigkeit gegenüber anderen Reisenden.

Gegen einundzwanzig Uhr erreichten sie die von ihrem Auftraggeber vorbestimmte Wohnung in der Nürnberger Nordstadt. Schon morgen früh wollte man den Gottesdienst in der St. Kilianskirche in Bad Windsheim aufsuchen. Es war alles vorbereitet. Für den VW-Transporter lagen bereits die dafür vorgesehenen Doubletten-Kennzeichen parat, also nachgemachte Kfz-Kennzeichen, die auf einen anderen schwarzen VW-Transporter zugelassen waren. Das hatte den Vorteil, dass bei Radarfallen oder sonstigen Aufzeichnungen des

Nummernschildes, zum Beispiel an Tankstellen oder bei Abstandsmessungen, immer ein unbeteiligter Adressat den Strafzettel oder Anhörungsbogen erhielt. An die eigentlichen Fahrzeugführer kam man nicht.

Man wollte sich Alfred Bergmann, den Sohn des ehemaligen KZ-Kommandanten Adolf Bergmann, schnappen und ihn nach seinem Kirchgang sicher abtransportieren. So lautete der Plan.

Alfred Bergmann nahm bei Wind und Wetter immer den gleichen Fußweg von seinem Anwesen zur Kirche, meistens alleine, seine Frau bereitete in der Zwischenzeit den sonntäglichen Schweinebraten vor. Auf diesem ausgekundschafteten Verbindungsweg wollte man auf Alfred warten, entweder vor oder nach dem Gottesdienst, das sollte spontan entschieden werden. Aber alles musste sehr schnell gehen. Bergmann sollte ebenso wie Johannes Koch in einen Tiefschlaf befördert werden, denn ihr Auftraggeber wollte ihn lebendig. Er wollte sehen, wie er sein Urteil hinnahm. Ob flehend oder stoisch!

Noch am selben Abend bereiteten sie die dafür vorgesehenen Wasserleitungsrohre vor. Die sechs Meter lange Eisenkette war auf einer Spule aufgezogen. Die vier Bügelschlösser lagen ebenso parat wie die für Alfred Bergmann gravierte Erkennungsmarke. Die Injektion war bereits aufgezogen und griffbereit in einem schwarzen Lederetui verstaut. Der morgige Tag sollte ein ereignisreicher, aber zugleich erfolgreicher Tag werden. Man hatte sich viel vorgenommen. Nichts konnte schiefgehen. Alles war bis ins letzte Detail geplant. Die vier hoben ihre Gläser und prosteten sich gegenseitig zu.

## 8. Kapitel

*Sonntag, 25. September 2011, 09.17 Uhr,
Bad Windsheim, nahe der St. Kilianskirche*

Der schwarze VW-Transporter mit den dunklen Scheiben hatte seine Position in Höhe Pfarrgasse, Einmündung Krämergasse eingenommen. Alfred Bergmann schlenderte wie angenommen alleine in Richtung Dr.-Martin-Luther-Platz. Zirka achtzig Meter hinter ihm war jedoch ein älteres Ehepaar zu beobachten, das ebenso den Weg zur Kirche beschritt. Arno und Ethan überlegten nicht lange, als Bergmann sich dem Fahrzeug näherte. Bis zur Kirche waren es nur zirka fünfzig Meter. In den beiden älteren Personen sahen sie keine Gefahr.

Sie öffneten die Schiebetür, sprangen auf Bergmann zu, packten ihn unter beiden Armen und transportierten ihn schnellen Schrittes in das Fahrzeug. Die beiden älteren Herrschaften, die hinter Bergmann gegangen waren, blieben stocksteif auf dem Gehsteig stehen. Sie starrten auf das Fahrzeug und beobachteten, wie Bergmann gekonnt in das Fahrzeug gehievt wurde. Unmittelbar danach setzte Viktor das Dormicum, das in Sekundenschnelle wirkte. Alfred Bergmann kam nicht einmal mehr dazu, irgendeinen Laut von sich zu geben. Die Schiebetür knallte ins Schloss, Jakob beschleunigte das Fahrzeug und bog mit quietschenden Reifen um die Kurve. Mit überhöhter Geschwindigkeit und erstaunlichem Geschick lenkte er den Wagen so schnell es nur ging raus aus der Innenstadt, Richtung der B 470, die sie wieder nach Nürnberg bringen würde. Zuvor aber hielten sie kurz an einer nicht einsehbaren Stelle, Viktor sprang aus dem Fahrzeug, und mit zwei Handgriffen wechselte er das Doubletten-Kennzeichen. Die zugleich angebrachten bunten Magnetschilder auf beiden Fahrzeugseiten mit der Aufschrift „König Bacchus, der fränkische Online-Weinhandel" machten aus dem schlichten schwarzen VW-Transporter kurzerhand ein auffälliges Geschäftsauto. Alles war nach Plan verlaufen, ihr arbeitsteiliges Vorgehen und die Tarnung funktionierten perfekt.

Gegen elf Uhr hatten sie die Tiefgarage in der Nürnberger Bismarckstraße erreicht. Sie schnappten den bereitgestellten Rollstuhl und platzierten darin ihr Opfer. Ein junges Ehepaar, das gerade auf dem Weg in die Tiefgarage war, grüßte freundlich. Kein Besucher oder Mitbewohner würde jemals Verdacht schöpfen, dass es sich um ein Kidnapping handelte.

Nur Minuten später erreichten sie die konspirative Wohnung, wo sie ihr narkotisiertes Opfer ablegten. Viktor und Ethan hatten bereits den dafür vorgesehenen Raum in der Wohnung präpariert. Dieser war nach außen gut gegen Lärm gedämmt und schlicht eingerichtet. In der Mitte des Raumes stand ein großer Tisch mit einer schwarzen Tischdecke. Rechts des Tisches war eine Leinwand aufgebaut. Ein Beamer projizierte bereits ein graues leeres Standbild.

Alle vier nahmen hinter dem Tisch Platz. Alfred Bergmann saß im Abstand von drei Metern vor dem Tisch. Sie hatten ihn auf einem Holzstuhl vor einem kleinen kahlen Tisch platziert, sodass sein Blick auf die Leinwand und zugleich auf den schwarzen Tisch gerichtet war. Er war zwar noch etwas dösig, aber wieder bei Bewusstsein und beobachtete schweigend die vier Personen, die vor ihm saßen.

Viktor betätigte den Laptop, der vor ihm stand. Eine Skype-Verbindung baute sich auf, die nunmehr auf der Leinwand zu sehen war. Sie zeigte einen älteren Herrn mit einem schwarzen Talar und Hornbrille, der hinter einem Schreibtisch saß. Zuerst begrüßte er die

Vierergruppe, dann nahm er einen schwarzen Schnellhefter in die linke Hand und begann fast akzentfrei daraus vorzulesen.

„Sind Sie Alfred Bergmann, Sohn des verstorbenen Max Weber alias Adolf Bergmann, geboren am 17. Februar 1917 in Gunzenhausen, ehemaliger Lagerkommandant des Konzentrationslagers Flossenbürg?"

Bergmanns Blick war auf die ihm unbekannte Person gerichtet, als er die Frage leise mit „Ja" beantwortete. Dann sprach er weiter im Flüsterton: „Ich habe mit der Vergangenheit meines Vaters nichts zu tun. Ich wurde erst 1949 geboren. Was damals passiert ist, hätte nicht passieren dürfen, das ist klar. Aber mein Vater musste die Befehle genauso ausführen wie alle anderen auch. Was wollen Sie von mir?"

Die Person auf der Leinwand sah ihn mit zusammengekniffenen Augen an. „Ihnen ist also die Vergangenheit Ihres Vaters bekannt. Wussten Sie auch, dass er nicht nur unschuldige Menschen ermorden ließ? Er hat sich zudem auch noch an deren Vermögen bereichert."

Alfred Bergmann atmete einmal tief durch, bevor er zu einer Antwort ansetzte. „Mir ist bekannt, dass mein Vater Befehle befolgen musste, das hat er mir kurz vor seinem Tod erzählt. Ihm blieb nichts anderes übrig, alle haben damals Befehle befolgt und ausgeführt. Lassen Sie mich bitte sofort frei, ich habe mit der ganzen Sache nichts zu tun."

„Sie haben meine Frage nicht beantwortet, Herr Bergmann. Ist Ihnen bekannt, dass sich Ihr Vater an dem Vermögen von deportierten Juden bereichert hat?"

„Was fragen Sie mich? Als die Endlösung der Juden beschlossen wurde, konnten die mit ihrem Vermögen, um das sie womöglich Deutsche betrogen haben, sowieso nichts mehr anfangen. Das Geld lag irgendwo sicher verwahrt in der Schweiz. Sollte es da verrotten? Durch die heftigen Bombenangriffe der Alliierten 1944 wurden viele Immobilien in Würzburg zerstört, darunter auch Häuser meiner Familie. Mein Vater hat nur das gemacht, was andere auch gemacht haben. Er war in einer besonderen Position, hat sich für Führer und Vaterland verdient gemacht, deshalb war das auch legitim."

Der Mann auf der Leinwand sah ihn aus eiskalten Augen an. Dann fragte er: „Sind Ihnen auch die Namen Johannes Koch sowie Urs Ischy bekannt?"

Bergmann wurde unruhig, schaute auf den Boden und verlangte nach einem Glas Wasser. Nachdem er einen Schluck getrunken und sich wieder gesammelt hatte, veränderte sich sein stoisches Verhalten und er wurde laut und aggressiv. „Ich wiederhole es noch einmal: Hätte das Geld einfach so auf einem unbekannten Bankkonto verrotten sollen? Mein Vater hat das Beste für sich und seine Familie daraus gemacht. Ich hätte nicht gezögert und genauso gehandelt! Angaben über weitere Personen mache ich nicht!"

„Sie haben aus der Geschichte Ihres Landes nichts, aber auch gar nichts dazugelernt, Herr Bergmann! Sie sind genauso ein überzeugter Nazi wie Ihr Vater! Haben Sie noch etwas zu erklären? Ihre Zeit verstreicht."

„Was Sie machen, ist illegal. Damit kommen Sie nicht durch. Ich habe mich erklärt, nun lassen Sie mich endlich frei!", rief Bergmann immer noch wütend. Doch er musste sich langsam eingestehen, dass nicht er derjenige war, der hier am längeren Hebel saß.

Nachdem ihm wiederholt die Frage gestellt wurde, ob er sich mitschuldig an den aufgeführten Verbrechen seines Vaters fühle und dafür Reue zeige, verneinte er dies.

„Herr Bergmann, wir schließen die Verhandlung. Das Urteil gegen Sie wird in wenigen Stunden vollstreckt werden." Das waren die letzten Worte des unbekannten Mannes, bevor die Skype-Verbindung beendet wurde.

*Sonntag, 25. September 2011, 18.50 Uhr,
Pilotystraße, Nürnberg*

Schorsch hatte sich einen Entspannungssonntag im Fürthermare gegönnt. Rosanne hatte sich zwar bereits morgens um halb zehn bei ihm gemeldet, aber er hatte es nicht gewagt, sie zu bitten, in die Sauna nach Fürth zu kommen. Das wäre seines Erachtens doch etwas zu aufdringlich und plump rübergekommen, schließlich hatten sie sich ja gestern erst kennengelernt. Zum Glück war Rosannes Sonntag aber eh schon fest verplant gewesen, ihre Mutter hatte Geburtstag, darum auch das gestrige Shopping.

Wie gewohnt war Schorsch pünktlich zu seinem sonntäglichen Tatort zu Hause. Und eineinhalb Stunden später, nachdem der Fall wie immer gelöst war, ging er bei einem zweiten Schoppen Silvaner seinen morgigen Tag durch. Was würde er wohl von Alfred Bergmann über Johannes Koch erfahren? Würde er ihnen überhaupt etwas erzählen? Die Grübeleien machten ihn schläfrig und kurz vor drei viertel elf lag er in seinem Bett, dachte an Rosanne und versank in einen tiefen Schlaf.

Es war kurz nach drei Uhr nachts, als ihn sein Telefon aus dem Traumland zurückholte.

„Bachmeyer, wer stört?"

„Guten Morgen, Schorsch." Er erkannte Gundas Stimme.

„Gunda, was ist passiert? Schau mal auf die Uhr, es ist ja noch mitten in der Nacht."

„Ich weiß, Schorsch, aber ich habe ja Rufbereitschaft. Unser Kriminaldauerdienst hat mich vor fünf Minuten verständigt. In Fürth hängt wieder einer in der Oberleitung, gleiche Örtlichkeit."

„Leck mich am Ärmel, das gibt es doch nicht! Wo bist du jetzt?", fragte Schorsch.

„Ich ziehe mich gerade an und dann fahre ich zum Tatort. Ich brauche ja noch einen zweiten Mann, deshalb mein Anruf bei dir."

„Ich komme mit dem Motorrad dorthin", antwortete Schorsch ohne zu zögern.

Laut Wetterbericht sollte es ein sonniger Wochenstart werden, ideal also zum Motorradfahren. Schorsch hatte sich nach Isabells Tod einen kleinen Traum verwirklicht. Denn seit 1998, als er im Cinecitta den James-Bond-Streifen „Der Morgen stirbt nie" gesehen hatte, ging ihm die BMW Cruiser nicht mehr aus dem Kopf. Er wusste, dass er sich diese Maschine irgendwann einmal kaufen würde, aber erst nach Isabells Tod schien ihm der richtige Zeitpunkt dafür. Beim Cruisen erinnerte er sich an die schönen Stunden, die sie miteinander verbringen durften, dabei konnte er abschalten und die psychischen Belastungen, die so manche Mordermittlung mit sich brachte, vergessen.

„Ist gut, Schorsch, fahr vorsichtig! Die Kollegen vom Kriminaldauerdienst und die Bundespolizei sind schon vor Ort. Bis gleich also!"

„Alles klar, Gunda. Ich ziehe mich an und komme."

Schon wieder ein Mord in der Oberleitung. Was für ein toller Start in die Woche, dachte Schorsch, als er seine müden Glieder aus dem Bett schwang.

Um zwanzig Minuten nach vier erreichte er die Westvorstadt. Gunda hatte ihren dunkelroten Audi A3 direkt hinter der Polizeiabsperrung geparkt, dort stellte auch Schorsch sein Motorrad ab. Die Fürther Kollegen hatten den Tatort bereits großräumig abgesperrt, und die Berufsfeuerwehr war gerade dabei, die Leuchtgiraffe aufzubauen. Zwei Dienstfahrzeuge der Bundespolizei strahlten bis dahin provisorisch den Tatort aus. Die Kollegen der Spusi leuchteten in der Zwischenzeit mit ihren Maglites, also mit den dienstlichen Taschenlampen, den Bahndamm nach möglichen Spuren ab.

Roberts Team war gerade mitten bei der Arbeit, als plötzlich überraschend starker Regen und ein Gewitter einsetzten. Der stark wehende Ostwind verursachte einen Blätterregen, der die Männer in ihren weißen Overalls im Scheinwerferkegel wie Aliens nach ihrer Erdlandung aussehen ließ. Da das Gewitter an Heftigkeit zunahm, musste die Tatortsicherung eingestellt werden.

Schorsch, Gunda und die Mitarbeiter der Spurensicherung quetschten sich in Roberts Spusi-Sprinter, um das Ende des Unwetters abzuwarten. Schweigend saßen sie da und starrten aus dem Fenster. Der Gewitterschauer mit den zuckenden Blitzen ließ die ohnehin schon gespenstische Szenerie noch gruseliger wirken. Ihnen bot sich ein schrecklicher Anblick. Eine gekreuzigte Person hing bodenabwärts von der Eisenbahnbrücke und pendelte im Wind hin und her. Die Kette, mit der der Tote an den Rohren festgebunden war, schlingerte dabei über den Schotterboden und erzeugte wieder diese eindringlichen Laute, bei denen sich einem die Nackenhaare aufstellten.

Die Täter hatten das Opfer über die Brücke geworfen. Vermutlich infolge des schweren Gewichtes und der Tatsache, dass auch der Körper von Johannes Koch den Pinkelschutz touchiert hatte, war dieser nunmehr durch das zweite Opfer beschädigt worden und hing kurz vor der Oberleitung. Dieser Umstand konnte sich für die Bergung des Opfers als enorm schwierig erweisen.

Erst gegen fünf Uhr morgens legte sich das Unwetter. Zwischenzeitlich war auch der Journal-Staatsanwalt der

Staatsanwaltschaft Nürnberg-Fürth, Herr Behrschmidt, eingetroffen, der wie gefesselt und sprachlos neben Schorsch stand und auf das verkohlte Opfer blickte.

Es lief nunmehr das übliche Prozedere ab. Zuerst die Tatortsicherung, anschließend die Bergung der Leiche. Nachdem die Berufsfeuerwehr den Gekreuzigten auf das Schotterbett abgelegt hatte, leuchtete Schorsch mit Gunda den Verstümmelten ab. Schnell stellten sie fest, dass exakt der gleiche Modus Operandi vorlag wie bei ihrem ersten Opfer. Vor ihnen lag ein braun-schwarzer Klumpen, der auf ein Wasserleitungskreuz gefesselt worden war. Man konnte nicht mehr erkennen, ob es sich um ein männliches oder weibliches Opfer handelte, und die noch anhaftende verbrannte Kleidung hatte sich mit dem Gewebe des Toten verschmolzen. In der Mitte des Klumpens blitzte im Schein der Taschenlampe wieder etwas Metallenes hervor. Es war die deutsche Erkennungsmarke. Gunda beugte sich hinunter und löste knackend die Marke vom Körper ab. Schorsch hielt seine Maglite auf die Marke und erkannte die ihm bekannte Prägung:

עין תחת עין

Auge um Auge.

Gunda asservierte die Erkennungsmarke, und Roberts Team machte noch weitere Fotos.

Um kurz nach sechs gab Staatsanwalt Behrschmidt den Tatort frei. Ihr bis dato unbekannter Toter wurde durch die Bestatter in die Gerichtsmedizin Erlangen überstellt. Doc Fog würde sich freuen, dachte Schorsch, jetzt hatte er sogar noch ein zweites Oberspannungsopfer, das er seinen Studenten vorführen konnte.

Sie fuhren zurück nach Nürnberg. Als Schorsch sein Motorrad in der Tiefgarage parkte, merkte er, dass er gar nicht mehr müde war. Schlafen würde er jetzt sowieso nicht mehr können. Also nahm er ein altes Handtuch und polierte seinen Cruiser trocken. Danach gönnte er sich noch eine ausgiebige Dusche und einen starken Kaffee, bevor er sich auf den Weg ins Präsidium machte.

*Montag, 26. September 2011, 08.05 Uhr, Polizeipräsidium Nürnberg, K11*

„Guten Morgen, Horst!"
Horst betrat gerade das Büro. „Scheißwetter draußen! Servus, Schorsch! Wann wollen wir nach Bad Windsheim aufbrechen?" Horst sah ihn fragend an.
„Scheißwetter, du sagst es. Der Wetterbericht lag völlig daneben", fluchte auch Schorsch. „Ich hatte heute schon einen nassen Außeneinsatz in Fürth. Stell dir vor, wir haben den zweiten Gekreuzigten gefunden!"
„Jetzt hör aber auf!", rief Horst ungläubig.
„Das ist leider kein Witz. Ich war eben bei Schönbohm. Um neun Uhr halten wir eine kurze Lagebesprechung ab. Danach könnten wir losfahren."

Pünktlich um neun Uhr war das Team im Besprechungsraum versammelt. Schorsch erklärte kurz die Auffindesituation ihres zweiten Opfers. Jeder ging davon aus, dass es sich um dieselbe Tätergruppe handelte, die auch Johannes Koch auf dem Gewissen hatte. Nun waren sie also mit der Aufklärung eines Doppelmordes konfrontiert. Es folgte eine kurze Aufgabenverteilung, und schon um kurz vor zehn Uhr verzogen sich alle wieder in ihre Büros.
Horst und Schorsch machten sich auf den Weg nach Bad Windsheim. Eine gute Stunde später erreichten sie den

Pilgerpfad 2, die Residenz ihres möglichen Zeugen. Es war ein großes Weingut. Das alte fränkische Fachwerkhaus war sehr gut erhalten, und auf dem großen Einfahrtstor wies ein altes Emailschild auf die Weinverkostung im Hause Bergmann hin. Die Fassade war mit Weinreben verziert. Die Weinblätter zeigten in der Sonne ihre herbstliche Blütenpracht. Anscheinend steckten die Bergmanns viel Liebe und Herzblut in ihr Weingut.

Die großen Behältnisse für die Aufnahme der Trauben standen bereit und waren teilweise schon gefüllt. Einige Arbeiter waren gerade dabei, diese in die Weinpresse einzubringen. Die Weinlese war in vollem Gange.

Schorsch und Horst parkten auf dem Besucherparkplatz. Neben ihrem Fahrzeug stand ein brauner Audi A4. Beim Aussteigen aus dem Wagen konnte Schorsch in der Seitenablage des Beifahrers eine Anhaltekelle der Polizei erkennen. Anscheinend waren also schon Kollegen vor Ort. Etwas verwundert gingen die beiden Kommissare in Richtung Eingang. Die große Eingangstür stand offen. Horst betätigte dennoch die alte Ziehglocke, und sie warteten. Kurze Zeit später erschien ein junger Mann Anfang dreißig in blauer Arbeitsmontur.

„Ja bitte, wie kann ich Ihnen helfen?"

„Grüß Gott, Bachmeyer und Meier von der Kriminalpolizei Nürnberg. Wir wollten gerne zu Herrn Alfred Bergmann."

„Tut mir leid, unser Vater ist seit gestern spurlos verschwunden. Ihre Kollegen sprechen gerade mit meinem Onkel. Aber kommen Sie doch bitte rein, Anton Bergmann mein Name."

Alfred Bergmanns Sohn führte sie in die Wohnstube des Weinguts. Beim Betreten des Zimmers erkannte Schorsch eine ihm bekannte Person. Es war Günther Kocian von der

Kriminalpolizeiinspektion Ansbach, der mit seiner Begleiterin mehreren älteren Personen Fragen stellte.

„Grüß Gott, Bachmeyer und Meier von der Kripo Nürnberg. Servus, Günther! Was macht ihr denn hier?"

„Servus, Schorsch! Wir sind gerade dabei, eine mögliche Entführung aufzuklären. Und was bewegt euch hierher?", entgegnete Günther.

Bevor der Gefragte antworten konnte, stellte Kocian ihnen die anwesenden Herrschaften noch einmal vor. Es waren Andreas Bergmann, der Bruder von Alfred Bergmann, Veronika Bergmann, die Ehefrau des Verschwundenen und ihre Schwiegertochter sowie ein Ehepaar Mitte sechzig, die sich im Wohnzimmer versammelt hatten.

„Entführung? Seit wann ist Herr Bergmann denn verschwunden?", wollte Schorsch wissen.

„Seit gestern Vormittag", klärte Günther ihn auf. „Das Ehepaar Schönweiß hier", er deutete auf das ältere Pärchen, „war gestern Vormittag auch auf dem Weg in die Kirche und hat die Entführung beobachtet. Sie haben gesehen, wie Alfred Bergmann in einen schwarzen Transporter gezerrt wurde."

Horst sah augenblicklich zu Schorsch. Ihre Blicke trafen sich. Schorsch wusste genau, was sein Kollege dachte. Und er hatte denselben Gedanken. War der Tote von heute Morgen Alfred Bergmann, der Sohn des verstorbenen Adolf Bergmann alias Max Weber?

„Meine Herrschaften, wir müssten mit den beiden Kollegen mal unter acht Augen sprechen", wandte sich Schorsch an die Gruppe aus Angehörigen und Zeugen. „Könnten Sie uns bitte für einen Moment alleine lassen?"

„Was ist denn passiert? Sie wissen anscheinend mehr als wir." Veronika Bergmanns Augen waren auf Schorsch gerichtet, und die Verzweiflung stand ihr ins Gesicht geschrieben.

„Es dauert nicht lange, Frau Bergmann", beruhigte sie Schorsch, und sie verließen die bäuerliche Wohnstube.

„Tja, Günther, wie's aussieht, kommen wir zu spät", richtete sich Schorsch an seinen Ansbacher Kollegen. Er erklärte Günther Kocian den Fall des Lagerkommandanten Johannes Koch alias Henzel und schilderte ihm die Auffindesituation ihres zweiten Opfers in Fürth. Auch Günther musste ihnen zustimmen, dass es sich bei diesem mit großer Wahrscheinlichkeit um den Sohn von Adolf Bergmann handeln könnte.

Sie baten die Angehörigen wieder herein und besprachen die gestrige Ausgangssituation hier in Bad Windsheim mit den aktuellen Erkenntnissen in der Fürther Westvorstadt.

„Um Gottes willen!" Frau Bergmann war sogleich außer sich und schrie: „Das waren dieselben, die vergangene Woche Johannes ermordet haben. Und jetzt sind wir dran!" Ihr Schwager packte sie an den Armen und zog sie zu sich. Sie schluchzte und suchte bei ihm Halt.

Horst leistete Schorsch Schützenhilfe, der mit einer solchen emotionalen Reaktion immer ein bisschen überfordert war. „Frau Bergmann, noch ist das Ganze ja nur eine Vermutung. Um Gewissheit über die Identität des Opfers zu erlangen, würde uns ein DNA-Ergebnis weiterhelfen. Dürfen wir deshalb einmal in Ihrem Badezimmer nach geeigneten DNA-Spuren suchen?"

Der Schwager nickte Horst zu und antwortete: „Machen Sie das, Herr Kommissar."

Günther Kocian schickte sogleich seine Begleiterin los, die das organische Spurenmaterial – Bartproben aus dem Elektrorasierer sowie den Kopf der elektrischen Zahnbürste – im Badezimmer von Alfred Bergmann asservieren sollte.

Schorsch fuhr einstweilen mit der Befragung des Ehepaars Schönweiß fort. Er bat sie um eine möglichst genaue Täterbeschreibung.

„Der Auffälligste unter ihnen war kräftig, aber etwas untersetzt, etwa eins achtzig groß und hatte rötliche Haare und einen Bart", begann Herr Schönweiß.

„Welche Art von Bart, Herr Schönweiß?", hakte Schorsch nach. „Schnauzbart, Ziegenbart, Kaiser-Wilhelm?"

„Nein, Herr Kommissar, einen Rauschebart. Na, so wie der Pelzmärtel halt!"

Schorsch warf Horst einen wissenden Blick zu. Der nickte nur leicht mit dem Kopf.

Frau Schönweiß gab ihrerseits ihre Beobachtungen zu Protokoll: „Beide Männer waren schwarz gekleidet, und jeder hatte noch eine Schirmmütze auf, die war auch schwarz. Ich habe sofort um Hilfe gerufen, aber das Auto hat ganz schnell gewendet und ist dann weggefahren. Im Anschluss sind wir dann natürlich nicht in die Kirche gegangen, sondern gleich hierher und haben unsere Beobachtungen der Veronika erzählt."

„Und wir haben sofort die Polizei verständigt", fügte Frau Bergmann schniefend hinzu.

„Eine angelegte Fahndung unserer Schutzpolizei nach dem schwarzen VW-Transporter verlief jedoch ohne Erfolg", erklärte Günther Kocian den Nürnberger Kollegen. „Es war ja Sonntag, und die Kollegen hatten nur eine Notbesetzung."

Schorsch überlegte kurz und sagte dann in die Runde: „Ich möchte jetzt nicht den Teufel an die Wand malen, aber stellen Sie sich lieber mal auf das Schlimmste ein. So schmerzlich es auch sein mag. Morgen Nachmittag können wir wahrscheinlich schon sagen, ob es sich bei dem Opfer von heute Morgen um Alfred Bergmann handelt."

Frau Bergmann schluckte, und alle anderen Anwesenden schwiegen betreten. Schorsch gab ihnen einen Moment, um die schreckliche Nachricht zu verdauen, doch er hatte noch einige Fragen, die er unbedingt loswerden wollte.

„Wir können Ihren Schmerz gut nachvollziehen, aber solange wir keine Gewissheit darüber haben, sollten wir der Entführung oberste Priorität einräumen."

Andreas Bergmann fand als Erster die Sprache wieder: „Die Polizei soll alle möglichen Informationen erhalten, um das Verschwinden von Alfred aufzuklären. Unser Haus steht Ihnen offen, fragen Sie!"

Schorsch wollte wissen, wie das Verhältnis ihres verstorbenen Vaters zu Johannes Koch war.

„Die Kochs und die Bergmanns sind eigentlich eine Familie", erklärte ihm Andreas Bergmann. „Unsere Väter kannten sich seit dem Krieg. Wir Kinder sind mit den Kindern der Kochs groß geworden, haben fast jeden Urlaub miteinander verbracht. Johannes war ja mein Patenonkel. Und auch die dritte Generation hält an der familiären Bindung fest."

Horst und Schorsch tauschten wiederum einen Blick. Also bestätigte Herr Bergmann die Aussage von Josef Koch, dass die Familien seit jeher eng miteinander verbunden waren.

„Johannes war unser zweiter Vater", erzählte Alfred Bergmann weiter. „Beide, also unser Vater und er, waren wie Brüder zueinander. Ich mochte meinen Patenonkel sehr gerne. Jetzt nach seiner Ermordung habe ich Angst, große Angst."

„Angst wovor?"

„Angst, dass meinem Bruder dasselbe passiert ist und diese Mörder noch frei herumlaufen." Er starrte geistesabwesend auf einen Punkt auf dem Boden und Schorsch beobachtete, wie ein Zittern durch seinen Körper fuhr. Sollte sich ihr Verdacht tatsächlich bestätigen, war die Angst dieses Mannes nicht unbegründet, dachte Schorsch und klappte sein Notizbuch zu. Für den Moment hatten sie den Bergmanns genug zugemutet. Und schließlich hatten sie die wichtigsten Fakten ja bestätigt.

Er stand auf und verabschiedete sich. Horst folgte seinem Beispiel. Jetzt taten sie gut daran, das gesicherte Spurenmaterial schnellstmöglich nach Erlangen zu bringen. Doc Fog sollte die DNA-Probe analysieren.

## 9. Kapitel

*Montag, 26. September 2011, 13.45 Uhr, Bad Windsheim,*
*Weingut Bergmann*

Nach knapp zwei Stunden kehrten sie nach Bad Windsheim zurück. Zwischenzeitlich hatten sie das Genmaterial bei Doc Fog abgegeben und Einzelheiten mit Günther Kocian besprochen. Die Aufklärung der schwarzen Vergangenheit des Adolf Bergmann sowie die Hintergründe der Tat gegen seinen Sohn hatten Priorität. Es galt, den kausalen Zusammenhang zwischen dem Fall in Kulmbach und dem in Bad Windsheim zu ermitteln, denn hier lag vermutlich der Schlüssel zur Aufklärung dieser Verbrechen.

Bis jetzt gingen Schorsch und Horst davon aus, dass beide Männer hingerichtet wurden. Auch wenn das pathologische Ergebnis im Fall Bergmann noch ausstand, sprachen die Tatumstände für sich.

Die Familie Bergmann hatte sich mittlerweile mithilfe eines geistlichen Beistandes mit der Nachricht vom möglichen Mord an ihrem Verwandten auseinandergesetzt. Der ortsansässige Pfarrer hatte sie ein wenig stabilisiert. Der Fortsetzung einer weiteren Befragung stand nun nichts mehr im Wege.

„Dürften wir uns vielleicht einmal im Zimmer Ihres Mannes umsehen?", wandte sich Schorsch an Veronika Bergmann. „Vielleicht finden wir Hinweise auf sein Verschwinden."

Sie blickte flehend zu ihrem Schwager, der daraufhin das Wort ergriff: „Meine Herren, alles, was Sie benötigen, steht Ihnen zur Verfügung."

Er führte sie in das Zimmer seines verstorbenen Vaters, das im ersten Stock lag. Nach dem Tod des alten Weingutbesitzers wurde dieser Raum nun von seinem erstgeborenen Sohn, Alfred Bergmann, genutzt. Sie betraten das Zimmer, das gut und gerne fünfundzwanzig Quadratmeter groß und mit einer alten dicken Eichentür versehen war.

Zuerst knipste Horst ein paar Fotos von der aktuellen Auffindesituation des Raumes und den darin platzierten Gegenständen. Anschließend zogen sich er und Schorsch ihre Durchsuchungshandschuhe über und gingen den Raum erst einmal systematisch ab.

Die alten Eichenholzdielen knarrten. Die hohe Zimmerdecke zeigte noch die braunen Holzbalken, die damals, im vorletzten Jahrhundert, in dem Fachwerkhaus verbaut wurden. Viele dieser Balken waren mit Wurmlöchern durchsetzt. Die drei kleinen Holzfenster ließen fast kein Licht in den Raum. Es war schummrig. Die Einrichtung des Zimmers war geprägt von Art-déco-Elementen. Eine stilisierte und flächige Darstellung floraler und organischer Motive, die eine eklektische Mischung von Stilelementen unterschiedlicher Herkunft, vorzugsweise der dreißiger und vierziger Jahre, aufzeigte. Man fühlte sich in die Vergangenheit zurückversetzt. Neben dem großen Eicheschreibtisch stand ein kleiner schwarzmatter Tresor mit Hammerschlaglackierung, der eine dezente goldene Umrandung aufwies. Zum Öffnen benötigte man keine Kombination. Der kleine Panzerschrank war mit einem Sicherheitsschloss abgesperrt, aber weder die Ehefrau noch der Bruder konnten Angaben über den Schlüssel machen. Horst machte sich über den Schreibtisch her, den er nun akribisch absuchte. Schorsch fing mit der linken Seite des Raumes an. Die beiden arbeiteten wie bei jeder Durchsuchung von Räumlichkeiten das vorhandene Interieur von links nach rechts ab. Nach diesem Schema hofften sie nichts zu übersehen.

Neben verschiedenen Rehgeweihen zierten genau wie bei Johannes Koch heroische Zeichnungen, Skulpturen und Bilder von Arno Breker und Josef Thorak, ein im Dritten Reich ebenfalls populärer Bildhauer, den Raum. Augenscheinlich hatten sich beide Freunde auf diese Künstler eingeschworen. Die wohlgeformten Körper dienten den damaligen „Herrenmenschen" als Propaganda für die Ästhetik des nordischen Menschen, die Reinheit, Schönheit und Anmut symbolisierte. Adolf Bergmann war unverkennbar ein Ewiggestriger, und sein Sohn hatte sich auch nach seinem Tod nicht daran gestört, den Raum mit NS-Devotionalien zu belassen.

Neben dem Fenster stand eine alte dunkelrote Couch. Schorsch erkannte sie wieder. Seine Großmutter hatte in den Sechzigern eine ähnliche Couch besessen. Als Kind hatte er in den Nischen manchmal Sachen deponiert, und zwar genau zwischen den Arm- und Nackenlehnen. Auch hier konnte man wunderbar in die Hohlräume der Couch greifen, die kleine gepolsterte Nische lud ihn förmlich dazu ein. Er musste einfach hineingreifen und bemerkte, dass der Hohlraum zwischen der Federkernpolsterung auch dort vorhanden war. Vorsichtig tastete er sich mit seiner rechten Hand in die Ritze hinein und abwärts zum Boden des Hohlkörpers. Da spürte er einen metallenen Gegenstand. Nein, es waren sogar zwei metallene Gegenstände, die ihm bekannt vorkamen. Er ertastete eine Schusswaffe. Da es sich durchaus um eine geladene Waffe handeln konnte, umklammerte er sie vorsichtig und zog sie aus dem Hohlkörper des Sofas. Eine Pistole 08 kam zum Vorschein, wie sie die Deutsche Wehrmacht seinerzeit benutzt hatte. Das Magazin steckte noch in der Waffe.

„Horst! Treffer!", raunte er seinem Kollegen zu. Er legte die Waffe auf dem Wohnzimmertisch ab und griff erneut in die Nische. Dann förderte er ein zweites Magazin, gefüllt mit acht Patronen, zutage.

Andreas Bergmann, der mit seiner Schwägerin die Situation unter dem Türstock mitverfolgte, rief spontan: „Vaters 08!

Endlich, die haben wir auch schon gesucht! Das ist ein Erinnerungsstück aus seiner Dienstzeit."

„Sie wussten also, dass Ihr Vater im Besitz einer Wehrmachtspistole war?"

„Ja, natürlich wussten wir das. Als Kinder hat er uns damit das Schießen beigebracht. Unsere Weinberge waren ideal dafür. Es gab genügend Krähen, und jeder Weinbauer knallte in seinem Weinberg, entweder mit Vogelschreck-Knallpatronen oder einer richtigen Waffe. Nach seinem Tod haben wir überall danach gesucht, auch im Tresor, aber wir konnten sie nirgendwo finden."

„Herr Bergmann, wenn Sie im Tresor nachgesehen haben, dann müssen Sie ihn ja geöffnet haben. Woher hatten Sie den Schlüssel? Also wissen Sie doch, wo Ihr Vater den Schlüssel aufbewahrt?" Schorschs Fragestellung war nun etwas eindringlicher, sein Blick auf Andreas Bergmann fordernd. Er bemerkte, wie der zunehmend unruhiger wurde und seine Schwägerin ihm etwas zuflüsterte.

„Ja, okay, meine Herren, hier ist der Schlüssel." Er drehte sich nach rechts, hob seinen Arm und tastete mit seiner Hand den oberen Falz des dicken Eichentürblattes ab. Sekunden später hielt er einen Tresorschlüssel in seiner Hand.

„Na, geht doch!", konnte sich Horst einen Kommentar nicht verkneifen. „Da schau an, in einer Aushöhlung im Türblatt. Den hätten wir vermutlich nie gefunden! Warum haben Sie uns den nicht gleich gegeben? Wenn Sie schon einen Beitrag zur Aufklärung des Verschwindens Ihres Bruders leisten wollen, wieso haben Sie uns dann dieses Versteck verheimlicht?"

Andreas Bergmann biss sich verlegen auf die Unterlippe. „Vielleicht hat uns unser Vater etwas hinterlassen, das uns heutzutage nicht in ein sonderlich gutes Licht stellt. Er hat uns vor seinem Tod über seine Vergangenheit informiert."

„Sie wissen also auch, was in dem Tresor ist?", mischte sich Schorsch nun wieder ein.

„Ja, alte Briefe von Onkel Johannes. Und Dokumente, die belegen, dass er früher mal einen anderen Namen hatte."

„Max Weber, ehemaliger KZ-Kommandant von Flossenbürg, richtig?"

„Jawohl, Herr Bachmeyer." Andreas Bergmanns Antwort war klar und militärisch knapp.

Schorsch nahm ihm den Schlüssel ab, ging zum Panzerschrank und steckte den zirka zwölf Zentimeter langen Sicherheitsschlüssel in das Schloss. Langsam drehte er ihn nach rechts und legte anschließend den Griff um. Er zog daran, und der Schrank öffnete sich. Der Safe war voll mit alten Aufzeichnungen und Briefen.

„Wir warten dann mal in der Wohnküche auf Sie." Mit diesen Worten verließ Andreas Bergmann mit seiner Schwägerin das sogenannte „Herrenzimmer". Das Durchstöbern der alten Dokumente wollten sie der Polizei überlassen. Der Inhalt war ihnen ja sowieso bekannt.

Auch Schorsch und Horst stießen beim Querlesen nur auf bereits bekannte Informationen. Immerhin belegten einige Aufzeichnungen aus den Jahren 1943 und 1944 von Urs Ischy von der EKA nunmehr auch das gemeinschaftliche und zielgerichtete Vorgehen. Die Bande hatte sich systematisch am Vermögen von deportierten Juden bereichert. Beide Täter hatten den gleichen korrupten Bankier, der sie bei der Umsetzung ihrer Vorhaben tatkräftig unterstützte.

Schorsch nahm sich noch einmal zwei Vollmachten vor, ausgestellt von Aron Silberstein und Ismael Herbst. Beide wiesen einen identischen Textinhalt auf, lediglich der Name, das Nummernkonto sowie das Losungswort lauteten unterschiedlich. Ausgestellt und unterschrieben wurden beide im Dezember 1943.

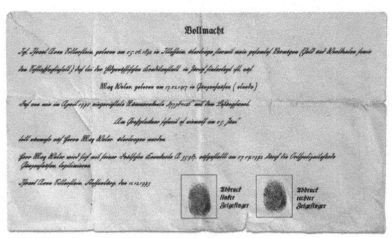

*Vollmacht*

*Ich, Israel Aron Silberstein, geboren am 05.06.1892 in Illesheim, übertrage hiermit mein gesamtes Vermögen (Geld und Wertkonten sowie den Schließfachinhalt), das bei der Eidgenössischen Kreditanstalt in Zürich hinterlegt ist, auf:*

*Max Weber, geboren am 17.02.1917 in Gunzenhausen (ebenda)*

*Das von mir im April 1940 eingerichtete Nummernkonto „87738-1126" mit dem Losungswort*

*„Am Großglockner schneit es niemals am 05. Juni"*

*soll nunmehr auf Herrn Max Weber übertragen werden.*
*Herr Max Weber wird sich mit seiner Deutschen Kennkarte A 35987, ausgestellt am 07.04.1942 durch die Ortspolizeibehörde Gunzenhausen, legitimieren.*

*Israel Aron Silberstein, Flossenbürg, den 11.12.1943*

„Diese Drecksäcke!", entfuhr es Horst. „Die hatten das präzise geplant und knallhart durchgezogen. Und mit einer möglichen Rache hat nach so langer Zeit keiner mehr gerechnet."

„Du hast recht, Horst, aber auch wenn sie sich an dem Vermögen der Opfer bereichert haben, rechtfertigt es dennoch keinen Mord. Man hätte die Täter auch nach dieser langen Zeit noch belangen können. Erinnere dich doch einmal an das Urteil gegen John Demjanjuk. Der ist nach all den Jahren wegen Beihilfe zum Mord in mehr als tausend Fällen im Vernichtungslager Sobibor zu einer Freiheitsstrafe von fünf Jahren verurteilt worden. Nur leider war er nicht mehr haftfähig. Den müsste Koch sogar gekannt haben, er war ja sein Vorgesetzter! Aber dieser Demjanjuk hatte einen guten Verteidiger, und er hielt sich während seines Prozesses genauestens an die Losung seines Anwalts: Reden ist Silber, Schweigen ist Gold. Nicht zuletzt haben die Medien da gut mitgespielt. Ich kann mich noch gut an die Showeinlage erinnern, als sie diesen Verbrecher mit der Krankentrage in den Gerichtssaal gefahren haben." Schorsch schüttelte angewidert den Kopf. „Trotzdem", fuhr er fort, „wir müssen diese Kerle bekommen, die da ihre späte Rache nehmen. Und zwar so schnell wie möglich. Sie gehen sehr gezielt vor, haben ihr Opfer genau studiert und die Entführung unbeirrt durchgezogen. Glaub mir, das sind keine gewöhnlichen Verbrecher. Da steckt mehr dahinter!" Er deutete auf die Dokumente und die Pistole. „Wir stellen das hier alles mal sicher, und falls die Familie etwas dagegen haben sollte, werden wir die Asservate beschlagnahmen."

Horst holte die Familie zurück ins Herrenzimmer. Ihnen wurde erklärt, dass die Sicherstellung der Dokumente Aufschluss über Alfred Bergmanns Verschwinden geben könnte. Die gefundene Schusswaffe müsse sowieso sichergestellt werden, da für deren Besitz keine behördliche Erlaubnis vorlag. Die Bergmanns hatten keine weiteren Einwände, da die Vergangenheit ihres Vaters und Schwiegervaters ja nunmehr bekannt war.

Nachdem das Sicherstellungsverzeichnis von den Bergmanns abgezeichnet worden war, klingelte Schorschs Diensthandy. Er erkannte im Display die Festnetznummer der Rechtsmedizin Erlangen. Er wollte das Gespräch ungestört annehmen und verließ schnellen Schrittes den Raum.

„Bachmeyer, ja bitte."

„Alois hier. Tja, Schorsch, ich habe leider keine guten Nachrichten für die Familie aus Bad Windsheim. Mir liegt hier die Auswertung des Spurenmaterials vor, und bei unserem Spannungsopfer von heute Morgen und dem Weinbauern aus Bad Windsheim handelt es sich hundertprozentig um ein und dieselbe Person. Wie war gleich noch mal der Name? Ich kaufe in Bad Windsheim ja auch meine besonderen fränkischen Tropfen ein."

„Weingut Bergmann", antwortete Schorsch.

„Pilgerpfad 2?"

„Richtig, Alois!"

„Leck mich am Ärmel! Die haben einen wunderbaren Silvaner, fruchtig im Abgang, den musst du unbedingt mal probieren, besonders den Jahrgang 2009." Da war sie wieder, Doc Fogs unvergleichliche Art, mit dramatischen Sachverhalten umzugehen.

Schorsch musste unwillkürlich schmunzeln. Er bedankte und verabschiedete sich vom Doc und ging zurück in die Wohnstube. Die Augen aller Anwesenden waren erwartungsvoll auf ihn gerichtet, und er eröffnete ihnen ohne große Umschweife die traurige Nachricht. „Unser Toter vom Bahndamm Fürth ist zweifelsfrei Alfred Bergmann. Mein aufrichtiges Beileid."

Schorsch sah verlegen zu Boden, um nicht wieder in die verweinten Gesichter der Familie Bergmann blicken zu müssen.

Kurze Zeit später fuhren er und Horst wieder zurück in die Dienststelle. Sie lagerten ihre Beweismittel in die Asservatenkammer ein und schlossen ihre Dienstwaffen weg.
Den ganzen Tag war Schorsch nicht dazu gekommen, seine E-Mails zu checken, also ging er noch einmal zurück in sein Büro. Dort angelangt bemerkte er, dass sein privates Handy auf dem Schreibtisch lag. Er hatte es heute Morgen schlichtweg vergessen mitzunehmen.
Sein Smartphone zeigte fünf unbeantwortete Anrufe und zwei Mitteilungen an. Rosanne hatte drei Mal versucht, ihn zu erreichen, die anderen zwei Nummern auf dem Display waren unterdrückt. Er öffnete die SMS.

*18.47 Uhr*
*„Hallo, mein lieber Schorsch, ich wollte dich heute zum Essen einladen, leider bist du nicht erreichbar. Schade.*
*Liebe Grüße, Rosanne."*

*18.55 Uhr*
*„Hallo, mein Kommissar, bist mit Sicherheit noch auf Verbrecherjagd. Melde dich einfach bei mir.*
*Alles Liebe, Rosanne."*

Scheiße! Er hatte seine Traumfrau verpasst. Er wählte Rosannes Telefonnummer. Nach dreimaligem Klingeln nahm sie das Gespräch an.
„Hallöchen, mein Lieber. Ich wollte dich heute zu deinem Edelitaliener einladen, aber du warst vermutlich dienstlich verhindert. Schade. Wie geht es dir?"

„Servus, Rosanne! Das mit der Einladung hätte heute eh nicht geklappt. Leo hat montags Ruhetag. Aber wir hätten bestimmt eine gute Alternative gefunden." Er lachte, um ihr zu zeigen, dass er sich ehrlich über ihren Vorschlag gefreut hatte. „Leider waren wir heute den ganzen Tag auf Ermittlungen in Bad Windsheim. Ich bin eigentlich schon seit heute Nacht unterwegs, denn wir hatten heute Morgen eine erneute Mordsache, und das Opfer stammt aus Bad Windsheim. Ein schrecklicher Mord. Schon der zweite innerhalb kürzester Zeit. Und beide wurden nach dem gleichen Schema verübt, also höchstwahrscheinlich auch vom selben Täter. Aber das Frustrierende dabei ist, wir haben keinerlei Spuren. Nichts, rein gar nichts!"

„Allmächd, das ist ja schrecklich! Sei bloß vorsichtig. Dann laufen die Mörder also noch frei herum?" Rosanne klang ehrlich besorgt.

„Ja, leider. Aber reden wir doch von etwas Angenehmeren. Ich freue mich, deine Stimme zu hören. Wie war Ihr Tag, Miss Mills?"

„Ich war heute lange im Büro und habe mich durch die Quartalszahlen für die kommende Pressekonferenz gekämpft. Aber jetzt habe ich ein bisschen Hunger, und den wollte ich eigentlich mit dir stillen", antwortete sie.

„Wo bist du jetzt? Noch in Erlangen?"

„Auf dem Frankenschnellweg, Richtung Nürnberg, in Höhe Fürth-Stadeln."

„Auf was hast du Lust ... äh ... Appetit, ich meine zum Essen?" Schorsch lachte.

„Na, auf dich." Rosanne lachte ebenso.

„Na ja, ich wüsste da eine Alternative. Wir könnten uns in Fischbach treffen, bei Vito. Das ist ein wunderschönes Restaurant in der Fischbacher Hauptstraße, die ‚Trattoria Da

Zio Vito?. Neben seinen Spaghetti Scampi bekommt man dort auch ein wunderbares Entrecôte und ein leckeres T-Bone-Steak. Aber auch seine Fischspezialitäten sind bei den Franken und natürlich bei fast allen *Glubb*-Spielern bekannt. Ich könnte vielleicht schnell einen Tisch für uns klarmachen."

„Oh ja, Herr Kommissar, das klingt verlockend. Bis wann könntest du da sein?"

„Also, ich würde nicht mehr nach Hause fahren, sondern mich gleich auf den Weg dorthin machen. Sagen wir um zwanzig Uhr bei Vito? Der Tisch ist dann auf Mills reserviert."

„Ui, ich freue mich. Also bis gleich!", flötete sie.

Die Vorfreude war ihrer Stimme regelrecht anzuhören, was Schorsch enorm schmeichelte. Er wollte unbedingt noch eine kleine Überraschung für Rosanne besorgen. Nur was? Eine langstielige Rose geht immer, beschloss er, die konnte er auf dem Weg nach Fischbach auch noch schnell irgendwo auftreiben. Aber er musste sich beeilen. Er holte sein kleines „Sturmgepäck" aus seinem Büroschrank und eilte damit ins Kellergeschoss. Hier, neben dem kleinen Sportraum, konnte er schnell unter die Dusche springen und seine Bartstoppeln abrasieren.

Um zwanzig vor acht startete er seinen Strich-Acht. Sein Aftershave mit Sandelholz, Limone und kubanischem Tabak verwandelte den Innenraum seines Daimlers in einen Duftsalon. Er gab ordentlich Gas und war kurz vor acht Uhr in Fischbach.

Rosannes weißer BMW parkte bereits vor der Trattoria. Und Vito, der Schorsch im Eingangsbereich kommen sah, kam auf ihn zu und sagte: „Servus, Schorsch! Deine Bekannte hat schon Platz genommen. Hübsche, sympathische Frau! Hier vorne der Zweiertisch ist für euch."

Schorsch lief geradewegs auf Rosanne zu. Die Rose, die er noch schnell im Hauptbahnhof gekauft hatte, hielt er elegant hinter seinem Rücken versteckt.

„Hallo, hübsche Frau!", begrüßte er sie.

Rosanne stand auf und wollte ihn gerade umarmen, als er die Rose hervorzog und ihr entgegenhielt. Freudestrahlend nahm sie die kleine Geste an und umarmte ihn mit festem Druck.

„Schön, dich zu sehen. Eine gemütliche Atmosphäre hier. Gute Wahl, Herr Kommissar!"

„Ich freu mich auch, dich zu sehen. Was für eine tolle und spontane Überraschung, damit habe ich heute gar nicht mehr gerechnet. Denn ich hatte wirklich einen ereignisreichen Tag."

Er erzählte Rosanne den groben Tagesablauf, ohne natürlich dabei aus dem Nähkästchen zu plaudern. Schließlich wollte er ihr ja auch nicht den Appetit verderben.

Vitos Spaghetti Scampi waren wie immer vorzüglich. Rosanne war begeistert. Schorsch dagegen wählte das gegrillte T-Bone-Steak, und sie beendeten den Abend noch mit einem hausgemachten Tiramisu. Die Gespräche drehten sich vorrangig um ihr gemeinsames Hobby, das Fliegenfischen, und sie beschlossen, das kommende Wochenende gemeinsam zu verbringen. Solange der Altweibersommer noch anhielt, konnte man die letzten Tage im September ruhig noch einmal die Fliegenrute herausholen.

„Warst du eigentlich schon einmal an der Isar zum Fischen? In Lenggries könnten wir einen Tag fischen und am anderen Tag eine Bergwanderung zum Brauneck machen", schlug Rosanne vor.

Schorsch war von Rosannes Idee begeistert, und sie versprach, alles Notwendige zu organisieren.

„Da lasse ich mich doch gerne überraschen", gab sich Schorsch erwartungsfroh. „Und wann wollen wir losfahren?"

„Ich habe am Freitag frei. Das heißt, es hängt von dir ab und davon, wie gefordert du hier in Nürnberg bist."

„Meinst du, wir bekommen da so schnell noch zwei Einzelzimmer?" Einer von beiden musste diese Frage ja stellen, und Schorsch wollte es lieber auf den Punkt bringen, als lange um den heißen Brei herumzureden.

„Na ja, wenn es keine Einzelzimmer mehr gibt, dann müssen wir eben ein Doppelzimmer nehmen. Oder hast du ein Problem damit?"

„Äh ... nein, natürlich nicht. Ich schaue auch weg, wenn du dich auszieht." Schorsch lächelte Rosanne dabei verschmitzt an, und sein Herzschlag wurde merklich schneller.

Sie dagegen blieb erstaunlich cool. „Schorsch, es war ein sehr schöner Abend. Ich habe mich riesig gefreut, dich zu sehen. Danke noch mal für deine nette Aufmerksamkeit!" Sie hielt seine Hände fest und streichelte den Handrücken mit ihren beiden Daumen. „Was machst du heute noch?"

„Nichts mehr, es war ein sehr anstrengender Tag. Ich gehe gleich ins Bett, hatte ja nur eine kurze Nacht und muss den versäumten Schlaf nachholen. Aber ich freue mich schon auf unser gemeinsames Wochenende. Das Wetter soll ja so bleiben, und wenn ich am Mittwoch keinen negativen Befund von meinem Hautarzt bekomme, dann steht einem Bombenwochenende nichts mehr im Wege."

„Negativer Befund? Worüber Schorsch?" Das Streicheln seines Handrückens wurde jäh unterbrochen und er sah, wie sich ihre Stirn in Sorgenfalten legte.

Er erzählte Rosanne seine Krankheitsgeschichte und dass er am Mittwoch das Ergebnis bekommen sollte.

„Mensch, Schorsch, man kann gar nicht vorsichtig genug sein. Zum Glück bist du zum Dermatologen gegangen. Wir sollten uns aber auch von einem negativen Befund nicht das Wochenende versauern lassen. Das ist gar nicht so schlimm, mein Vater hatte dieselbe Diagnose vor vier Jahren. Nach der Bestrahlung war die Sache gegessen. Seitdem hat er keine Probleme mehr damit." Rosanne strich Schorsch zärtlich über die Wange. „Im ersten Moment klingt das zwar erschreckend, aber es ist wirklich alles halb so schlimm."

Am Ende des Abends begleitete Schorsch Rosanne noch zu ihrem Auto. Als sie an ihrem Wagen ankamen, drehte sie sich zu ihm um und drückte sich fest an Schorsch. Dabei glitten ihre Hände langsam unter sein Jackett und krauelten seine Lenden. Er bemerkte ein leichtes Kribbeln in seiner Lendengegend und zog sie fest an sich. Rosanne drückte ihren Kopf an sein linkes Ohr, dabei berührte ihre Zungenspitze sanft sein Ohrläppchen. Diese Frau wollte mehr, das wurde Schorsch nun schlagartig klar. Die Frage, ob Einzel- oder Doppelzimmer, erübrigte sich also, vermutlich aber hatte sie eh nie ernsthaft an getrennte Betten gedacht.

Er drehte seinen Kopf langsam nach links, dabei berührten sich ihre Lippen. Sie verschmolzen in einen innigen Kuss. Als sie sich nach einer gefühlten Ewigkeit wieder voneinander lösten, sah Schorsch ihr tief in die Augen und sagte zum Abschied leise: „Ciao Bella! Wir sehen uns!"

Schorsch durchlebte eine unruhige Nacht. Eigentlich wollte er seinen Schlaf nachholen, aber das spontane Rendezvous mit Rosanne hielt ihn länger wach als geplant. Oder war es doch Vitos T-Bone-Steak, das ihn am Einschlafen hinderte? Egal, er wälzte sich hin und her und fand einfach keine Ruhe. Die ganze Nacht musste er an sie denken und an das gemeinsame Wochenende. Eigentlich kannte er Rosanne ja erst ein paar Tage, aber dennoch waren sie sich beide sehr nahe. Wie würde sich das erst nach ihrem gemeinsamen Ausflug anfühlen? Er starrte mit offenen Augen an die Decke und grübelte, bis ihn schlussendlich doch noch der Schlaf übermannte.

Als er am nächsten Morgen aufwachte, wusste er, dass er sich Hals über Kopf in Rosanne verliebt hatte.

## 10. Kapitel

*Dienstag, 27. September 2011, 07.45 Uhr,*
*Polizeipräsidium Nürnberg, K11*

„Guten Morgen, Horst!", begrüßte er seinen Zimmerkollegen, als Schorsch um kurz vor acht das Büro betrat. „Ich habe extrem schlecht geschlafen heute Nacht. Gibt es irgendwelche Neuigkeiten?"

„Ich weiß, was du meinst, Schorsch, unsere zwei Opfer spuken mir auch nachts noch im Kopf herum. Schrecklich, wirklich schrecklich!", stöhnte Horst und schob ein herzhaftes Gähnen hinterher.

Schorsch lachte. „Nein, bei mir liegt's an etwas anderem. Ich habe am Samstag eine wundervolle Frau kennengelernt, und gestern haben wir uns spontan zum Abendessen verabredet. Eine Wahnsinnsfrau! Sie ist eine Halbamerikanerin aus Bamberg und genau mein Typ."

Er erzählte Horst von seiner neuen Errungenschaft, als das Telefon klingelte.

„Bachmeyer, K11!"

„Polizeiinspektion Kulmbach, Kollege Lammertz", tönte es durch die Leitung. „Ich habe etwas Interessantes zu melden. Ihr wart doch letzte Woche wegen dem Johannes Koch bei uns in Kulmbach."

„Ja, warum?"

„Heute Morgen wurde das Fahrzeug seines Sohnes verlassen auf einem Parkplatz auf der B 289 kurz vor Mainleus aufgefunden. Die Fahrertür war geöffnet. Auf dem Beifahrersitz befand sich seine Aktentasche, und der Zündschlüssel steckte noch im Zündschloss. Von ihm fehlt allerdings jede Spur. Wir haben zwischenzeitlich Kontakt mit seiner Frau aufgenommen, die angab, ihr Mann wäre unterwegs zu einem Internisten gewesen. Dort ist er jedoch nie angekommen. Ist das für euch interessant? Eine Vermisstenanzeige können wir ja erst nach Ablauf der Vierundzwanzig-Stunden-Frist aufnehmen."

„Vielen Dank für den Hinweis, Kollege", bedankte sich Schorsch. „Kannst du dazu bitte einen kurzen Aktenvermerk machen und uns den per E-Mail zukommen lassen. Das wäre verdammt wichtig."

„Mache ich, gebt mir dreißig Minuten", entgegnete der Kollege.

„Super, vielen Dank. Wo ist der Wagen jetzt?", wollte Schorsch noch wissen.

„Wird vermutlich gerade von seiner Frau abgeholt."

Schorsch seufzte. „Oh nein, bitte nichts anfassen! Die Spusi sollte sich den Wagen doch erst einmal ansehen. Ich schicke die gleich mal vorbei, vielleicht finden sie ja eine brauchbare Spur."

„Alles klar, ich verständige meine Streife. Das Fahrzeug wurde nur abgeschlossen. Dann warten wir auf euch", gab ihm Kollege Lammertz recht.

„Besten Dank, wir bleiben in Kontakt." Schorsch beendete das Gespräch.

Horst, der das Telefonat über Lautsprecher mitbekommen hatte, sah ihn verdutzt an. „Zwei Tötungsdelikte, und nun haben wir auch noch eine Entführung. Das wird ja immer besser!"

Schorsch runzelte die Stirn. „Du könntest recht haben, das sieht wirklich nach einer Entführung aus. Los komm, schnapp dir deine Jacke, wir fahren nach Kulmbach. Ich sag schnell Schönbohm Bescheid, und du verständigst unsere Spusi."

Gegen halb zehn machten sie sich auf den Weg nach Kulmbach. Vielleicht fanden Robert und sein Team ja daktyloskopische Spuren der Entführer am Fahrzeug von Herrn Koch. Denn verwertbare Spuren in den beiden Mordfällen hatten sie bis dato nicht. Die daktyloskopische Spurensicherung und -auswertung, oder einfacher gesagt das „Fingerabdruckwesen", war eine der größten und am stärksten frequentierten Organisationseinheiten der Kriminaltechnik. Das Aufgabenspektrum der Daktyloskopie reichte von der Identifizierung von Spurenverursachern und dem damit verbundenen möglichen Erkennen von Handlungsabläufen und Tatzusammenhängen über die Identitätsfeststellung von Personen bis zur Identifizierung unbekannter Toter. Und im Gegensatz zu den vorhergehenden Entführungen musste ja in diesem Fall der Wagen angehalten und Herr Koch zum Aussteigen gezwungen worden sein. Und genau hierbei konnten die Täter entsprechende Spuren hinterlassen haben.

Eine Dreiviertelstunde später erreichten Horst und Schorsch das Anwesen der Kochs. Frau Koch erwartete sie bereits in der Hofeinfahrt. Sie war sichtlich nervös und man sah ihr an, dass sie geweint hatte.

Dennoch kam Schorsch gleich zur Sache: „Frau Koch, ist Ihnen in den letzten Tagen irgendetwas Ungewöhnliches aufgefallen? Fremde Personen? Anrufe? Fahrzeuge mit fremden Kennzeichen, die hier eigentlich nicht hergehören? Denken Sie einmal ganz genau nach. Oder vielleicht hat Ihre Hausangestellte irgendetwas in dieser Richtung bemerkt?"

Frau Koch zitterte am ganzen Körper, und sie sprach sehr leise, als sie antwortete: „Ich glaube nicht. Aber vielleicht gehen wir erst einmal hinein. Da lässt es sich besser plaudern."

Sie folgten ihr ins Haus und nahmen am großen Esstisch Platz, der teilweise noch mit den Resten des gemeinsamen Frühstücks eingedeckt war. Die Hausangestellte brachte jedem ein Glas Wasser, und Schorsch stellte auch ihr die eben genannten Fragen.

Sie hatte tatsächlich einige wichtige Beobachtungen gemacht, die sie nun zu Protokoll gab. „Gestern Nachmittag habe ich in der Zufahrt einen schwarzen VW-Bus gesehen, der an seinen Seitentüren irgendwelche Werbung hatte. Ich meine für Wein, ja, für Frankenwein! Die Scheiben des Transporters waren abgedunkelt, aber ich konnte den Beifahrer und den Fahrer erkennen. Einer davon hatte einen Feldstecher in der Hand und beobachtete Herrn und Frau Koch augenscheinlich bei der Gartenarbeit. Mir kam das schon etwas eigenartig vor, deshalb hab ich mir die Kerle etwas genauer angesehen. Einer der Männer war besonders auffällig, er trug eine dunkle Schirmmütze und hatte einen geflochtenen rötlichen Vollbart. Er dürfte so Mitte dreißig gewesen sein. Ich glaube, ich habe den schon irgendwo einmal gesehen, mir fällt nur nicht mehr ein, wo."

„Sehr gut, das haben Sie gut beobachtet", ermunterte sie Horst. „Das bringt uns vielleicht wirklich weiter."

Die Ermittler protokollierten die Aussage der Haushälterin, und zwischenzeitlich bekamen sie auch das erste Feedback von der Spusi. Im Auto von Herrn Koch waren Blutanhaftungen gefunden worden, die auf eine gewaltsame Entführung hindeuteten. Die auf dem Parkplatz vorgefundenen Reifenspuren konnten zwar noch nicht eindeutig dem besagten VW-Transporter zugeordnet werden, aber anhand des Profils und der festgestellten Achseinstellung des Entführungsfahrzeuges konnten sie davon ausgehen, dass es sich um dasselbe Fahrzeug handelte, das sowohl am Parkplatz des Seniorenheims wie auch am vergangenen Sonntag in Bad Windsheim gesichtet wurde.

Schorsch und Horst verabschiedeten sich von Frau Koch und trafen sich mit Roberts Mannschaft bei der Polizeiinspektion Kulmbach. Eine kurze Lagebesprechung sollte ihnen über das weitere Vorgehen Aufschluss geben. Wichtig war Schorsch zudem, ob möglicherweise eine mobile Radarüberwachung den schwarzen VW-Transporter auf der BAB 9 auf dem Schirm hatte. Das sollten nun erst einmal die Kulmbacher Kollegen für sie abklären.

Da aufgrund der Spurenlagen und der Beobachtungen nicht auszuschließen war, dass Josef Koch von denselben Tätern entführt worden war wie sein Vater, war die Gefahr für Leib und Leben nicht mehr ausgeschlossen. Schorsch unterrichtete Dr. Menzel. Es war gut möglich, dass Josef Koch das gleiche Schicksal ereilen sollte wie seinen Vater und Alfred Bergmann. Ein dritter Serienmord aber musste mit allen Mitteln verhindert werden. Der Tatort, die Eisenbahnbrücke in der Westvorstadt, musste zeitnah in eine Achtundvierzig-Stunden-Überwachung einbezogen werden. Deshalb war Rudi Mandliks Mobiles Einsatzkommando (MEK) gefordert. Seine Spezialkräfte sollten hierzu das notwendige Überwachungsequipment vor Ort bereitstellen und sie bei der Festnahme unterstützen.

Um kurz vor vierzehn Uhr fuhren sie zurück nach Nürnberg. Schorsch musste mit Rudi Mandlik nochmals die Lage besprechen. Denn neben dessen Team sollte auch eine Gruppe ihres Spezialeinsatzkommandos (SEK) mit vor Ort sein.

Gegen sechzehn Uhr hatten sie ihre Einsatzplanung fertig. Die Zufahrtsstraßen zur Eisenbahnbrücke sollten durch das MEK überwacht werden. In unmittelbarer Nähe zur

Eisenbahnbrücke wurden außerdem vier SEK-Beamte in einem Ghillie-Anzug positioniert, also einem Tarnanzug, der bei besonderen Einsatzlagen getragen wurde. Dieser Anzug verbarg die Form des menschlichen Körpers und verschmolz den Scharfschützen mit seiner jeweiligen Einsatzumgebung. Die Spezialkräfte blieben somit für den Gegner unsichtbar. Zwei dieser Spezialkräfte hatte ihr Polizeiführer als Scharfschützen vorgesehen. Man wollte die Täter auf frischer Tat ertappen und überwältigen. Sie waren auf alles vorbereitet, die Überwachungstechnik zur Tatortdokumentation war installiert.

Um achtzehn Uhr hatten die Zugriffskräfte bereits ihre Positionen eingenommen. Gunda und Schorsch nahmen ihren Platz im Observationsmobil des MEK ein. Hier konnte man über sechs Bildschirme das gesamte Lagebild überblicken. Sie stellten sich auf eine lange Nacht ein.

Gegen halb acht wurde es spürbar kälter, und Regen setzte ein. Man merkte, dass der Oktober nahte. Ihre Spezialkräfte hatten zwar für jeden Einsatz die passende Kleidung, dennoch war die Nässe unangenehm. Wind kam auf, und der immer heftiger werdende Regen peitschte gegen das getarnte Observationsfahrzeug. Gunda und Schorsch jedoch saßen im Gegensatz zu den Außenkräften im warmen Mercedes-Sprinter bei eingeschalteter Standheizung. Sie blickten auf die Bildschirme der Überwachungskameras, und die Spezialkräfte waren wirklich nur mit der Wärmebildkamera zu erkennen. Durch den Ghillie waren sie bestens getarnt.

Es war kurz nach acht, als ein schwarzer VW-Bus die Zufahrt zur Eisenbahnbrücke befuhr und das Adrenalin aller Beobachter anstieg. Der VW-Transporter hielt unmittelbar vor der Brücke an, fuhr dann aber langsam weiter Richtung Scherbsgraben. Entwarnung! Es war der schwarze VW-Bus der städtischen Bestatter, die Alfred Bergmann hier am Bahndamm abgeholt hatten und jetzt vermutlich einen neuen Passagier im Heck liegen hatten, den sie zum städtischen Leichenhaus brachten. Offensichtlich wollte der Bestatter, der mit seiner rechten Hand auf den reparierten Pinkelschutz und die Oberleitung deutete, seinem Kollegen diesen besonderen Tatort zeigen. Denn auch für einen Bestatter war eine stark verkohlte Leiche, die von einer Eisenbahnbrücke herunterhing, ein nicht alltägliches Erlebnis, das sich in den Gehirnwindungen festfraß.

Danach geschah lange Zeit nichts. Gar nichts. Die halbe Nacht verharrten die anwesenden Einsatzkräfte auf ihren Positionen, hochkonzentriert und stets bereit, sofort zuzuschlagen, falls sich die Entführer nähern sollten. Doch alle Mühe blieb vergebens.

Erst gegen vier Uhr morgens klingelte Schorschs Diensthandy. Er erkannte die Telefonnummer des Kriminaldauerdienstes.

„Bachmeyer, was gibt's?"

„Guten Morgen, Schorsch, Heidi hier."

„Oh nein!", stöhnte Schorsch. „Wenn du mich anrufst, dann gibt es meist nichts Erfreuliches zu berichten. Was ist passiert? Schieß los, Heidi!"

„Schorsch, ihr wart leider am falschen Tatort. Fahrt bitte nach Schwarzenbruck, zum dortigen Bahnhof in Ochenbruck. Vor zirka zehn Minuten wurde dort von der Bundespolizei ein weiteres Oberspannungsopfer aufgefunden. Ebenfalls ein Gekreuzigter. Und da ein Zusammenhang mit deinen Opfern in Fürth mehr als wahrscheinlich ist, übernehmen wir diese Ermittlungen. Die Schwabacher Kollegen habe ich informiert, weil der Tatort ja eigentlich in deren Zuständigkeitsbereich liegt."

Schorsch, der in der Nacht mehrmals mit einer bleiernen Müdigkeit gekämpft und sich schon auf ein baldiges Nickerchen gefreut hatte, war mit einem Schlag wieder hellwach. „Wo genau ist das, Heidi? Bitte gib mir noch mal die Wegbeschreibung."

„Am Bahnhof Ochenbruck", wiederholte sie. „Ihr fahrt die Bundesstraße 8 nach Schwarzenbruck. Und direkt an der ersten Ampelanlage links in die Bahnhofstraße. Geradeaus, dann am Ende nach links abbiegen in die Laubendorfer Straße. Das Blaulicht der Kollegen ist vermutlich schon von Weitem zu sehen. Und ich habe bereits unsere Spusi dorthin beordert. Außerdem bekommt ihr noch Unterstützung von Horst. Er kommt auch zum Tatort. Wenn schon mal ein Mord in seinem Heimatdorf passiert, will er natürlich dabei sein."

Schorsch beendete das Telefonat und informierte das gesamte Team über die ernüchternden Fakten. Sie hatten also den falschen Ort gewählt. Die Mörder hatten ihren Plan perfide umgesetzt und sie und ihre Spezialkräfte in die Irre geführt. Es war ein herber Rückschlag für die MOKO Golgatha.

Schorsch und Gunda nahmen Sonderrechte gemäß Paragraph 35 der Straßenverkehrsordnung in Anspruch, indem sie das Blaulicht auf ihrem Wagen fixierten und nun mit erhöhter Geschwindigkeit ihre Fahrt aufnahmen. Auf diese Weise erreichten sie den Tatort in Ochenbruck bereits gegen fünf Uhr morgens. Horst war schon vor Ort und unterhielt sich mit Dr. Menzel, der mal wieder freiwillig von einem Kollegen dessen Bereitschaftsdienst übernommen hatte.

Die Kollegen der Bundespolizei warteten bereits auf ihr Eintreffen. Die Freiwillige Feuerwehr Schwarzenbruck war vorab informiert worden, denn auch hier war die Ausleuchtung des Tatorts mit einer Leuchtgiraffe notwendig.

Und die Floriansjünger waren fix. Um kurz nach fünf warfen sie ihr Notstromaggregat an, und der Tatort war beleuchtet.

Den Ermittlern bot sich dasselbe grausame Tatortbild wie in Fürth. Da hing nun wieder einer, bodenabwärts, gekreuzigt und mit einer Kette gefesselt. Die Hauptverbindungslinie Neumarkt – Nürnberg war blockiert. Die alltäglichen Pendler aus dem Nürnberger Land und der Oberpfalz konnten sich auf Verspätungen einstellen.

Die Mörder hatten ganze Arbeit geleistet. Durch den andauernden Regen im Frankenland gab es keine Reifenspuren. Trotzdem machte sich die Spusi ans Werk. Roberts Leute gingen jeder Spur nach, denn auch bei Regen konnten die Täter irgendetwas am Tatort zurückgelassen haben, und wenn es nur eine Zigarettenkippe oder ein gebrauchtes Taschentuch war.

Die Täter hatten auch diesen neuen Tatort sorgsam ausgewählt. Nur ein kleiner Forstweg führte zu der Eisenbahnbrücke, die etwas abseits einer bewohnten Siedlung lag. Somit konnten die Täter in dem angrenzenden Wald und in der Dunkelheit unbemerkt ihren Mordplan umsetzen. Das schlechte Wetter war ihnen dabei zugutegekommen, denn bei anhaltendem Regen war auch kein Jäger unterwegs, der nachts auf einem Hochsitz sitzen und möglicherweise etwas beobachten konnte.

Nach fünfzehn Minuten konnte der leblose Körper durch die Feuerwehr geborgen werden. Und auch hier konnte der ortsansässige Bereitschaftsnotarzt nicht mehr helfen. Um fünf Uhr und siebzehn Minuten stellte dieser den Tod des unbekannten Opfers durch massive Stromeinwirkung fest.

Die anschließende Untersuchung des Opfers brachte wiederum eine Erkennungsmarke zum Vorschein. Es war also exakt das gleiche Hinrichtungsprozedere wie bei Koch und

Bergmann. Und wieder war es die Morgendämmerung, die den Bahndamm in eine gespenstische Kulisse verwandelte. Obwohl es stark regnete, saß ein Schwarm Krähen in unmittelbarer Nähe der Oberleitung und beobachtete das Treiben der Menschen an diesem Ort der Verdammnis.

„Jetzt fehlt neben der Leuchtgiraffe nur noch der Regiestuhl vom Stephen King", scherzte Horst. „Dann würde mein Heimatdorf Schwarzenbruck auch noch Filmgeschichte schreiben!"

Aber so richtig zum Lachen war keinem zumute. Dr. Menzel, der zwischenzeitlich an seiner vierten Mentholzigarette zog, starrte in den Himmel. „Wir müssen die Mörder schleunigst kriegen", brummte er. „Wir haben bis dato noch nichts Verwertbares gefunden, was uns zu diesen Tätern führt. Wir haben nichts, rein gar nichts! Und ich frage mich schon, wann der nächste Mord passiert. Sollte es sich bei dem Opfer tatsächlich um Josef Koch aus Kulmbach handeln, dann könnte Andreas Bergmann das nächste Opfer sein. Es muss sich um eine Gruppierung handeln, die ehemalige Nazi-Schergen aufspürt und liquidiert. Diese Mörder wollen aber nicht nur die Verantwortlichen von früher umbringen, nein, sie sind darauf bedacht, auch deren gesamte Familie auszulöschen. Bis wir die Täter gefunden haben, sollten wir die Familien Koch und Bergmann vor einem möglichen Mordanschlag schützen." Menzel schaute seine Ermittler fragend an.

„Sie meinen ein Zeugenschutzprogramm?", fragte Schorsch.

„Genau, Herr Bachmeyer. Wir müssen die Familien schützen."

Schorsch dachte kurz darüber nach und sagte dann: „Das sehe ich genauso, Dr. Menzel. Wir sollten die Familien beziehungsweise den Rest, der davon noch übrig ist, in Sicherheit bringen. Aufgrund der jetzigen Gegebenheiten ist nicht auszuschließen, dass sie ebenfalls auf einer Todesliste stehen. Denn der Spruch aus dem Alten Testament deutet auf Vergeltung, auf Rache hin. Wir sollten also sehr schnell reagieren."

„Herr Bachmeyer, veranlassen Sie das bitte", trug ihm Menzel sogleich auf. „Das hat Vorrang vor allen anderen Ermittlungen. Nehmen Sie gleich Kontakt mit Frau Koch auf und erklären Sie ihr die Situation. Bis uns Professor Dr. Nebel nun dieses Ergebnis wiederum bestätigen wird, gehen wir jetzt mal fest davon aus, dass es sich bei dem Toten hier um Josef Koch handelt. Machen Sie der Frau klar, Herr Bachmeyer, dass ihr Leben und das ihrer Kinder auf dem Spiel steht! Die bevorstehende Beerdigung ihres Mannes wird ebenso verschoben wie die ihres Schwiegervaters. Dann kann man sie auch gleich gemeinsam beisetzen. Bis dahin bleiben die Leichen in der Kühlung bei Professor Dr. Nebel."

Der Oberstaatsanwalt griff erneut zum Zigarettenetui. Als er einen weiteren Glimmstängel zutage förderte, fiel ihm wohl selbst auf, dass er auf dem besten Weg zum Kettenraucher war, und er steckte die Zigarette wieder zurück in die Schachtel. Er fuhr sich nervös über die Stirn und wandte sich wieder seinem Ermittlerteam zu. „Dr. Nebel soll sich unseren Toten heute noch ansehen, ich möchte zeitnah Gewissheit. Ach ja, Herr Meier, und Sie informieren bitte die Winzerfamilie in Bad Windsheim bezüglich ihrer bevorstehenden Evakuierung. Sagen Sie denen, dass uns ihre Sicherheit sehr wichtig ist und wir sie noch bis heute Abend fortbringen werden."

Nachdem der Tatort gegen Viertel nach sechs von der KTU freigegeben wurde, und der verbrannte Körper bereits auf dem Weg in die Rechtsmedizin war, verständigte Schorsch Kriminaldirektor Raimar Schönbohm. Sie vereinbarten, dass Rudis MEK zur einstweiligen Sicherung der Schutzpersonen herangezogen werden müsse. Für beide Familien sollten unverzüglich sichere und geeignete Aufenthaltsorte benannt werden. Keiner außer den besagten Zeugenschützern, der MOKO Golgatha und der Staatsanwaltschaft Nürnberg-Fürth dürfe über diese vertraulichen Örtlichkeiten informiert werden, so war es in den jeweiligen Dienstanweisungen fundamentiert.

Schorsch und Gunda hatten zwar die ganze Nacht nicht geschlafen, doch das Risiko, dass im Verlauf des Tages noch mehr passieren könnte, war groß. Diesen einen Tag mussten sie notfalls ohne Schlaf auskommen.

Gegen sieben Uhr erreichten sie das Präsidium. Schorschs erster Gang führte ihn nicht ins Büro und auch nicht zur Toilette, er ging schnurstracks in die Kantine. Er wollte der Erste sein, wenn Anneliese den frischen Leberkäse anschnitt. Denn Schorsch spekulierte wie immer auf die beiden Endstücke. Und Anneliese kannte ihn, sie packte ihm sein Frühstück ein.

Und kurz vor halb acht wählte er dann Rudis Telefonnummer.

"Schorsch, was gibt es so früh am Morgen? Anneliese hat mir gerade erzählt, dass du mir mit den Endstücken vom Leberkäs zuvorgekommen bist." Rudi lachte.

Auch Schorsch musste grinsen, wurde aber sofort wieder ernst. "Guten Morgen, Rudi! Pass auf, das hier erfordert höchste Geheimhaltung und hat äußerste Priorität. Es ist alles mit Dr. Menzel und Schönbohm abgesprochen. Wir brauchen dringend für zwei Familien ein Zeugenschutzprogramm."

"Wie dringend, Schorsch? Wir haben nämlich seit fünf Uhr eine Observation für die gemeinsame Ermittlungsgruppe ‚Rauschgift' laufen. Ein tschechischer Drogenkurier aus Prag kam heute mit der ersten Maschine, der hat drei Kilo Crystal Meth dabei. Den haben wir gerade am Flughafen aufgenommen. Um drei viertel neun soll die Übergabe an einen bekannten Abnehmer bei der Schließfachanlage im Hauptbahnhof stattfinden. Nach dem Zugriff und der Festnahme der beiden sind wir für euch da, versprochen!"

Mist, dachte Schorsch, eigentlich durften sie keine Zeit verlieren. Schließlich mussten auch die Täter damit rechnen, dass die Polizei die Familien künftig überwachen würde, und möglicherweise würden sie gerade dieses Zeitfenster nutzen, um eine weitere Entführung durchzuziehen. „Wir haben soeben den dritten Gekreuzigten in Schwarzenbruck gefunden", klärte er Rudi auf. „Der wurde im Ortsteil Ochenbruck auf die Oberleitung der Deutschen Bahn geworfen. Es ist nicht auszuschließen, und wir gehen eigentlich alle fest davon aus, dass der Rachefeldzug unserer Mörder weitergeht. Dr. Menzel und Schönbohm fordern deshalb einen sofortigen Zeugenschutz für die Familien Koch und Bergmann."

„Hm ... Um wie viele Personen geht es?"

„Frau Koch ist derzeit mit ihrer Tochter Angela allein zu Hause. Der Sohn, Henning Koch, studiert in den USA Agrarwissenschaften, der fällt schon mal weg. Denn eine Gefährdung des Sohnes in den USA können wir meines Erachtens ausschließen. Dennoch sollte er über die dortigen Sicherheitsbehörden benachrichtigt werden und erfahren, was mit seiner Mutter und seiner Schwester geschieht. Bei der Familie Bergmann haben wir sechs erwachsene Personen: die Ehefrau des Getöteten mit einem Sohn, sowie den Bruder Andreas Bergmann mit Ehefrau und zwei Kindern. Also insgesamt acht Personen. Kriegen wir das hin, Rudi?"

„Sollen die alle gemeinsam untergebracht werden oder getrennt?"

Schorsch überlegte kurz. „Beide Familien kennen sich seit Jahrzehnten. Ich habe keine Ahnung, ob aufgrund der

Gefährdungslage zwei Zeugenschutzobjekte gewählt werden müssen. Da bist du der Spezialist."

„Ich muss darüber erst einmal nachdenken", erwiderte Rudi. „Das hängt davon ab, wie viele Einsatzkräfte ich habe und welche konspirativen Örtlichkeiten infrage kommen. Gib mir zwei Stunden, Schorsch. Zwei MEK-Teams werde ich nach dem Einsatz am Bahnhof sofort zu den Schutzpersonen beordern. Maile mir die Anschriften durch. Ich melde mich dann bei dir oder Horst." Rudi beendete das Gespräch.

Schorschs nächste Order ging an Horst. Der sollte nun mit Eva-Maria nach Kulmbach fahren und Frau Koch und die Tochter hinsichtlich des durchzuführenden Zeugenschutzprogramms briefen. Blacky und Basti informierten unterdessen die Familie Bergmann.

Die Aufgaben waren somit verteilt, und er konnte sich für ein paar Stunden aus der Geschichte ausklinken. Wozu hatte man ein starkes und verlässliches Team!

Er ging zu Gunda ins Büro, um ihr mitzuteilen, dass auch sie jetzt eine Pause machen sollte. „Wir zwei machen jetzt mal für sechs Stunden den Abflug, Gunda. Pack deine Sachen, ich setz dich bei dir ab. Und heute Nachmittag um drei Uhr nehme ich dich wieder auf. Bis dahin hat die Mannschaft die notwendigen Vorkehrungen getroffen."

Kurze Zeit später setzte er Gunda vor ihrer Wohnung ab und fuhr nach Hause. Eine Ruhepause ließ beide neue Kräfte tanken.

*Mittwoch, 28. September 2011, 07.08 Uhr,
Bismarckstraße, im Osten von Nürnberg*

Der Laptop im Raum kündigte ein Skype-Gespräch an. Viktor drückte auf die Annahmetaste. „Guten Morgen!" Viktor begrüßte seinen Boss, der nun ohne Talar hinter seinem Schreibtisch saß.

„Leute, wie kommt ihr voran? Hat alles planmäßig geklappt?"

„Sie weilen nicht mehr unter uns." Arno nahm grinsend sein Smartphone und zeigte zwei Hinrichtungsfotos in die Kamera.

„Sehr gut. Gute Arbeit!", klang es aus dem Lautsprecher. „Aber ihr wisst, dass euer Auftrag noch nicht abgeschlossen ist. Nur müssen wir jetzt sehr vorsichtig sein. Euch darf kein Fehler unterlaufen, die deutschen Behörden werden sehr wachsam sein. Unsere Mission muss zu Ende gebracht werden. Erst dann ist euer Auftrag beendet. Also, ich setze auf euch. Seid vorsichtig, wir haben es alle bald geschafft."

## 11. Kapitel

*Mittwoch, 28. September 2011, 16.00 Uhr,*
*Polizeipräsidium Nürnberg, K11*

Schorschs Schlaf war kurz, aber notwendig. Frisch geduscht und rasiert saß er nun wieder in seinem Büro und checkte seine E-Mails. Der starke Kaffee und der „Rote Bulle" zeigten Wirkung. Er war hellwach.

Kollege Rudi Mandlik hatte zwei Orte für die acht Personen ausgewählt. Zur Auswahl standen die Hallig Langeness auf den Nordfriesischen Inseln vor der schleswig-holsteinischen Nordseeküste sowie eine Almhütte im Karwendelgebirge. Beide Schutzorte waren frei und konnten von den Familien bezogen werden. Da jedes Zeugenschutzprogramm mit starken Einschränkungen verbunden war, sollten die Betroffenen selbst entscheiden, an welchen Ort sie gebracht werden.

Die Hallig im Norden Deutschlands wurde von der Sicherungsgruppe -SG- des BKA in Berlin betreut. Das kleine Friesenhaus war Ende der achtziger Jahre vom Land Schleswig-Holstein übernommen und in das Zeugenschutzprogramm des Bundes integriert worden. Neben den drei separaten Schlafzimmern besaß es eine große Küche, ein Badezimmer und ein Wohnzimmer mit Kamin. Der Keller war, wie bei den meisten Objekten, mit einem Panikraum ausgestattet, dessen Notruf mit der zuständigen Einsatzleitstelle des Landeskriminalamts Schleswig-Holstein verbunden war. Das Objekt selbst war mit einem nicht einsehbaren Zaun gesichert. Zur Meeresseite schirmte wegen der regelmäßigen Gezeitenlage ein hoher Metallzaun das Schutzobjekt von neugierigen

Besuchern ab, sodass Wattwanderern und sonstigen Ausflüglern kein Einblick gewährt wurde.

Das zweite Schutzobjekt, die „Grauber Hütte", lag auf 1.842 Metern und war 1997 vom Bayerischen Innenministerium übernommen worden. Der Weg zu Fuß dauerte gute drei Stunden, über eine Versorgungsgondel erreichte man die Hütte jedoch in gerade mal zehn Minuten. Die Hütte verfügte über drei separate Schlafzimmer sowie ein Notlager für sieben Personen. Zur Ausstattung gehörten außerdem eine große Wohnküche und ein Kaminzimmer mit Leseecke. Im Keller befand sich neben dem Vorratsraum noch ein kleiner Sauna- und Fitnessbereich, und ebenso wie auf der Nordfriesischen Hallig gab es auch in dieser Örtlichkeit einen Panikraum. Außerhalb der Hütte stand ein überdachter Freisitz, ein Boule-Platz sowie ein kleines Gewächshaus grenzten unmittelbar hinter dem Objekt an. Die moderne Wasser- und Stromversorgung, hier mit Photovoltaik, machten die Grauber Hütte, im Zeugenschutzjargon „Adlerhorst" genannt, zum autarken Kleinod.

Es war kurz vor neunzehn Uhr, als Schorschs Mannschaft mit den Schutzpersonen das Kommissariat erreichte und alle im großen Besprechungsraum Platz nahmen. Kriminaldirektor Schönbohm stellte sein Team kurz vor, während Dr. Menzel anschließend auf die Umstände des Zeugenschutzes hinwies.

„Meine Damen und Herren, wir mussten Sie heute Morgen über eine mögliche Gefahr informieren, die wir sehr ernst nehmen. Ich habe soeben von der Rechtsmedizin Erlangen die DNA-Analyse unseres Opfers aus Schwarzenbruck erhalten." Menzel blickte zu Karin und Angela Koch. „Ich muss Ihnen eine traurige Mitteilung machen. Wir haben nun die

Gewissheit, dass Ihr Mann beziehungsweise Ihr Vater heute Nacht ermordet wurde."

Frau Koch und ihre Tochter waren aschfahl im Gesicht, sagten aber nichts. Vermutlich hatten sie sich beide schon mit der Tatsache abgefunden, dass es sich bei dem Opfer um Josef Koch handelte. Nun drückte auch die Familie Bergmann ihre Anteilnahme aus.

Nach einigen Sekunden des Schweigens fuhr Dr. Menzel fort: „Wir gehen davon aus, dass Sie sich nun alle in Lebensgefahr befinden. Um Ihnen einen bestmöglichen Schutz zukommen zu lassen, werden wir, nein, müssen wir Sie in ein Zeugenschutzprogramm aufnehmen. Herr Bachmeyer und Herr Mandlik werden Ihnen das weitere Vorgehen erklären."

„Guten Abend", begrüßte sie Schorsch in einem ruhigen, aber bestimmten Ton. „Wir möchten damit vermeiden, dass es auch noch einen anderen Angehörigen aus Ihrer Familie trifft. Daher bringen wir Sie heute noch an einen sicheren Ort. Das notwendige Gepäck für drei Wochen haben Sie hoffentlich alle dabei? Sie hatten ja etwas Zeit. Wenn nicht, kümmern wir uns im Nachhinein darum. Ihre Post wird umgeleitet. Ihre vertrauten Hausangestellten haben Sie auf eine spontane Auslandsreise hingewiesen, hierzu haben diese über ihr Stillschweigen eine Verpflichtungserklärung unterzeichnet, also eine Geheimhaltungserklärung über den weiteren Verlauf Ihrer Abwesenheit. Diese Maßnahme wird pro forma umgesetzt und dient dazu, vertraute Personen aus Ihrem Wirkungskreis noch mal auf die Verschwiegenheitspflicht in dieser Angelegenheit hinzuweisen und auf die strafrechtlichen Folgen eines Verstoßes aufmerksam zu machen. Darauf sollte Verlass sein! Sollten Dritte nach Ihnen fragen, dann ist die Botschaft dieselbe: Sie sind auf einer längeren Australien- und Neuseelandreise! Über Ihren tatsächlichen Verbleib wissen nicht einmal die zuständigen Polizeibehörden Bescheid. Wir hoffen, dass wir bald erste Anhaltspunkte finden werden, wer hinter diesen Morden steckt. Bis dahin, also bis zur Identifizierung und dem Habhaftwerden der Täter, sind Sie in staatlicher Obhut. Es wäre auch sehr spekulativ zu sagen, dass wir in ein paar Wochen die Tat aufgeklärt haben, deshalb gibt es kein Zeitfenster für Sie. Stellen Sie sich also sicherheitshalber auf einen etwas längeren Aufenthalt ein."

Schorsch blickte erwartungsvoll in die Runde. Doch keiner der Anwesenden zuckte auch nur mit der Wimper. Offensichtlich waren sie bereit, den Anweisungen der Polizei uneingeschränkt Folge zu leisten.

„Zwei sichere Orte stehen Ihnen zur Auswahl", erklärte Schorsch. „Da das Leben dort sehr einsam werden kann, sollten Sie selbst entscheiden, wo Sie sich aufhalten möchten. Wir haben hier mehrere Fotos Ihres neuen Zuhauses sowie eine Objektbeschreibung auf der Pinnwand. Herr Mandlik, der bei uns für den Zeugenschutz zuständig ist, wird gerne Ihre Fragen dazu beantworten."

Schorsch stand auf und übergab Rudi Mandlik den Zeigestab. Dieser erklärte den Anwesenden die Vor- und Nachteile der einzelnen Objekte.

Die Entscheidung fiel sehr schnell. Sowohl die Kochs als auch die Bergmanns wählten gemeinsam die Almhütte in Mittenwald.

„Und noch was zu Ihrer Beruhigung", bemerkte Rudi. „Diese Hütte ist in keiner alpinen Wanderkarte vermerkt. Nicht einmal der Deutsche Alpenverein weiß über dieses Objekt Bescheid. Nur wir Zeugenschützer und die hier anwesenden Sachbearbeiter haben Kenntnis von Ihrem Aufenthalt dort. Also sind Sie dort absolut sicher untergebracht. Haben Sie noch irgendwelche Fragen?"

„Ja, Herr Mandlik, ich habe noch eine Frage", meldete sich Angela Koch zu Wort. „Warum gibt es dort einen Panikraum, wenn das Objekt absolut sicher sein soll?"

„Das ist eine berechtigte Frage, Frau Koch", antwortete Rudi. „Aber wissen Sie, dieser Panikraum wurde damals sporadisch in die Planung mit einbezogen. Man hat diese Planung von den Amis übernommen. Aber um wirklich jegliche Sicherheitsrisiken auszuschließen, haben sich die Sicherheitsbehörden in Deutschland dazu entschieden, die geographischen Standorte aller Schutzobjekte nicht in topographische Karten aufzunehmen. Diese Gebäude gibt es eigentlich gar nicht! Vergessen Sie deshalb den Panikraum, der ist zwar da und eingerichtet, aber für Ihren Schutz nicht notwendig. Habe ich somit Ihre Frage beantwortet?"

Angela Koch beantwortete seine Frage mit einem Nicken.

Zufrieden ging Rudi zum weiteren Vorgehen über: „Morgen früh um zehn Uhr werden Sie die Kollegen mit einem Eurocopter dorthin bringen. Ihr Gepäcktransport erfolgt separat mit einem Transporter, deshalb packen Sie für den Flug und die ersten Stunden nur das Nötigste zusammen. Für die heutige Übernachtung haben wir Sie in einem kleinen Landgasthof in Oberferrieden eingebucht. Der Hubschrauber wird dann morgen auf dem dortigen Sportplatz landen und Sie aufnehmen. Seien Sie deshalb bitte pünktlich! Und noch eine kleine Anmerkung für Frau Koch: Dieser Sportplatz ist geographisch nicht einsehbar und von der ortsansässigen Bevölkerung zirka einen Kilometer entfernt. Also absolut sicher! Keiner außer uns weiß, dass Sie im Nürnberger Land nächtigen. Wenn Sie keine weiteren Fragen haben, dann wären wir für heute durch", beschloss Rudi die Konferenz.

Nur Karin Koch, die zwischenzeitlich ihren Sohn in den USA über den Tod seines Vaters unterrichtet hatte, musste von einer Polizeipsychologin betreut werden. Zu groß war der Schicksalsschlag, innerhalb von einer Woche zwei Angehörige verloren zu haben. Und diese Strapazen machten sich auch an ihrem äußeren Erscheinungsbild bemerkbar. Frau Koch sah buchstäblich aus wie der „Tod von Forchheim"!

Es war schon kurz vor acht, als Schorsch den verpassten Termin auf seinem Mobiltelefon entdeckte: „Befund von Dr. Hengsberg". Mist! Er hatte im Trubel der heutigen Ermittlungen vergessen, dort anzurufen. Nun würde er sich noch länger Gedanken über die noch ausstehende Diagnose machen. Ihm wurde schlagartig flau im Magen. Da half nur noch ein Gläschen Whisky!

Kaum zu Hause angelangt, schenkte er sich einen Balvenie Single Malt ein, machte es sich in seinem Ledersessel bequem und ließ die letzten vierundzwanzig Stunden Revue passieren. Diese Mörder waren wirklich alles andere als Stümper. Sie hatten ihre Taten akribisch geplant, mussten ihre Opfer seit geraumer Zeit observiert und ein regelrechtes Bewegungsbild erstellt haben, das ihnen deren alltäglichen Abläufe aufzeigte. Zudem mussten sie gut strukturiert und mit allen Örtlichkeiten vertraut sein. Vermutlich sprachen sie deutsch, und irgendwo hier in Franken musste ihr Aufenthaltsort sein. Nur wo? Die Erkennungsmarke mit der hebräischen Prägung – „Auge um Auge" – ließ Schorsch keine Ruhe. Steckte da womöglich eine jüdische Gruppierung dahinter? Die Personenbeschreibung des einen Täters, der mit dem Rübezahlbart und den geflochtenen Locken, deutete ebenfalls in diese Richtung. Und ein solches Erscheinungsbild war ja alles andere als unauffällig.

Schorsch benötigte Hilfe. Und kein anderer konnte ihm da besser behilflich sein als sein Freund Ben Löb. Schorsch hatte

Ben vor drei Jahren auf einem nachrichtendienstlichen Seminar in München kennengelernt. Die Staatsschutzabteilung des Bayerischen Landeskriminalamts hatte damals mit dem Bundesnachrichtendienst ein Seminar für Todesermittler ins Leben gerufen, an dem auch befreundete Nachrichtendienste mitwirkten. Der 44-jährige Ben Löb war damals als Dozent des Mossad, also des israelischen Geheimdienstes, tätig.

Ursprünglich stammte Ben aus Fürth. Bis zu seinem zwölften Lebensjahr hatte er auch dort gelebt, dann waren seine Eltern nach Israel ausgewandert. Trotzdem hatte er seinen Fürther Dialekt nie ganz abgelegt und war auch nach all den Jahren mit seiner Heimatstadt noch fest verwurzelt. Seine Familie, ein Onkel väterlicherseits, unterhielt in Fürth eine kleine Diamantschleiferei, und jedes Jahr zur „Fädda Kerwa" kam er für mehrere Tage in seine Geburtsstadt.

Ben hatte in Haifa studiert und war seit 2002 „Angehöriger des israelischen Konsulats" in München. So lautete die offizielle Bezeichnung der Geheimdienstleute bei den jeweiligen Auslandsvertretungen.

Bei besagtem Seminar wurden nicht nur die Umsetzung beziehungsweise die Vorgehensweise bekannter Tötungen verschiedener Geheimdienste erklärt, es wurden auch die verschiedenen Erkennungsmerkmale anhand von Obduktionsbilderreihen anschaulich dokumentiert und besprochen. Waren die Tötungsdelikte kennzeichnend für die Cosa Nostra, Camorra, Ndrangheta, Sacra Corona Unita, die chinesischen Triaden oder die russische und albanische Mafia? Doc Fog, der damals in seiner Eigenschaft als Dozent der Rechtsmedizin Erlangen referierte, demonstrierte in seinen Ausführungen anschaulich, dass eine gründliche Obduktion wesentlich zum Tatergebnis beitragen konnte.

Das Seminar förderte neben den dienstlichen Beziehungen auch das private Miteinander. Die drei – Schorsch, Alois und Ben – lernten sich bei einem Feierabendbier im „Kasino" näher kennen, und es blieb an diesem Abend nicht nur bei einem Bier. Sie stellten schnell fest, dass sie alle ein gemeinsames Hobby pflegten, das Fliegenfischen. Von da an trafen sie sich öfters an den Wochenenden in der fränkischen Schweiz. Und Alois und Schorsch zeigten Ben nicht nur ihr Fliegenfischer-Eldorado, auch an den fränkischen Bierkellern kamen sie nicht vorbei.

Schorsch warf einen Blick auf die Uhr. Kurz nach neun. Eigentlich wollte er Ben so spät nicht mehr stören, aber der Fall ließ ihm einfach keine Ruhe und so wählte er Bens Mobilfunknummer. Als Verbindungsmann des israelischen Geheimdienstes konnte er ihnen vielleicht weiterhelfen.

„Schalom, Schorsch", begrüßte ihn Ben gut gelaunt, nachdem er augenscheinlich Schorschs Nummer im Display erkannt hatte. „Na, wie geht es dir und den fränkischen Forellen?"

Schorsch lachte. „Servus, Ben! Ich hoffe, es ist nicht zu spät. Aber ich fahre kommendes Wochenende in deine Richtung. Meine neue Freundin hat mir Lenggries zum Fliegenfischen vorgeschlagen. Hast du Zeit und Lust, uns zu begleiten?"

Ben überlegte kurz. „Gerne, aber du rufst mich doch nicht wirklich deswegen an, oder? Was brennt dir denn unter den Nägeln, Schorsch? Erzähl!"

Schorsch berichtete Ben von den mysteriösen Morden, den Erkennungsmarken mit der hebräischen Prägung, die alle Opfer trugen, und dass sie den Verdacht hatten, dass vielleicht eine jüdische Organisation hinter diesen Verbrechen stecken könnte.

Ben pfiff durch die Zähne. „Es gab in der Tat einmal eine solche Organisation. Sie hieß ‚Nakam'. Aber das liegt schon Jahrzehnte zurück, und deren damalige Gründer sind schon lange tot. Es war eine jüdische Terrororganisation, die sich nach Beendigung des Krieges das Ziel gesetzt hatte, Rache, also Vergeltung für den Holocaust zu üben. Sie wollten der Welt zeigen, dass das jüdische Volk auch in der Lage ist, sich zu wehren. Die Angehörigen der Nakam waren bedeutend radikaler als die ‚Jüdische Brigade'. Ihre Racheakte richteten sich nicht nur gegen Kriegsverbrecher, sondern auch gegen deren Angehörige. Sie gingen von einer Kollektivschuld am Holocaust aus und ermordeten deshalb nicht nur die Täter. Sie haben die ganze Welt nach Nazi-Verbrechern und deren Familien abgegrast, viele davon gefunden und Vergeltung geübt. Irgendwann sind sie dann von der Bildfläche verschwunden, vermutlich weil sie ihr Werk als vollbracht angesehen haben. Aber so wie du die Morde beschreibst, könnte das womöglich auf einen Ableger dieser Organisation hindeuten. Jemand, der vielleicht doch noch überlebende Nazis aufgespürt hat und nun diesen Schwur der Nakam auf seine Art und Weise umsetzt."

Schorsch war sprachlos.

„Schorsch, bist du noch da?"

Es dauerte eine Weile, bis Schorsch sich wieder gefasst hatte. „Ben, du hast vermutlich voll ins Schwarze getroffen. Und ganz ehrlich, Ben, ich glaube sogar, dass die Kinder dieser Ewiggestrigen über diese damalige Vermögensbereicherung ihrer Väter genau Bescheid wussten. Nur dass gerade jetzt, also nach einem halben Jahrhundert, eine Tätergruppierung auf diese Familien stößt, macht mich stutzig. Warum erst jetzt und nicht schon früher? Und woher haben sie diese Informationen? Beide SS-Angehörige hatten seit 1945 eine neue Identität. Und die war amtlich!"

„Schorsch, ich vermute, dass da was ganz, ganz Großes hinter eurer Mordsache steht. Und es könnte nicht ganz ungefährlich für euch werden. Also passt auf! Ich strecke mal meine Fühler aus und höre mich ein wenig um. Und natürlich werfe ich auch noch mal einen Blick in unsere Systeme, was da noch alles über diese Organisation zu finden ist. Sag, wann bist du noch mal in Lenggries?"

„Kommendes Wochenende", antwortete Schorsch.

„Ich hab ja deine Nummer, ich melde mich. Vielleicht habe ich bis dahin ja schon was herausgefunden."

„Super, Ben! Man hört voneinander."

Kaum dass Schorsch das Telefon zur Seite gelegt hatte, saß er auch schon an seinem Rechner. Keinesfalls konnte er bis zum nächsten Tag warten, er wollte jetzt und heute etwas über diese Terrororganisation erfahren. Als der Rechner nach etwa einer Minute hochgefahren war, googelte er sofort das Wort „Nakam". Er bekam über vierhunderttausend Treffermeldungen!

Auf gut Glück öffnete Schorsch die Seite „hagalil.com". Hier fand er die wichtigsten Fakten zu dieser Gruppe zusammengefasst. „Nakam" war hebräisch für „Rache". Der vollständige Name lautete eigentlich „Dam Yehudi Nakam", was so viel heißt wie: „Das jüdische Blut wird gerächt werden." Die Nakam-Gruppierung setzte sich aus ehemaligen Elitesoldaten und Partisanen zusammen, die jüdische Rache an NS-Tätern verübten und einen ganz besonderen Bezug zu Nürnberg hatten. Bereits nach Kriegsende, im Juli 1945, war es ihnen gelungen, Angehörige dieser Organisation in die Wasserwerke von Nürnberg und des Nürnberger Landes einzuschleusen. Die Terrorgruppierung hatte den Plan, ein hoch toxisches Gift in die Wasserversorgung einzuspeisen. Um sich an der mittelfränkischen Bevölkerung zu rächen, war ein Massenmord geplant, der detailgetreu umgesetzt werden sollte. Sollte Plan A scheitern, dann trat Plan B in Kraft.

Schorsch schluckte. Dann goss er sich ein zweites Glas Whisky ein und scrollte weiter.

Ihr Anführer, Abbas Kovner, reiste nach Palästina. Gemeinsam mit Chaim Weizmann, dem späteren Präsidenten Israels, der ihm bei der Beschaffung des Giftes behilflich war, gelang es ihm im Dezember 1945, ein britisches Schiff mit Kurs auf Europa zu nehmen. In zwanzig Milchkonserven versteckt transportierte er das Gift damals via Malta nach Toulon. Sein Plan A schien aufzugehen. Kurz vor dem Einlaufen in den Hafen wurde er jedoch festgenommen und drei Monate in einem Militärgefängnis in Kairo festgehalten. Er wurde jedoch nie des versuchten Terroranschlages angeklagt. Der britische Geheimdienst hatte seinerzeit Wind von der Sache bekommen und seine Verhaftung und Auslieferung nach Kairo veranlasst.

Nach Kovners Verhaftung versuchte sein Stellvertreter, Pascha Reichman, mit seinen Männern den geplanten Massenmord auszuführen. Plan B trat in Kraft. In Paris besorgte sich Reichman dafür zwanzig Kilogramm Arsen. Dann drangen am 13. April 1946 Angehörige der Nakam-Gruppe mit ihren bereits dort platzierten Helfern in die Nürnberger Konsum-Großbäckerei am Schleifweg ein. Diese Bäckerei belieferte das ehemalige Internierungslager für Kriegsgefangene in Langwasser-Moorenbrunn. In diesem Lager befanden sich nach Kriegsende etwa zwölf- bis fünfzehntausend Kriegsgefangene, hauptsächlich SS-Angehörige. Dreitausend der dort zur Auslieferung gelagerten Graubrotlaibe wurden in dieser Nacht mit einer Arsen-Wasser-Mischung bestrichen. Am Morgen des 14. April 1946 wurden diese Brotlaibe in das Kriegsgefangenenlager ausgeliefert. Zahlreiche Lagerinsassen erkrankten schwer. Amerikanische Zeitungen druckten zwar Agenturmeldungen, in denen die Zahl der Erkrankten tausendneunhundert betrug, einige Tage darauf war aber in einer zweiten Meldung die Rede von zweitausenddreihundert.

Ob es bei dem Anschlag in Nürnberg tatsächlich Todesopfer gegeben hatte und wie schwer die Vergiftungen wirklich waren, blieb jedoch unklar. Denn die zuständige amerikanische US-Militärregierung hatte eine Nachrichtensperre verhängt. Polizeiliche Ermittlungen konnten damals nicht durchgeführt werden, denn es gab ja nur eine US-Militärregierung. Zu diesem Zeitpunkt waren allein die Besatzungsmächte für die Verfolgung und Ahndung von Straftaten in Nürnberg zuständig. Die Polizei in der Frankenmetropole wurde erst ein paar Monate später ins Leben gerufen. Denn obwohl die bestehende Militärregierung bereits Ende Juni 1945 anordnete, dass eine Landespolizei aufgestellt werden müsse, konnte erst mit dem Erlass vom 24. April 1946 die Aufbauplanung für diese befohlene Neuorientierung umgesetzt werden.

Die Kommandogruppe der Nakam floh zuerst nach Italien. Von dort aus setzten sie nach Malta über, wo sie sich in Sicherheit wogen. Tatsächlich fanden die Akteure hier Unterschlupf. Kovner und Reichman waren in Sicherheit und wurden nie zur Verantwortung gezogen. Einige ihrer Terroraktivisten bedauerten auch Jahrzehnte später noch, dass ihr geplanter Massenmord in Nürnberg nicht den Erfolg brachte, den man sich erhofft hatte. Worte wie Reue oder Vergebung kamen niemals über ihre Lippen.

Kovner starb am 25. September 1987 im Kibbuz „En ha Choresch" in Israel. Reichman änderte seinen Namen in Jitzchak Avidov. Er war Mitglied der Hagana, einer zionistischen paramilitärischen Untergrundorganisation in Palästina während des britischen Mandats von 1920 bis 1948 und zuletzt in führender Position beim israelischen Geheimdienst tätig. Deshalb kam es auch nie zu einer gerichtlichen Aufarbeitung seiner Verbrechen. Die Staatsanwaltschaft Nürnberg-Fürth stellte das Ermittlungsverfahren im Jahr 2000 wegen „außergewöhnlicher Umstände" ein. Und das, obwohl einer der Haupttäter damals noch am Leben war und erst 2005 verstarb.

Schorsch war fassungslos. Es gab also in der Tat eine jüdische Organisation, die Rache geschworen hatte, und zwar nicht nur an ehemaligen SS-Schergen, sondern an allen Deutschen! Durch die geplante Vergiftung der zentralen Wasserversorgung von Nürnberg und dem Nürnberger Land wurde jeder zum Todeskandidaten, der von diesem Wasser getrunken hätte. Egal ob Kriegsverbrecher, Richter, Staatsanwälte oder sogar Überlebende des Holocausts, die den Weg in ihre ursprüngliche Heimat Mittelfranken zurückgefunden hatten – niemand sollte dabei verschont werden!

Schorsch schüttelte sich, als er las, dass die Führungspersönlichkeiten der Nakam danach in den höchsten Positionen der israelischen Regierung verwurzelt waren. Diese Geschichte war wirklich unglaublich – aber wahr! Welch schrecklicher Fanatismus steckte hier dahinter!

Er dachte über Bens Worte nach. Sollten ihre Mörder wirklich einem Ableger dieser Organisation angehören, dann könnte es auch für die ermittelnden Beamten gefährlich werden. Solche organisierten Verbrecher schreckten nicht davor zurück, Polizisten, die mit der Aufklärung des Mordfalles betraut waren, kaltblütig aus dem Weg zu räumen. Und wer um alles in der Welt war der Kopf dieser neuen Organisation? Die beiden ehemaligen Anführer waren doch bereits verstorben. Wer war der Auftraggeber, der diese Morde veranlasste, sie finanzierte?

„Und das fünfundsechzig Jahre nach Kriegsende!", murmelte Schorsch vor sich hin. Er konnte es noch immer nicht fassen. Dennoch spürte er, dass dies mehr als eine heiße Spur war, sie mussten ihr unbedingt nachgehen. Seine Hoffnungen ruhten auf Ben. Nur er hatte den heißen Draht nach Israel, zum Mossad. Dort hatte er seine Quellen sitzen. Sofern es die denn noch gab!

Gegen dreiundzwanzig Uhr betätigte er die Druckfunktion seines Rechners. Er würde all das morgen früh seinem Team mitteilen. Eine große Lagebesprechung mit Dr. Menzel und dem Polizeipräsidenten hatte neben dem Anruf bei Dr. Hengsberg äußerste Priorität.

Doch zuerst musste er abschalten, zur Ruhe finden. Er holte noch einmal sein Smartphone hervor und schrieb Rosanne noch eine Gute-Nacht-Botschaft. Dabei dachte er an das bevorstehende Wochenende.

## 12. Kapitel

*Donnerstag, 29. September 2011, 06.22 Uhr,*
*Polizeipräsidium Nürnberg, K11*

Schorsch hatte schlecht geschlafen. Heute war er der Erste im Büro. Er hatte bereits die Internetausdrucke über die Nakam eingescannt und in der elektronischen Fallakte abgelegt. Über das gestrige Gespräch mit Ben Löb fertigte er gerade einen Vermerk an, denn sein Team sollte bereits beim Hochfahren ihrer Rechner auf diese Neuigkeiten aufmerksam werden.

Gegen sieben Uhr erschienen Gunda und Blacky. Gunda begrüßte ihn mit den Worten: „Na, Schorsch, guten Morgen! Du bist aber schon zeitig hier."

„Hallo, ihr beiden! Ich hab nicht gut geschlafen. Ich hatte gestern Abend mit Ben Löb aus München ein langes Telefonat und habe vielleicht einen verdammt guten Hinweis bekommen."

Gunda kannte Ben Löb. Sie hatte öfters mit ihm zu tun gehabt, als sie noch beim BKA in Meckenheim ihren Dienst verrichtete. Gunda war dort für die Verfolgung von Straftaten im Bereich „Proliferation und Spionageabwehr" eingesetzt. Und achtzig Prozent ihrer damaligen Tätigkeit erstreckte sich auf die Zusammenarbeit mit den Nachrichtendiensten. Hier lernte sie auch Ben Löb kennen und schätzen. Denn nicht nur die deutschen Geheimdienste lieferten dem BKA so manchen nachrichtendienstlichen Hinweis auf bestimmte Täterprofile in diesen sensiblen Bereichen.

Schorsch fuhr fort: „Ich habe gerade den Vermerk fertig geschrieben. Um halb zehn möchte ich alle versammelt haben.

Ich hoffe auch, dass Dr. Menzel Zeit findet. Als Erstes lest ihr bitte die aktuellen Hinweise in der Akte, und du, Gunda, zapfe mal deine Quellen beim BND an. Über Bens Information müsste auch bei unseren Schlapphüten Material vorhanden sein. Wir sollten Bens Hinweis ernst nehmen. Es ist der erste Anhaltspunkt, der glaubhaft auf unsere Mordserie hindeutet." Dann wandte er sich Blacky zu. „Du, Blacky, wertest bitte noch mal das Internet aus. Wir müssen alles über diese Terrororganisation erfahren."

„Geht klar, Chef, machen wir", versprach Gunda, und beide verließen sein Büro.

Kurze Zeit später erschien Horst. Beide, er und Eva-Maria, waren heute zur Unterstützung von Rudis Team eingebunden. Die Verlegung der Schutzpersonen, also der Transport in das sogenannte „Adlerhorst", sollte gemäß Einsatz-Protokoll-System planmäßig umgesetzt werden.

Dieses Einsatz-Protokoll-System wurde von allen Polizeibehörden in Deutschland genutzt, um alle am Einsatz beteiligten Dienststellen bei Lageänderungen in Sekunden über aktuelle und einsatztaktische Informationen und Abläufe zu informieren. Der Vorteil dieses computergestützten Informationssystems lag demnach auf der Hand, denn der für den Einsatz zuständige Polizeiführer, hier Rudi Mandlik, konnte somit während des Einsatzes seine Kontrollfunktion auf die jeweiligen Einsatzabschnitte – Grauber Hütte, die Hubschrauberstaffel und die mobile Transporteinheit – ausüben. Zugriff auf das Einsatzgeschehen hatten nur die am Einsatz beteiligten Kräfte, egal ob diese Dienststellen in Hamburg oder in Dresden beheimatet waren. Die Freischaltung der beteiligten Polizeikräfte erfolgte durch den zuständigen Polizeiführer, wie in diesem Einsatz durch den Verantwortlichen des

Zeugenschutzes. Klarnamen von den am Einsatz beteiligten Personen wurden in diesem Protokollsystem aus Geheimhaltungsgründen nicht erfasst. Es war somit ein wichtiges länderübergreifendes Kommunikations- und Einsatzmittel der deutschen Polizei, das zudem eine gerichtsverwertbare Dokumentation des Einsatzverlaufes sicherstellte.

Die Münchner Kollegen des Bayerischen Landeskriminalamts hatten bereits gestern Abend noch die Versorgungsmaschinerie in Mittenwald angeworfen. Das aktuelle Einsatzprotokoll meldete um sechs Uhr und siebzehn Minuten die Objekt-Einsatzbereitschaft. Der Adlerhorst konnte nunmehr bezogen werden.

Schorsch wies Horst auf die Neuigkeiten in der elektronischen Akte hin und überreichte ihm den Ausdruck mit den Worten: „Hier habt ihr was Interessantes zum Lesen! Die Dienstreise soll ja nicht langweilig werden."

Bevor Horst einen Blick darauf werfen konnte, stand auch schon Rudi Mandlik im Türrahmen. „Guten Morgen, miteinander! Pack mer's! Wir sind soweit einsatzbereit und möchten um acht Uhr fünfzehn abrücken."

„Servus, Rudi", begrüßte ihn Horst. „Wir sind bereit. Eva-Maria ist nur noch schnell in die Kantine."

„Wir treffen uns in zehn Minuten in der Tiefgarage", lautete Rudis Order, und schon war er wieder zur Tür hinaus.

Horst schnappte sich seine Jacke und folgte ihm auf dem Fuße.

„Euch allen viel Erfolg!", rief Schorsch ihm nach. Dann griff er zum Telefonhörer und wählte die Telefonnummer von Dr. Hengsberg. Kurz darauf wurde er persönlich mit dem Doktor verbunden.

„Guten Morgen, Herr Bachmeyer. Das Ergebnis der Gewebeuntersuchung liegt mir nun vor." Daraufhin folgte ein langes Schweigen am Ende der Leitung.

Schorsch wurde nervös und fragte: „Hallo, Herr Doktor, sind Sie noch da?" Er hörte Papier rascheln und die Stimme der Arzthelferin im Hintergrund. Dann meldete sich der Doktor endlich wieder zu Wort.

„Soderla, hier haben wir den pathologischen Befund."

„Und, Herr Doktor, wie lange geben Sie mir noch?"

„Na ja, Herr Bachmeyer, das kommt darauf an." Dr. Hengsberg lachte. „Wenn wir das gut behandeln, dann können Sie noch hundert Jahre alt werden!"

„Also nichts Schlimmes?"

„Meine Diagnose wurde im Befund bestätigt", versicherte ihm der Doktor. „Wenn wir nichts dagegen machen, kann es einmal Hautkrebs werden. Aber das lassen wir natürlich nicht zu. Die beiden Stellen werden mit einer Salbe behandelt und innerhalb von vierzehn Tagen zweimal bestrahlt. Dann sollte Ruhe sein. Also keine Angst. Sie lassen sich zeitnah einen Termin geben und dann kriegen wir das hin."

Schorsch war erleichtert. Ihm fiel ein Stein vom Herzen. Er bedankte sich bei Dr. Hengsberg und beendete das Telefonat.

Es war kurz nach halb neun, als Schönbohm aufgeregt sein Büro betrat.

„Guten Morgen, Herr Bachmeyer, das ist ja unglaublich! Ich habe soeben die aktuellen Hinweise in der Akte Golgatha gelesen. Ich wusste gar nicht, dass wir 1945 knapp einem Massenmord entgangen sind."

„Na ja, die Oberpfälzer hätten wahrscheinlich ja auch alle überlebt. Die hatten ja noch die hauseigenen Brunnen!", erlaubte sich Schorsch einen Scherz mit seinem Vorgesetzten. „Uns Franken dagegen hätte es furchtbar erwischt. Wir hatten ja schließlich schon eine ausgebaute Wasserversorgung."

Zum Glück verstand Schönbohm solche Scherze und konnte herzhaft darüber lachen. „Aber jetzt mal Spaß beiseite, Bachmeyer, das wusste ich wirklich nicht", kehrte er dennoch schnell wieder zum Ernst der Lage zurück. „Wenn dieser Terrorist Kovner das damals geschafft hätte, dann wären Millionen von unschuldigen Menschen gestorben. Diese verheerende Katastrophe wäre mit Sicherheit in die Geschichtsbücher eingegangen! Ohne die Wachsamkeit des britischen Geheimdienstes wären die Mittelfranken ja praktisch ausgestorben! So makaber das auch klingen mag." Wieder musste der Oberpfälzer grinsen.

Schorsch presste die Lippen aufeinander und ignorierte diese Spitze. „Wir haben gleich eine Einsatzbesprechung. Dr. Menzel wird auch anwesend sein. Denn wir müssen irgendwie mehr Fleisch an den Knochen kriegen. Ben Löbs Hinweis ist vielleicht der Schlüssel, darüber hinaus haben wir ja auch nicht viel."

Um Punkt neun Uhr hatten sich alle im großen Besprechungsraum eingefunden. Neben Dr. Menzel war auch Polizeipräsident Johannes Mengert gekommen, den Schönbohm kurz vorher über die neuesten Erkenntnisse informiert hatte.

Schorsch kam gleich zur Sache: „Die Verlegung unserer Schutzpersonen ist angelaufen. Horst und Eva-Maria werden Mandliks Leute dabei unterstützen. Und wir haben neue Hinweise für unsere MOKO bekommen. Zum einen hat Michael die Auswertung der Beweismittel abgeschlossen, zum anderen liegen uns seit heute Morgen Erkenntnisse vor, denen wir unbedingt nachgehen müssen. Aber zuerst wird Michael seine Auswertung der vorgefundenen Dokumente vortragen."

Schorsch richtete seinen Blick auf Michael Wasserburger, der gleich übernahm.

„Guten Morgen, Kollegen! Wie wir ja bereits wissen, haben Johannes Koch und Adolf Bergmann mit dem Schweizer Bankier Urs Ischy gemeinsame Sache gemacht. Ob es den Bankier heute noch gibt, ist zweifelhaft, der müsste mittlerweile auf jeden Fall schon ein stolzes Alter haben. Aber die Tatsache, dass es ihn gegeben hat, ist unumstößlich. Die Kontoauszüge aus dem Möbeltresor in Kulmbach sind nicht tagesaktuell, die sind aus dem Jahr 2001. Unser erstes Opfer hatte damals sein Vermögen auf seinen Sohn übertragen und sich bis zu seinem Tod einen monatlichen Geldbetrag von fünftausend Euro zusichern lassen. Damals wiesen die drei Bankkonten ein Gesamtvermögen von exakt 7.578.239,- Euro auf. Neben diesen Bankkonten besaß Koch noch vierzehn Eigentumswohnungen in Kulmbach und Bamberg, die er laut vorliegendem Notarvertrag vom August 1997 seinen beiden Enkeln überschrieben hatte. Seine Spirituosenfirma wurde bereits 1982 auf seinen Sohn übertragen. Sein aktuelles Vermögen laut Kontoauszug der Volksbank Kulmbach beziffert sich auf 2.663.027,56 Euro."

Er machte eine kurze Pause, damit die Kollegen die Zahlen auf sich wirken lassen konnten. „Kommen wir nun zur Person Adolf Bergmann. Über dessen Vermögen kann ich leider keine Aussage treffen. In dem Panzerschrank waren nur noch alte schriftliche Aufzeichnungen aus der Zeit vor 1945. Vermutlich haben seine Söhne nach dem Tod sein Vermögen geerbt und untereinander aufgeteilt."

Gunda unterbrach ihn: „Ich frage mich, warum er diese brisanten Unterlagen über Jahrzehnte hinweg aufbewahrt hat? Wenn er die nach der Übertragung vernichtet hätte, dann wären wir doch niemals auf seine wahre Identität gestoßen."

„Ja, Frau Vitzthum, das ist eine berechtigte Frage. Aber lassen Sie das mich vielleicht kurz erklären", meldete sich Schönbohm zu Wort. „Das ist nämlich ein bekanntes Phänomen, darüber gibt es sogar empirische Studien. Täter weisen unterschiedliche Verhaltensmuster auf. Der eine ergötzt sich an der entwendeten Unterwäsche seiner Sexualopfer, der andere macht von jedem seiner Opfer ein Lichtbild und spickt diese an seine Pinnwand. Allein die Erinnerung an die durchgeführten Verbrechen ruft bei den meisten Tätern eine Art Befriedigung hervor, und das auch noch nach Jahrzehnten. Das trifft vermutlich auch auf unsere Opfer, oder andersherum gesagt, die Täter Koch und Bergmann zu. Diese Erinnerungen waren für sie wie ein kleiner behüteter Schatz. Ihr gemeinsames Geheimnis."

Michael Wasserburger nickte und fuhr fort: „Damals hat sich Adolf Bergmann mithilfe dieses korrupten Ischys mindestens zwei Nummernkonten übertragen lassen. Einmal das Konto eines Aron Silberstein aus Illesheim, das andere von einem sogenannten Ismael Herbst aus Suhl. Und zwar mit derselben Masche, die auch schon vorher bei seinem Freund Koch funktioniert hatte. Ohne den Schweizer Ischy wären die beiden allerdings nie an das geraubte Vermögen gekommen, deshalb können wir nur mithilfe der Eidgenossen die wahren Vermögensverhältnisse zur damaligen Zeit ermitteln. Die Familie Bergmann wird uns wohl kaum Einsicht in ihr Vermögen gewähren. Wir bräuchten zuerst Hinweise aus der Schweiz, dass es sich tatsächlich um geraubtes Vermögen handelt. Vielleicht können uns die Schweizer Behörden da weiterhelfen. Womöglich gibt es sogar nach wie vor noch Konten dort, die auf Koch und Bergmann eingetragen sind und auf denen die ehemaligen Vermögensverhältnisse sichtbar sind. Ein Rechts- und Amtshilfeersuchen sollten wir in jedem Fall erbitten."

Er beobachtete zustimmendes Kopfnicken in der Runde. Somit waren ihre nächsten Schritte klar. Doch Michael hatte noch weitere Ergebnisse zu präsentieren.

„Auch zu dieser makabren Schatulle, die wir im Tresor von Johannes Koch gefunden haben, habe ich noch einige Anmerkungen. Es ist eine Ebenholzschatulle, die in der Tat mit Einlegearbeiten aus menschlichen Goldzähnen gefertigt wurde. Aber viel wichtiger ist der Inhalt. Die Damen- und Herrenarmbanduhren sowie die goldene Taschenuhr sind alle noch mit einem mechanischen Werk ausgestattet und wurden zwischen 1930 und 1940 hergestellt. Da zählen nur die Sammlerwerte, die ich noch nicht ermitteln konnte. Die Steine in dem schwarzen Samtbeutel habe ich von einem Fachmann begutachten und schätzen lassen. Es handelt sich um vier lupenreine Diamanten sowie drei Rubine und zwei Smaragde. Der Wert der Edelsteine beziffert sich auf etwa 31.700,- Euro. Ein Zertifikat konnte ich nicht vorfinden, somit ist deren Herkunft unklar. Aber jeder kann sich einen Reim darauf machen, woher die wohl ursprünglich stammen."

Damit endete Michael seinen Bericht und übergab das Wort wieder an Schorsch. „Gute Arbeit, Michael! Die Schweiz ist ein wichtiger Ansatz für uns. Dann werden wir wohl eine Dienstreise dorthin machen müssen. Herr Schönbohm, der Dienstreiseantrag folgt." Schorsch hob die Augenbrauen und sah zu seinem Kommissariatsleiter, der stoisch auf seinem Stuhl saß. Dann wandte er sich erneut den Zuhörern zu: „Ihr habt sicher schon alle den Vermerk über mein gestriges Gespräch mit Ben Löb gelesen. Ich habe ihn gestern kontaktiert, weil mir die Sache mit der geprägten Erkennungsmarke einfach nicht aus dem Kopf ging. Ben hat uns vielleicht einen entscheidenden Hinweis auf eine ehemalige Terrorgruppierung aus Palästina gegeben. Er wird für uns noch ein wenig in seinen dienstlichen Datenbanken stöbern, um seine Theorie zu bekräftigen."

Schorsch referierte noch einmal die Ereignisse rund um den Giftanschlag auf die städtische Wasserversorgung, und alle Anwesenden hörten gespannt zu. Keiner hatte je etwas von diesem geplanten Massenmord gehört. „Kovner und Reichman gaben in den achtziger Jahren Interviews, die in der Hebräischen Universität Jerusalem und im Moretschef-Archiv aufgezeichnet wurden. Die Nakam-Geschichte wurde von Kovner vor seinem Tod 1987 an Levi Arieh Sarid weitergegeben, der 1992 das Manuskript ‚Rache: Geschichte, Erscheinungsform und Umsetzung' erstellte, das unveröffentlicht blieb. Sarid hatte dafür auch Pascha Reichman befragt. Dieses Manuskript konnte in einer Übersetzung von Jim Tobias und Peter Zinke eingesehen werden. Tobias und Zinke führten darüber hinaus Interviews mit dem am Anschlag in Nürnberg beteiligten Oleg Hirsch – der Name ist jedoch nur ein Pseudonym? sowie mit Leipke Zinkel und Joseph Harmatz. Zu dem Anschlag wurden auch kolportagehafte Darstellungen veröffentlicht, in denen ohne Quellenangaben andere Versionen des Giftanschlags verbreitet wurden. Das ist alles, was im Netz darüber zu finden war." Schorsch beendete sein Referat und blickte in lauter fragende Gesichter.

Dr. Menzel fand als Erster die Sprache wieder: „Das ist ja alles schön und gut, aber es ist mir zu wenig. Wir brauchen mehr! Als Allererstes auf jeden Fall einmal die damalige Ermittlungsakte. Ich kann nicht glauben, dass im Mai 2000 das Ermittlungsverfahren gegen diese Täter eingestellt wurde. Alleine die Begründung ‚Verjährung aufgrund außergewöhnlicher Umstände' ist doch lächerlich und stinkt zum Himmel. Ich lasse mir die Akten kommen und bin gespannt, welcher Kollege oder welche Kollegin die Einstellung verfügt hat." Der Staatsanwalt war außer sich. So aufgebracht hatten ihn die Mitglieder des K11 selten erlebt. „Wir sollten auch unsere Nachrichtendienste mit einbeziehen", polterte er. „Frau Vitzthum, lassen Sie mal Ihre Connections spielen und zapfen Sie Ihre bekannten Quellen an. Wir dürfen nichts unversucht lassen."

Schorsch übernahm und erteilte alle weiteren Anweisungen an seine Teammitglieder. „Wir haben noch viel zu tun. Ob Bens gestrige Informationen uns auf die richtige Spur bringen, ist spekulativ. Deshalb müssen wir jeder noch so erdenklichen kleinen Spur nachgehen. Aber bis dato haben wir keine! Was wir jedoch ab heute haben, ist die Sicherheit unserer Schutzpersonen. Das verschafft uns ein wenig Luft nach oben und erlaubt uns, unsere Ermittlungen ungehindert weiter zu forcieren, und das nicht nur hier bei uns. Ich bin auf die Reaktionen der Eidgenossen gespannt." Schorsch deutete auf Blacky und meinte: „Du klinkst dich bitte bei Gunda mit ein. Waltraud und Hubsi, ihr klärt das mit dem schwarzen Transporter mit dieser Werbeaufschrift ab. Vielleicht ist der Wagen ja nur angemietet. Und schließlich haben wir ja eine ziemlich konkrete Personenbeschreibung. Geht bitte an die Presse damit. Irgendwo müssen diese Kerle doch abgestiegen sein! Die brauchen Lebensmittel, das Fahrzeug muss getankt werden … Wie viele schwarze VW-Transporter sind in Franken zugelassen? Bleibt da mal dran! Und Basti, für dich habe ich was ganz Spezielles! Wir haben drei Opfer und zwei verschiedene Tatorte und können alle drei Tatzeitpunkte zeitlich genau eingrenzen. Die Oberleitungen der Deutschen Bahn wurden unmittelbar nach dem Kurzschluss abgeschaltet. Hier haben wir die Chance auf eine weitere heiße Spur! Ich möchte wissen, welche Mobiltelefone sich zu diesem Zeitpunkt in den am Tatort befindlichen Funkmasten eingeloggt haben. Das herauszufinden, dürfte kein Problem für uns sein. Über die Bundesnetzagentur kommen wir an alle Einloggdaten ran. Ich kann mir nicht vorstellen, dass sich zur Tatzeit dort viele

Mobiltelefone kurzfristig angemeldet haben. Anschließend klären wir die Telefonverbindungsdaten von Fürth mit denen von Schwarzenbruck ab. Sollten wir dort eine Übereinstimmung im Mobilfunknetz haben, sind wir einen großen Schritt weiter in Bezug auf die Täter."

Alle notierten fleißig mit, und Schorsch spürte, dass die neuesten Erkenntnisse ein Motivationsschub für das gesamte Team waren. Endlich zeichnete sich ein Täterprofil ab!

Doch Schorsch war noch nicht fertig: „Zu guter Letzt noch eine ganz wichtige Abklärung. Wir sollten auch bei Interpol anfragen. Die Vorgehensweise der Täter ist zielgerichtet und wurde seit Längerem geplant. Die Tatorte wurden sorgfältig ausgesucht, und die Hinweise an den Opfern, also die Erkennungsmarken mit der Prägung, sind Markierungen. Ich möchte deshalb alle internationalen Strafverfolgungsbehörden über unser vorliegendes Tatmuster informieren. Vielleicht gab es in der Vergangenheit in irgendeinem Land ähnliche Fälle. Wenn es sich um eine späte Rache handeln sollte, dann ist das hier bei uns doch sicher kein Einzelfall. Interpol und Europol müssen ihre Datenbanken durchforsten."

Es war Viertel nach zehn, als sich die Besprechung schließlich auflöste. Jeder wusste, was er als Nächstes zu tun hatte, und Schorsch spürte großen Enthusiasmus bei seinen Mitarbeitern. Er war zufrieden.

Zurück in seinem Büro setzte er sogleich das Rechts- und Amtshilfeersuchen an die Schweizer Kollegen auf. Er hatte gerade sein Anschreiben für die bevorstehende Dienstreise in den Postausgang gelegt, als sein Telefon klingelte.

„Bachmeyer, grüß Gott."

„Guten Morgen, Herr Bachmeyer, Praxis Dr. Hengsberg, Frau Dörfler am Apparat. Ich sollte Sie wegen eines Behandlungstermins zurückrufen. Der Befund wurde ja schon mit Ihnen besprochen. Wann hätten Sie denn Zeit?"

„Äh ja, wann hätten Sie denn den nächsten Termin frei und wie lange dauert der Eingriff?" Obwohl er mittlerweile wusste, dass kein Grund zur Beunruhigung bestand, hätte Schorsch sich am liebsten noch ein wenig um den Termin herumgedrückt. Andererseits war er froh, dass der Eingriff alsbald gemacht werden sollte, sodass er sich nicht mehr den Kopf darüber zerbrechen musste.

„Der Eingriff ist harmlos, Herr Bachmeyer", antwortete Frau Dörfler. „Wir tragen da eine spezielle Salbe auf, die wird drei Stunden abgedeckt, danach erfolgen zwei Bestrahlungen im Abstand von einer Woche. Also keine Panik! Wie sieht es nächsten Dienstag um zehn Uhr dreißig aus? Die Bestrahlung machen wir dann um halb zwei. Termin zwei wäre dann am Dienstag darauf, wieder zur selben Uhrzeit."

„Alles klar, Frau Dörfler, danke. Ich habe mir beide Termine notiert, das sollte klappen." Schorsch verabschiedete sich und wählte anschließend die Telefonnummer von Rosanne. Er musste ihr ja noch das Ergebnis des Befundes mitteilen.

„Hallo, Herr Kommissar", meldete sich die ihm vertraute Stimme. „Na, wie geht es dir?"

„Servus, meine Liebe, nicht so gut. Ich habe heute den Befund von Dr. Hengsberg bekommen. Also die rauen Stellen in meinem Gesicht sind eine Gewebeveränderung, und die muss behandelt werden, sonst könnte einmal Krebs daraus entstehen."

„Oh! Zum Glück hast du das noch rechtzeitig erkannt. Viele Leute gehen damit sehr nachlässig um."

Ihre Stimme verriet Besorgnis, und Schorsch fühlte sich ihr plötzlich wieder sehr nahe. Aber vielleicht hatte er ja genau das so lange vermisst. Einen Menschen, der ihm zuhörte und mit dem er seine Sorgen teilen konnte.

„Aber ich kenne auch zwei Kolleginnen, die haben die gleiche Diagnose erhalten", erzählte sie weiter. „Nach zwei Bestrahlungen war die Sache gegessen, seitdem ist Ruhe. Man wird dadurch ein wenig sensibler, und das ist auch gut so. Also mach dir bitte keine Gedanken darüber! Die Ärzte kriegen das wieder hin. Ich freu mich schon auf unser langes Wochenende. Der Wetterbericht sagt schönes Wetter voraus. Und ich habe mir schon einige Nymphen zurechtgelegt. Mal sehen, wer die meisten Forellen und Äschen von uns catched."

„Ich freu mich auch schon riesig", antwortete Schorsch. „Unsere Zeugen in meinen Mordermittlungen werden gerade in Sicherheit gebracht, die fliegen auch in die Berge. Bin ein wenig unter Zeitdruck und wollte nur schnell deine Stimme hören. Also dann, bis später! Servus, meine Liebe!"

Sie beendeten ihr Telefonat.

*Donnerstag, 29. September 2011, 08.30 Uhr,*
*Bismarckstraße, im Osten von Nürnberg*

Viktor, Arno, Ethan und Jakob saßen alle am Tisch und aßen gemeinsam ihr Frühstück.

„Ethan, erzähl doch Arno mal die Geschichte von diesem Henzel, der damals in Sobibor auch ‚Beißzange' genannt wurde", sagte Viktor und schenkte Ethan Kaffee nach.

Der kaute gerade noch auf seiner Breze herum und hätte lieber genüsslich weitergegessen, aber schließlich kannte er Karl Henzel von ihnen allen am besten, denn er hatte sich im Vorfeld mit der Person vertraut gemacht und die Tagebücher seines ehemaligen Stiefelputzers Adam Stern gelesen. „Henzel war ein Schlächter", brummte er. „Jemand, der Freude daran hatte, Menschen zu quälen, egal ob Juden,

Homosexuelle, Zigeuner oder Andersdenkende. Er besaß die krankhafte Lust, Menschen zu erniedrigen, Frauen bei sexuellen Orgien zu demütigen, sie zu vergewaltigen. Anschließend schickte er sie in die Gaskammer!" Er schluckte das letzte Stückchen Breze hinunter und griff nach seiner Kaffeetasse. Der Inhalt war noch zu heiß, also sprach er weiter: „Man muss nur die Geschichte seines Stiefelputzers Adam Stern lesen. Stern war sein Leibeigener. Er war damals vierzehn Jahre alt und veröffentlichte nach der Befreiung durch die Rote Armee ein Tagebuch, in dem er Henzels Verbrechen genau beschrieben hatte. Dabei kam heraus, dass Henzel anhand der Lagerlisten explizit reiche und wohlhabende Juden auswählte, weil er an deren Vermögen wollte. Und durch seine krankhaften und perversen Neigungen hat er es schließlich auch geschafft."

Arno hörte ihm aufmerksam zu. „Und wie hat dieses Schwein das angestellt?", wollte er von Ethan wissen.

„Na, durch Folter! Mit dem Erlass der Rassengesetze sahen viele deutsche Juden ihr Vermögen in Deutschland nicht mehr sicher und suchten demnach im Ausland eine Bank. Und das wussten die Nazis natürlich auch. Henzel ließ sich die vermögenden Juden bringen. Er wusste, dass die Masse der wohlhabenden jüdischen Geschäftsleute ihr Vermögen in der Schweiz angelegt hatte. Zuerst redete er sehr freundlich mit ihnen, machte ihnen dann aber unmissverständlich klar, dass sie hier an der Endstation ihres Lebens angelangt seien. Keines der Opfer aber würde sein Vermögen freiwillig an Henzel abgeben, das wusste er. Deshalb die Folter!"

„Und wie hat er die Leute gefoltert?" Arno griff beherzt nach einem Stück Schwarzbrot, das er dick mit Butter beschmierte. Dazu trank er ein Glas Orangensaft, woraufhin er kräftig aufstoßen musste.

Auch Ethan nahm nun einen vorsichtigen Schluck von seinem Kaffee, bevor er weitersprach. „Adam Stern beschrieb das in seinen Memoiren folgendermaßen: Zuerst fing er mit dem kleinen Zeh der Betroffenen an. Der Delinquent wurde auf ein Krankenbett fixiert, seine beiden Füße ebenso. Henzel fing immer mit dem rechten Fuß an. Zuerst kam der kleine Zeh dran. Er nahm eine verrostete Zwickzange, also eine Beißzange, und trennte den kleinen Zeh ohne irgendwelche Betäubung ab. Anschließend fragte er den Kandidaten, ob er ihm sein Nummernkonto verraten möchte. Stimmte der zu, dann erfolgte eine Überprüfung. Er telefonierte oder telegraphierte mit einem Schweizer Bankier, der in Zürich bei der EKA eine leitende Position innehatte. Dieser konnte mit dem passenden Kennwort des Nummernkontos die Angaben schnell überprüfen. Ob UBS, EKA oder die Kantonalbanken, wie die Zürcher Kantonalbank oder die Banque Cantonale Vaudoise, diese Person hatte hervorragende Kontakte zu allen Schweizer Geldhäusern. Und Korrupte gab es überall, man musste nur die richtigen Entscheidungsträger dort kennen. Waren die Angaben falsch, folgte der nächste Zeh. Entsprachen die Angaben der Wahrheit, so ließ man den Verstümmelten so lange am Leben, bis sich Henzel das Vermögen übertragen hatte. Anschließend wurde er wie alle anderen in die Gaskammer geschickt. Wenn nicht die Sepsis die Angelegenheit bereits vorher erledigt hatte."

„Das ist ja wirklich unglaublich, was diese Schweine da gemacht haben!" Arno verschluckte sich fast an dem Bissen, den er gerade gekaut hatte. Seine Augen wirkten mit einem Mal eiskalt, und er starrte wütend ins Leere.

„Tja, jetzt weißt du, weshalb wir diesen Auftrag erhalten haben, Arno." Ethan trank den letzten Schluck seines Kaffees und stand auf. Die schwarze Brühe hatte wie immer seine Verdauung angeregt.

*Donnerstag, 29. September 2011, 13.25 Uhr, Polizeipräsidium Nürnberg, K11*

Schorsch erhielt die Rückmeldung von Rudi Mandlik, dass die Evakuierung perfekt verlaufen sei. Die beiden Familien seien sicher im Adlerhorst angekommen. Und Schorsch bestätigte Rudis Meldung im Einsatz-Protokoll-System. Nun konnten sich auch die beteiligten Münchner Kräfte sowie die polizeiliche Hubschrauberstaffel aus dem Einsatz ausklinken. Schönbohm als Polizeiführer war zufrieden. Es gab keine nennenswerten Vorkommnisse. Die Rückverlegung seiner am Einsatz beteiligten Kräfte war nun im Gange.

Schorschs Mittagspause war gerade zu Ende, und er checkte seine E-Mails. Sein Herz machte einen Sprung, da war doch tatsächlich eine Nachricht von Rosanne in seinem Posteingang. Sie hatte es also wirklich geschafft. Das Hotel „Edelweiß" sollte für das Wochenende ihr Refugium sein. Und sie hatte ein Doppelzimmer gebucht.

Da schau her, dachte Schorsch, gab es denn wirklich keine Einzelzimmer mehr? Er rief die Website des Hotels auf und suchte nach der Telefonnummer der Rezeption. Auch wenn es kindisch war, seine Neugier war einfach zu groß.

„Grüß Gott, hier ist Bauer aus Nürnberg", meldete er sich, als eine Dame ranging und sich ihm als Frau Ritter vorstellte. „Hätten Sie für das kommende Wochenende noch zwei Einzelzimmer?"

„Grüß Gott, Herr Bauer, einen Moment, ich schaue mal nach." Er hörte, wie sie auf der Tastatur herumtippte. „Ja, haben wir. Für zweiundvierzig Euro pro Zimmer, inklusive Frühstück."

Schorsch musste grinsen. „Vielen Dank, Frau Ritter, das ist gut zu wissen. Möglicherweise melde ich mich heute Nachmittag noch einmal bei Ihnen. Ich muss das nur kurz noch einmal mit meiner Begleitung besprechen. Auf Wiederhören!" Er legte auf, noch bevor die junge Frau etwas erwidern konnte.

Rosanne hatte also ein Doppelzimmer gebucht, obwohl noch ausreichend Einzelzimmer frei waren. Das war wohl ein eindeutiges Zeichen, dass sie ihm näherkommen wollte. Sehr nahe, vermutlich sogar. Schlagartig schossen ihm erotische Fantasien durch den Kopf. Sie will mich. Dann bekommt sie mich. Er spürte, wie ihn allein der Gedanke daran erregte.

Dann griff er nach seinem Geldbeutel und suchte nach Kleingeld. Das Kleinste, was er hatte, war jedoch ein Zehn-Euro-Schein. Sein Blick fiel auf die Kaffeekasse. Sie war seine Rettung! Er wechselte seinen Schein in Münzen um und machte sich auf den Weg in Richtung Kantine. Hier befanden sich die einzigen Toiletten im Polizeipräsidium, wo man Kondome ziehen konnte.

Schorsch betrat den Raum, blickte sich kurz um und ging dann schnurstracks auf den Automaten zu. Die zwei Euro fielen in den Schlitz, und schnell warf er das zweite Geldstück nach. Er wollte gerade den letzten Euro nachfüttern, als die Tür aufging.

„Na, Schorsch, welche ziehst du dir denn?" Blacky stand das breiteste Grinsen im Gesicht.

„Erwischt!", murmelte Schorsch und schaute etwas verlegen zu Boden. „Aber vielleicht kannst du mir ja einen Tipp geben." Er zwinkerte seinem Kollegen zu und fühlte sich mit einem Schlag wieder wie ein ganzer Kerl.

„Bei denen hier merkst du nix, das ist wie ohne Gummi." Blacky drückte auf die Taste, und das Päckchen landete im Ausgabefach. Er nahm es und drückte es Schorsch in die Hand. „Viel Spaß damit!" Lachend suchte er schnellen Schrittes eine Einzelzelle auf.

Schorsch steckte das Päckchen in seine rechte Hosentasche, beschloss aber, es lieber gleich vorsorglich in seinem Auto zu verstauen. Also begab er sich zum Behördenparkplatz, öffnete seinen Strich-Acht und legte die Kondome ins Handschuhfach. „Sie will mich. Dann bekommt sie mich", murmelte er abermals vor sich hin. „Rosanne, ich bin gut gewappnet und allzeit bereit!"

Als Schorsch kurze Zeit später wieder sein Büro betrat, stand Schönbohm mit einer Umlaufmappe vor seinem Schreibtisch.
„Wie es aussieht, Herr Bachmeyer, könnte das mit der Schweiz kommende Woche schon laufen. Ich habe gerade einen Anruf von der Rechtshilfeabteilung bekommen. Die Bundesanwaltschaft in Zürich wird sich der Anfrage annehmen. Wen möchten Sie denn mitnehmen?"
„Frau Vitzthum", antwortete Schorsch spontan. „Herr Meier hält hier die Stellung, der hat den Überblick und weiß, was zu tun ist."
„Okay, dann frohes Schaffen! Hier ist Ihr Dienstreiseantrag. Und tragen Sie Frau Vitzthum bitte noch mit ein." Schönbohm verschwand durch die Tür.

Es war kurz nach vier Uhr nachmittags, als Schorsch seinen Dienst beendete. Er dachte an das bevorstehende Wochenende und wollte sich noch mit Fliegenfischerequipment eindecken. In den letzten Wochen hatte er einige Materialverluste zu verzeichnen. Zudem wollte er sich noch einen schicken Schlafanzug kaufen. Eigentlich schlief er in den Sommermonaten immer nackt, aber wenn Rosanne schon mit ihm in einem Zimmer schlafen wollte, dann musste ein neuer und modischer Pyjama her. Er schlenderte deshalb durch die Fußgängerzone und suchte die passende Beratung. Ein

Wäschefachgeschäft sollte die richtige Wahl sein, und tatsächlich fand er genau das Richtige, ein Pyjama-Set eines bekannten Modedesigners aus weichem Baumwollmix mit einem elastischen T-Shirt. Sowohl das feine Jersey-Shirt mit verdeckter Knopfleiste als auch die gestreifte Hose aus reiner Baumwolle versprachen besten Tragekomfort. Schorsch wählte die Farbe petrol-schwarz.

Er hatte ein wenig Zeitdruck, denn der neue Schlafanzug musste noch gewaschen und gebügelt werden. Und auch für das bevorstehende Frühstück mit Rosanne wollte er noch Lebensmittel einkaufen.

Endlich zu Hause schaltete er die Waschmaschine ein. Danach räumte er seinen Daimler leer, säuberte ihn und verstaute seine Fliegenfischerausrüstung darin. Sein Oldtimer stand abfahrbereit in der Tiefgarage, Rosanne konnte kommen, der Wochenendkurztrip beginnen. Er war vorbereitet. Auf alles!

Gegen einundzwanzig Uhr, als er gerade den neuen Schlafanzug in der Reisetasche verstaute, klingelte sein Telefon. Es war Rosanne.

„Guten Abend, Herr Kommissar! Na, schon gepackt? Der Wetterbericht sagt traumhaftes Wetter voraus, und ich freu mich schon sehr auf unser gemeinsames Wochenende."

„Ja, ich mich auch. Ich bin auch soeben mit Packen fertig geworden. Wann wollen wir morgen früh denn los?"

Rosanne überlegte kurz. „Ich würde so gegen sieben Uhr bei dir sein und bringe frische Bamberger mit, okay?"

„Wunderbar, dann frühstücken wir in Ruhe bei mir, bevor wir losdüsen. Ich habe mir gestern auch noch ein paar schwere Nymphen gekauft. Die schwarzen gehen dort besonders gut. Ich hoffe, ich habe nichts vergessen und wirklich an alles gedacht." Schorsch sah in diesem Augenblick das Handschuhfach seines Daimlers vor sich und grinste innerlich.

„Wenn wir tatsächlich was vergessen haben sollten, dann besorgen wir es eben da unten", meinte Rosanne ganz pragmatisch. „Dann schlaf mal schön, mein lieber Schorsch, wer weiß, ob wir am Wochenende noch Zeit dazu finden!"

„Wie meinst du das?", fragte Schorsch in süffisantem Ton.

„So wie ich es sage, Herr Kommissar!", erwiderte sie kokett.

„Na ja, dann lasse ich mich mal überraschen. Also schlaf schön. Und Küsschen!"

Rosanne erwiderte den Kuss und Schorsch spürte förmlich, wie er mit einem erotischen Hauch durch die Telefonmuschel drang.

Einschlafen konnte er jetzt jedenfalls nicht. Er schenkte sich einen Schoppen Silvaner ein und fläzte sich auf die Couch. Er dachte an Rosanne und träumte von dem bevorstehenden Wochenende.

## 13. Kapitel

*Freitag, 30. September 2011, 06.25 Uhr,*
*Pilotystraße, Nürnberg*

Schorsch hatte gerade die Dusche hinter sich und deckte seinen Esszimmertisch. Neben den frischen Bambergern von Rosanne, die mit seiner hausgemachten Erdbeermarmelade bestimmt köstlich schmecken würden, durften natürlich eine Nürnberger Stadtwurst, die fränkische Gelbwurst und die geräucherten Nürnberger nicht fehlen. Ebenso hatte er eine Käseplatte dekoriert, und die beiden Frühstückseier befanden sich schon startklar im Eierkocher.

Das Frühstücksfernsehen brachte gerade den Wetterbericht. Es sollte ein warmes und sonniges Wochenende werden. Um kurz nach sieben läutete es an der Tür. Ein Blick durch den Spion bestätigte: Sie war da. Er öffnete.

Rosanne strahlte ihn an. „Guten Morgen, Schorsch! Na, ausgeschlafen? Oh, es duftet nach Kaffee, da komme ich ja genau zur richtigen Zeit."

Sie betrat die Wohnung und legte ihre schwarze Softshell-Jacke ab. Ihre taillierte schwarze Bluse und die enge Jeans betonten ihren graziösen Körper. Schorsch blieb eine Sekunde lang der Atem weg, so sehr fesselte ihn dieser Anblick. Dann besann er sich und begrüßte sie mit einer herzlichen Umarmung.

„Willkommen in meinem bescheidenen Reich!" Er geleitete sie ins Wohnzimmer. Rosanne legte ihre Hörnchentüte auf den Tisch und nahm Platz.

„Kaffee oder Tee?"

„Kaffee, danke. Das sieht ja richtig lecker aus, Schorsch. Aber das ist doch viel zu viel, das essen wir nie!"

Es wurde ein langes und reichhaltiges Frühstück. Doch tatsächlich aßen sie nicht einmal die Hälfte der aufgetischten Leckereien. Stattdessen quatschten sie ausgiebig und wären sicher noch länger sitzen geblieben, wenn sie nicht noch andere Pläne gehabt hätten. Um kurz vor neun waren sie startklar.

„Wo hast du deine Fliegenfischerausrüstung?", wollte Rosanne wissen.

„Schon im Auto. Nur noch die Sporttasche hier, und dann kann es losgehen."

Sie sah ihn skeptisch an. „Ich glaube, wir fahren doch lieber mit meinem Auto, dein Oldtimer ist für eine so lange Strecke viel zu schade. Ich parke bereits vor der Einfahrt."

Auch gut, dachte Schorsch, und verstaute seine Ausrüstung und sein Gepäck im Kofferraum ihres BMW. Dann fuhren sie los.

Die A9 nach München war mäßig befahren. Bereits um elf Uhr hatten sie laut Navi nur noch vierundsechzig Kilometer bis Bad Tölz. Von dort aus war es nur noch ein Katzensprung bis zum Hotel Edelweiß, vor dem sie gegen drei viertel zwölf den Wagen abstellten.

Die Lage ihrer Unterkunft war traumhaft. Von dort aus konnte man die verschiedenen Wanderwege rund ums Brauneck schnell erreichen, ebenso schnell führte ein Fußweg zu den Isar-Auen. Das kristallklare und kalte Wasser des Flusses mit seinen kleinen Gumpen war ein Tummelplatz für Forellen, Huchen, Saiblinge und Äschen, aber die Flusslandschaft rund um Lenggries war nicht nur bei den Fliegenfischern beliebt. Neben Wassersportarten wie Kajak und Wildwasser-Rafting konnte man hier auch das Sonnenbaden genießen, weshalb der Ort in der FKK-Szene bestens bekannt war.

An ihrem ersten Tag sollte für Schorsch und Rosanne die Stie-Alm auf ihrem Wanderplan stehen. Beide brauchten nach der langen Autofahrt Bewegung. Um zirka dreizehn Uhr nahmen sie ihre Wanderstöcke und brachen auf. Ihr Ziel erreichten sie um kurz nach drei und die Belohnung dafür stand für beide fest, nachdem sie die Speisekarte studiert hatten. Der hausgemachte Zwetschgenstreusel mit einem Haferl Kaffee musste es sein. Schorsch genehmigte sich zudem eine Maß. Es war ein herrlicher Ausblick dort oben.

Gegen halb fünf jedoch begannen sie den Abstieg, da sich erste dunkle Wolken am Himmel abzeichneten. Tatsächlich wurden sie auf halber Wegstrecke von einem Wärmegewitter überrascht, das sich jedoch als ungefährlich entpuppte.

Völlig durchnässt erreichten sie gegen achtzehn Uhr ihre Unterkunft.

„Wer geht zuerst unter die Dusche?", fragte Rosanne, während sie im Grunde schon dabei war, sich ihrer nassen Kleider zu entledigen.

„Ladies first!", antwortete Schorsch ganz charmant. „Nach dem fürchterlichen Gewitter genehmige ich mir erst einmal einen Jacky mit Coke."

„Oh, das ist eine gute Idee. Schließlich sind wir ja knapp dem Tod entgangen. Mach doch mal zwei davon fertig. Bis gleich!" Rosanne grinste und huschte ins Bad.

Während Schorsch in der Minibar nach den Zutaten suchte, spukte die Vorstellung von Rosannes nacktem Körper in seinem Kopf herum. Wie sie wohl ohne Klamotten aussah? Er spürte, wie ihn der Gedanke erregte, und eine gewisse Vorfreude machte sich breit. Da fiel es ihm siedend heiß ein! Die Kondome, die er extra für dieses Wochenende besorgt hatte, lagen immer noch im Handschuhfach seines Strich-Acht! Das Päckchen war unerreichbar, ihn trennten zweihundertvierundachtzig Kilometer von seinem Glück! Panik ergriff ihn. Mist, wo sollte er denn nun so schnell noch eines dieser blöden Dinger herkriegen! Im Hotel gab es mit Sicherheit welche, aber wie würde das denn aussehen, wenn er jetzt das Hotelzimmer verlassen würde! Welche fadenscheinige Begründung würde Rosanne nicht misstrauisch machen! Jeden Augenblick konnte sie aus dem Badezimmer kommen. Es nutzte nichts, er schob den Gedanken beiseite und bereitete die zwei Drinks zu. Dann stellte er sie auf das Sideboard neben der Minibar ab, zog sich aus und schlüpfte in seinen Bademantel. Den Jacky mit Coke in der linken Hand, die Fernbedienung in der rechten fläzte er sich aufs Bett und zappte alle Vorabendsender durch, bis Rosanne endlich fertig war.

„So, mein Lieber, das Bad ist frei", sagte sie, als sie nur mit einem Handtuch umwickelt aus dem Badezimmer kam. „Wo ist denn nun mein Jacky?" Schorsch reichte ihr das Glas, und sie prostete ihm freudig zu. „Also, bis gleich, ich freu mich!"

Schorsch verschwand ins Badezimmer und atmete erst einmal tief durch. Was hatte sie damit gemeint: „Bis gleich, ich freu mich"? Freu mich auf was? Auf dich? Was für ein Depp er doch war! Wie konnte er das wertvolle Päckchen nur in seinem Wagen liegen lassen! Nun war er auf nichts, auf gar nichts, vorbereitet! Er versuchte, sich wieder zu beruhigen. Vielleicht freute sie sich ja auch auf das Abendessen oder den gemeinsamen Drink. Seine Gedanken, mit Rosanne gleich heftigen Sex zu haben, verdrängte er schnell. Vorsorglich nahm er eine Wechseldusche. Anschließend griff er zur Bodylotion, die ihm gestern die freundliche Verkäuferin seines neuen Pyjamas empfohlen hatte. Der Männerduft aus Zedernholz, Lavendel, kubanischem Tabak sowie mexikanischem Lemongrass sollte auf sein Gegenüber betörend wirken.

Eingehüllt in seinen Bademantel betrat Schorsch das Zimmer. Rosanne hatte es sich im Bett bequem gemacht und zappte ebenfalls mit der Fernbedienung.

Sie lächelte ihn an und hielt ihr Glas in seine Richtung. „Na dann, Schorsch, lass uns vor dem Abendessen auf den wunderschönen Tag anstoßen." Ihre smaragdgrünen Augen funkelten. Auch ihr Körperduft war im Raum angekommen. Ein Duft von Sandelholz, Moschus und arabischen Kräutern wie aus Tausendundeiner Nacht.

Schorsch setzte sich auf die Bettkante und sah ihr tief in die Augen. Nun ergriff ihre linke Hand seinen Hals. Sie richtete sich auf und kam langsam auf Schorsch zu. Ihre Lippen berührten seinen Hals. Zitternd stellte Schorsch sein Whiskyglas auf den Nachttisch ab. Rosanne zog ihn zu sich heran. Ihre Hand glitt nun brustabwärts im Innern seines Bademantels, sie berührte seine Lenden und küsste weiter. Plötzlich schlug sie die Bettdecke zurück. Völlig nackt, wie Gott sie schuf, lag sie vor ihm. Schorsch genoss den Anblick. Genau so hatte er sich sie vorgestellt. Nun arbeitete er sich abwärts. Seine Zunge liebkoste ihre Brustwarzen. Auch seine Hände glitten über ihren zarten Rücken abwärts. Sie liebkosten sich, verschmolzen und genossen es.

Beide waren in ihrem Element. Sie wollten es. Und sie taten es.

Rosanne flüsterte: „Herr Kommissar, ich will dich in vollen Zügen genießen", und öffnete die Schublade ihres Nachtkästchens. Dann hielt sie das in der Hand, was bei Schorsch weit entfernt im Handschuhfach lag. Er musste lachen und gestand ihr sein Malheur. „Hast du deine Handschellen auch vergessen?", neckte sie ihn und küsste dabei zärtlich seine Ohrläppchen.

Diesmal war Schorsch schlagfertiger. „Äh, die habe ich leider auch nicht dabei. Aber die liegen normalerweise immer in meinem Nachtkästchen." Sie lachten beide. Dann zog Rosanne Schorsch zu sich heran.

Eine geraume Zeit später lagen sie entspannt und erschöpft nebeneinander im Bett. Und da Schorsch ein Romantiker war, kraulte er noch lange Zeit zärtlich ihren Körper.

Für das bevorstehende Abendessen hatte sich Rosanne besonders herausgeputzt. Sie trug ihr kleines Schwarzes, ihre Haare hatte sie zur Banane hochgesteckt, genau so, wie Schorsch es liebte. Ihre roten Lippen stachen hervor, und die Perlenkette und die dazugehörigen Ohrringe rundeten ihr attraktives Erscheinungsbild ab.

Schorsch kam wie immer sportlich elegant. Er trug seine dunkelblaue Jeans mit einem schwarzen Hemd und das passende Jackett. Und beide sahen aus, als ob sie in den Flitterwochen seien.

Ihr Zweiertisch war gut gewählt, sie hatten einen wundervollen Blick auf die Berge, die nun im roten Alpenglühen vor ihnen standen. Beide wählten die geschmorten Ochsenbäckchen, die als Tagesempfehlung des Hauses angeboten wurden. Dazu tranken sie eine Flasche Barolo, dessen Abgang hierzu die richtige Wahl sein sollte. Um den Abend perfekt zu machen, gönnten sie sich als Nachtisch auch noch eine Bayerische Creme.

In wenigen Stunden schon wollten sie die Isar befischen. Im Hotelzimmer lagen sie sich noch eine Zeit lang in den Armen, bis Rosanne schließlich den Lichtschalter betätigte und beide innerhalb von Sekunden eingeschlafen waren.

*Samstag, 1. Oktober 2011, 07.20 Uhr,*
*Lenggries, Hotel Edelweiß*

Rosanne hatte sich bereits ins Bad geschlichen. Erst durch das sanfte Plätschern der Dusche wurde Schorsch aus seinem Schlaf geweckt. Er zog die Vorhänge zurück, und die Berge strahlten in der Sonne. Was für ein schönes Herbstwochenende, dachte er.

Nach einem reichhaltigen Frühstück machten sie sich auf. Denn zum Abendessen sollte es heute Huchen geben. Der

Hotelier hatte ihnen bereits die Tageskarten für sein Hausgewässer ausgestellt, sie lagen auf ihrem Frühstückstisch parat. Um neun Uhr waren sie am Wasser angekommen und schwenkten nur Minuten später ihre Ruten.

Bereits nach zwei Minuten drillte Rosanne ihre erste Regenbogenforelle an einer schwarzen Nymphe. Und der lange Drill brachte ihr Abendessen zum Vorschein, stolze zweiundfünfzig Zentimeter. Und das war bloß der Anfang.

Ihre gemeinsame Tagesbilanz war beachtlich. Sie fingen dreizehn Regenbogenforellen, sieben Äschen und zwei Huchen. Hochzufrieden erreichten sie gegen drei viertel fünf ihr Hotel.

Kaum dass sie durch die Tür waren, kam der Hotelier auf sie zu und überreichte Schorsch einen braunen Umschlag, den er sofort öffnete. Darin war eine Nachricht von Ben.

„Hallo, Schorsch! Das traumhafte Wetter hat mich veranlasst, eine kleine Cabrio-Tour nach Lenggries zu machen. Es war ganz spontan. Habe versucht, dich auf dem Handy zu erreichen, aber vergebens. Habe erfahren, dass ihr beide beim Fischen seid. Ich habe interessante Nachrichten für dich, ruf mich bitte mal an.
Herzliche Grüße, Ben."

Interessant, dachte Schorsch, das ging ja schnell. Er erzählte Rosanne vom Inhalt der Nachricht und von seiner Freundschaft zu Ben. „Geh doch schon mal hoch! Ich bringe unser Abendessen in die Küche und versuche, anschließend noch Ben zu erreichen", schlug er ihr vor.

Kurze Zeit später wählte er Bens Mobilfunknummer.

„Hallo, Schorsch! Als ich erfahren habe, dass du am Wasser bist, habe ich schon vermutet, dass du kein Telefon dabei hast. Mir ist ja auch schon zweimal eines beim Fischen ins Wasser gefallen, seitdem lasse ich es lieber im Auto liegen. Aber ich habe interessante Neuigkeiten für dich."

„Schieß los, Ben!", forderte Schorsch ihn auf.

„Ich bin über eine Quelle an Informationen gekommen, die vielleicht in euer Täterprofil passen könnten. Es gibt tatsächlich eine Organisation, die, wie ich vermutet habe, das Erbe dieser ehemaligen Terrororganisation weiterführt. Sie sollen über Malta agieren. Wir sollten uns treffen, damit wir besser reden können. Nur noch ganz kurz: Ende 1996 und Anfang 1997 wurden bei einem New Yorker Gericht, dem United States District Court for the Eastern District of New York, mehrere Sammelklagen gegen bestimmte Schweizer Banken erhoben. Die Kläger machten geltend, dass Schweizer Banken mit dem Nazi-Regime kollaboriert und diesem System damals Hilfe geleistet hätten. Wissentlich hätten verschiedene Schweizer Geldhäuser das Vermögen von Holocaust-Opfern zurückgehalten und verschleiert. Und es gab Bankiers, die bestechlich waren, also mit den Nazis kooperierten. Die Profitgier spielte dabei eine nicht unerhebliche Rolle. Im Verlauf dieser Gerichtsverfahren begannen die Parteien mit Vergleichsverhandlungen. Es wurde die ‚Holocaust Victim Assets Litigation' ins Leben gerufen. Dadurch konnte jemand Nakam wiederaufleben lassen. Ihm waren somit Tür und Tor geöffnet, um an weitere Informationen zu kommen. Vielleicht gab es ja doch noch Überlebende von damals. Der Kopf dieser Organisation ist mir nicht bekannt. Zumindest habe ich bis jetzt noch nichts in den Systemen gefunden. Erschwerend kommt hinzu, dass manche Dokumente mit einem besonderen Zugriffsschutz versehen sind. Für diese habe ich natürlich keine Autorisierung. Aber dieser Mann soll eine kleine geheime Truppe von Leuten aufgestellt haben, zusammengesetzt aus ehemaligen Geheimdienstleuten und Söldnern, und betreibt mit diesen ein kleines Sicherheitsunternehmen."

Ben machte eine kurze Pause. Offensichtlich scannte er kurz noch einmal seine Notizen. Schorsch wartete geduldig.

„Diese amerikanische Organisation, die mit der Aufklärung des verschollenen Vermögens beauftragt war, beschloss, für diese Korruptionsfälle nicht nur staatliche Organe einzubinden", fuhr Ben schließlich fort. „Die Aufarbeitung, also die Aufklärung von Diebstählen jüdischen Vermögens, sollten auch private Sicherheitsfirmen übernehmen, da man der staatlichen Schiene nicht vertraute. Deshalb trat man an diese Sicherheitsfirma mit Sitz in den USA und Malta heran. Sie bekam den Auftrag, sich an der Aufklärung zu beteiligen. Nur so sah man eine Chance, das Netzwerk von bestechlichen Bankiers aufzudecken. Das Vertrauen in staatliche Organe war gering, zu groß waren die Zweifel, dass man hier Fehler des Schweizer Bankensystems vertuschen würde. Das Ansehen der Eidgenossen stand auf dem Spiel. Und diese besagte Person, also der Inhaber dieser Sicherheitsfirma, der mit der Aufspürung korrupter Bankiers beauftragt wurde, soll nun Kontakte bis in die höchsten Führungsebenen haben. Seine Leute sind bestens ausgebildet und erhalten für ihre Aufträge alle notwendigen Ressourcen. Er selbst lebt aber als Schattenmann, nur wenigen ist sein wahrer Name bekannt. Man kennt ihn in den nachrichtendienstlichen Datenbanken nur als ‚Abaddon', was so viel bedeutet wie ‚der Engel des Abgrunds'. Sagt dir die amerikanische Firma Blackwater etwas?"

Schorsch überlegte kurz. „Du meinst diese zweifelhafte Truppe aus ehemaligen Söldnern und sonstigen ..." Schorsch unterbrach und räusperte sich.

„Genau die", verstand ihn Ben ohne große Worte. „Über diese Kämpfer gibt es ja einige Verschwörungstheorien. Diese Privatarmee soll gezielt für die CIA schmutzige Aufträge ausführen. Man spricht von ausgewählten Tötungsdelikten. Die Hamburger Staatsanwaltschaft hat sogar 2010 in einem Fall bei uns in Deutschland dahingehend ermittelt. Aus dieser Privatarmee soll er seine Leute rekrutiert haben. Die machen alles für Geld, ohne lange zu hinterfragen. Gehorsam bis in den Tod!"

„Ich erinnere mich, da mal irgendwas über die gelesen zu haben", meinte Schorsch, „aber hilf mir bitte noch mal auf die Sprünge, Ben."

„Ein Einsatzbeispiel dieser zweifelhaften Söldner kursiert ja auf mancherlei Plattformen, denn die Amerikaner sollen diese Truppe auch im Irakkrieg genutzt haben. Die damalige US-Regierung gab den Auftrag, Blackwater handelte. Man wollte ja damals der westlichen Welt weismachen, dass die Iraker biologische und chemische Waffen besitzen, nur um die Menschen davon zu überzeugen, dass ein Krieg und der Sturz von Saddam Hussein unumgänglich seien. Als dann die ersten Ölquellen im Irak brannten, war diese Überzeugungsarbeit geleistet. Die westliche Welt war entsetzt und rechtfertigte deshalb diesen Angriff. Böse Stimmen behaupten, dass es private Kommandoeinheiten waren, die die Pläne der amerikanischen Regierung damals umgesetzt haben. Hintergrund der Aktion war nämlich, dass die damalige Regierung an diese wichtigen Erdölressourcen herankommen wollte. Und sie haben es ja schließlich auch geschafft."

Ben machte eine Pause, und Schorsch hörte ihn einmal tief durchschnaufen. Er befürchtete, dass sein Freund gleich zu einem seiner Lieblingsthemen – der Kritik an der Regierung George W. Bushs – ansetzen würde, und dann gab es meist kein Halten mehr. So sehr er das Gespräch mit Ben und auch dessen Meinung zum Weltgeschehen schätzte, so ungern wollte er doch Rosanne noch länger warten lassen.

Doch Ben schien seine Gedanken erraten zu haben. „Wie gesagt, Schorsch, in deinem Fall wollten sie an die noch lebenden restlichen Führungsgrößen und an deren Familien kommen. Also an jene, die damals während der Nazi-Herrschaft die Fäden von Deutschland aus gezogen haben."

Er wartete auf eine Reaktion. Schorsch aber blieb stumm, nicht zuletzt, weil er von all den neuen Informationen fast erschlagen war.

„Ach ja, noch ein wichtiger Punkt", tönte es durch den Hörer. „Der Stein dazu kam erst ins Rollen, als ein ehemaliger Schweizer Bankier sich vor seinem Tod reinwaschen wollte. Er räumte gegenüber einem israelischen Konsulatsangehörigen ein, die Vermögenswerte von Juden verschleiert zu haben. Dafür wurde er seinerzeit von ehemaligen Nazi-Größen großzügig entlohnt. Dieses lückenlose Geständnis wurde 1997 protokolliert, aber erst fünf Jahre später den zuständigen Stellen bekannt. Schorsch, ich bin demnächst zu einer Familienfeier in Fürth eingeladen, da können wir uns gerne treffen. Dann habe ich vielleicht auch mehr über die Hintermänner. Du weißt ja, Telefongespräche sind nicht sicher genug."

„Ben, du hast mir sehr geholfen", erwiderte Schorsch schließlich. „Kommende Woche bin ich bei den Eidgenossen auf Dienstreise, aber danach würde ich mich über ein Wiedersehen sehr freuen. Meld dich bitte rechtzeitig. Ich muss mehr über diese Organisation und diesen Abaddon erfahren. Besten Dank noch mal, und sei vorsichtig!"

„Ach ja, Schorsch, du weißt ja, meine Angaben sind offiziell nicht verwertbar. Und wir haben natürlich nie über das Thema gesprochen."

„Danke dir, Ben, und selbstverständlich keine Verwertung in den Akten. Lediglich meinem Team werde ich mündlich die vertraulichen Infos zukommen lassen. Du hast uns sehr geholfen. Ich freu mich, wenn wir uns in Fürth oder Nürnberg treffen. Bis dann!"

Mit diesen Worten beendete Schorsch das Gespräch. Unmittelbar darauf wählte er Horsts Nummer und teilte ihm die Erkenntnisse mit. Er sollte anschließend das Team und Rudis Zeugenschützer über Bens Informationen unterrichten, jedoch alles unter dem Deckmantel „Hiervon ist nichts gerichtsverwertbar, deshalb auch kein Aktenvermerk".

Rosanne war noch immer im Bad verschwunden, als er ihr gemeinsames Zimmer betrat. Schorsch öffnete die Tür. Seine Freundin lag in der runden Badewanne, lediglich der Kopf ragte aus dem Schaumberg hervor. Sie hatte die Augen geschlossen und sah entspannt aus.

Als sie Schorsch bemerkte, öffnete sie ihre Augen und lächelte. „Na komm, Schorsch, ich habe schon auf dich gewartet. Der Sekt wird sonst noch warm." Sie drehte sich zur Ablage und reichte ihm eine gefüllte Sekttulpe.

„Na, das lasse ich mir doch nicht zweimal sagen", entgegnete er freudig, sprang aus den Klamotten und ließ sich langsam in die Wanne gleiten.

„Danke für den schönen Tag, lieber Schorsch, er hat mir gut gefallen." In Rosannes Stimme schwang ein wenig Wehmut mit. Vielleicht bedauerte sie, dass sich das Wochenende schon bald dem Ende neigen würde. Morgen gleich nach dem Frühstück wollten sie sich wieder Richtung Heimat aufmachen. „Bis wann hat die Küche denn unseren Fang zubereitet?"

„Der Küchenchef meinte bis neunzehn Uhr dreißig", antwortete Schorsch. „Bis dahin haben wir noch genügend Zeit." Er grinste spitzbübisch und zog sie näher zu sich heran. Ein kleiner Appetitanreger konnte jetzt allerdings nicht schaden.

*Sonntag, 2. Oktober 2011, 11.00 Uhr,*
*Lenggries, Hotel Edelweiß*

Die Rückreise nach Nürnberg stand an. Durch eine Einkehr im Strandhaus Birkach am Rothsee, wo sie sich noch einen Kaffee, ein Stück Kuchen und einen kleinen Spaziergang gönnten, verzögerte sich die Rückkehr um einige Stunden. Pünktlich zum Münchner Tatort jedoch erreichten sie Schorschs Wohnung. Nach eineinhalb Stunden war der Fall gelöst, und Rosanne und er hatten gemeinsam eine Flasche Sekt geleert.

„Also nach Bamberg kann ich heute nicht mehr zurückfahren", bemerkte Rosanne während des Abspanns. „Zwei Gläser Sekt könnten mich den Schein kosten, Herr Kommissar. Hast du noch ein Plätzchen für mich frei?" Sie schmiegte sich an ihn.

„Aber sicher. Und morgen ist ja zum Glück Feiertag, da können wir uns noch ein schönes gemeinsames Frühstück gönnen."

„Au ja! Ich muss auch erst gegen Nachmittag wieder in Bamberg sein, da ich bei meinen Eltern zum Kaffeetrinken eingeladen bin."

„Okay, dann geh schon mal ins Bad, ich komme gleich", sagte er und stand auf. Er flitzte schnell noch einmal in die Tiefgarage, um das kostbare Päckchen aus dem Handschuhfach zu befreien. Danach verschwand er flugs im Badezimmer, denn Rosanne wartete bereits mit sanfter Musik auf ihn. Als Schorsch das Schlafzimmer betrat, folgte das, was kommen musste. Rosanne lag auf dem Bett, sah ihn an und sagte:

„Na, Herr Kommissar, gibt es hierzu auch einen Schlüssel?" Sie hielt die Handschließen in der Hand und grinste Schorsch an.

*Dienstag, 4. Oktober 2011, 08.05 Uhr,*
*Polizeipräsidium Nürnberg, K11*

Schorsch hatte den Feiertag damit verbracht, seine Wohnung wieder einmal auf Vordermann zu bringen, nachdem Rosanne ihn gegen vierzehn Uhr verlassen hatte. Da Aufräumen und Putzen jedoch nicht zu seinen Lieblingsbeschäftigungen gehörten, war er froh, den nächsten Tag wieder an seinem Arbeitsplatz im Präsidium verbringen zu können.

Er hatte gut geschlafen und war pünktlich im Büro. Vor der Lagebesprechung hatte er noch genügend Zeit, um seine E-Mails zu checken.

Rudi Mandliks Zeugenschützer hatten das erste Wochenende im Adlerhorst hinter sich. Doch es hatte gewisse Anlaufschwierigkeiten zwischen den Bergmanns und den Kochs gegeben, gegenseitige Schuldzuweisungen waren an der Tagesordnung. Gerade durch die schrecklichen Vorkommnisse und Wirren der letzten Tage waren beide Familien einer besonderen Stresssituation ausgesetzt. Da konnte ein falsches Wort schon mal den Ausschlag für einen handfesten Streit geben. Das jedoch wollten Rudis Leute unbedingt verhindern, deshalb hatten die Zeugenschützer zwei Gruppen gebildet und sie nacheinander immer wieder auf kleine Bergtouren geschickt. Denn noch lud der schöne Altweibersommer dazu ein, die umliegende Alpenregion zu erkunden. Der Vorteil dieser räumlichen Trennung lag auf der Hand: Man saß sich nicht auf der Pelle, und jede Familie war für eine Zeit lang unter sich.

Es war neun Uhr, als sie sich alle im Besprechungsraum trafen. Kriminaldirektor Schönbohm schlug wie immer mit weißen Socken und schwarzen Birkenstocks auf. Die belustigten Blicke der Anwesenden bemerkte er nicht, oder wenn doch, ignorierte er sie geflissentlich.

„Guten Morgen, Kollegen", begann er, „unsere Zeugen sind sicher im Adlerhorst gelandet. Und das Rechtshilfeersuchen an die Schweizer Kollegen soll heute noch bestätigt werden, das hat mir soeben unser Polizeipräsident mitgeteilt. Wann wollen Sie eigentlich fahren, Herr Bachmeyer?"

„Ich möchte erst einmal die Bestätigung abwarten", antwortete Schorsch. „Nach Abstimmung mit den Schweizer Kollegen könnten wir dann am Mittwoch runterfahren, mal sehen."

„Gibt es sonst irgendwelche neuen Erkenntnisse?", fragte Schönbohm. Er schaute in die Runde, doch abgesehen von Schorsch hatte wohl keiner etwas wirklich Neues in Erfahrung gebracht. Sie alle hatten das lange Wochenende genossen, was ihnen nach der anstrengenden letzten Woche auch zustand. Schorsch war stolz auf sein Team und wusste, dass er sich in der kommenden Woche auf jeden Einzelnen davon wieder voll und ganz verlassen konnte.

„Ben hat ein wenig für uns in seinen Datenbanken recherchiert", berichtete er, „aber diese Informationen sind natürlich nicht verwertbar." Er erzählte der Runde die Quelleninformationen, doch keiner im Raum durfte diese Informationen schriftlich in den Ermittlungs- und Handakten fixieren. Sein Versprechen gegenüber Ben Löb war ihm heilig, denn nur mit absolutem Vertrauen konnte man geheimdienstliche Quellen schützen. Und Ben Löb war ein guter Freund und Kollege, Gunda und Schönbohm kannten ihn gut, da durfte nichts schiefgehen.

„Gibt es sonst noch etwas, bevor wir die Besprechung auflösen und uns wieder an die Arbeit machen?" Schorsch blickte fragend in den Raum.

„Die Anfrage an die Bundesnetzagentur wegen der Mobilfunk-Einloggdaten zu den jeweiligen Tatorten ist am Freitag raus", meldete sich nun doch Basti zu Wort. „Die werden bestimmt noch ein wenig brauchen, aber auf das Ergebnis bin ich gespannt, Chef."

Schorsch nickte zustimmend. „Sonst nichts Neues? Dann weiterhin frohes Schaffen euch allen. Wir sind auf der richtigen Spur, Leute, darauf würde ich meinen Strich-Acht verwetten." Er lachte und entließ die Truppe.

*Dienstag, 4. Oktober 2011, 10.25 Uhr,*
*Pirckheimer Straße, Nürnberg, Dermatologie Dr. Hengsberg*

Heute hatte Schorsch seinen ersten Bestrahlungstermin. Pünktlich traf er in der Dermatologischen Praxis ein. Die Prozedur konnte beginnen. Nachdem die betroffenen Hautstellen mit einer speziellen Salbe bestrichen und mit einem Pflaster abgeklebt wurden, erfolgte zudem noch eine Abdeckung mit Alufolie. Dies war notwendig, da bis zur Bestrahlung kein Tageslicht auf die behandelten Stellen treffen sollte. Lustig, dachte sich Schorsch, ich sehe aus wie einer vom anderen Stern.

„So, Herr Bachmeyer, in drei Stunden führen wir die Bestrahlung durch", erklärte ihm die Schwester. „Die ist leider etwas unangenehm, aber wir kühlen natürlich dabei." Sie überreichte Schorsch noch eine Schmerztablette mit den Worten: „Die bitte eine Stunde vorher nehmen. Aber Sie sind ja tapfer!"

Schorsch verließ die Praxis wieder. In die Dienststelle wollte er nicht, zu groß wäre dort die Fragenflut mancher Neugieriger gewesen. Er entschloss sich deshalb für seine Wohnung, wo er ein wenig entspannen wollte.

Gegen halb zwei war er zurück in der Arztpraxis, und Dr. Hengsbergs Assistentin entfernte die Abdeckungen. Dann erschien der Doktor.

„Keine Sorge, Herr Bachmeyer, das haben wir gleich."

Schorsch legte sich auf einen Liegesessel, seine Augen wurden mit einer Schutzbrille abgedeckt. Dann fing der Arzt mit der Behandlung an.

Die Lichtquelle des Lasers war verdammt heiß, und Schorsch kniff die Zähne zusammen. Aber nach nicht einmal zehn Minuten war schon alles vorbei. Und er sah aus, als ob er zu lange unter der Sonnenbank gelegen hätte.

Dr. Hengsberg schloss die Behandlung mit den Worten: „In einer Woche noch einmal dasselbe Prozedere, dann haben wir es geschafft."

Kurz vor halb drei erreichte Schorsch das Präsidium. Und es folgte das, was kommen musste – die neugierigen Fragen der Kollegen! Brav beantwortete er alle und verzog sich dann in sein Büro.

„Hier die Umlaufmappe mit dem Rechtshilfeersuchen, die kam gerade herein." Horst reichte sie ihm über den Schreibtisch.

Schorsch öffnete die Mappe. Nach einer Weile hob er den Kopf und sah zu Horst. „Da schau her, die Schweizer Kollegen sind ja äußerst flexibel. Wir könnten schon morgen Nachmittag mit den Sachbearbeitern ein Sondierungsgespräch führen. Das heißt also, morgen früh geht's los!" Er griff zum Telefon und wählte Gundas Nummer. „Gunda, wir müssen morgen früh um sechs Uhr dreißig losfahren, denn am Nachmittag erwarten uns die Eidgenossen in Zürich. Du hast doch immer ein gutes Händchen bei der Hotelwahl, könntest du dich bitte um unsere Unterkunft kümmern?"

„Ach, das ging aber schnell!", entfuhr es ihr. „Das sind an die vierhundert Kilometer, die wir da abspulen müssen. Abrücken um sechs Uhr dreißig ist da auf jeden Fall eine gute Idee. Mit ein paar Zwischenstopps sind wir gegen Mittag in Zürich. Dann buche ich gleich mal eine Unterkunft für uns."

„Das wäre nett, danke. Und ich stelle noch einen Fragenkatalog zusammen. Wir sind morgen in Zürich zur Besprechung bei der Kantonspolizei in der Kasernenstraße angekündigt. Vielleicht finden wir dort in der Nähe ein passables Zimmer. Ach ja, und denk bitte bei der Auswahl des Hotels daran, dass wir WLAN auf dem Zimmer haben. Man weiß ja nie, was kommt!"

„Mache ich, Schorsch. Ich schicke dir die Hotelbeschreibung zu, sobald ich sie habe. Den Dienstwagen organisiere ich ebenso. Tschüss, bis dann!"

Bis Schorsch alle notwendigen Unterlagen zusammengestellt hatte, verging eine Weile. Gunda hatte ihm bereits die Hotelbestätigung zukommen lassen. Sie residierten im St. Georges Hotel. Schorsch grinste. Das passte ja genau zu seinem Vornamen! Und die Kantonspolizei konnten sie von dort aus bequem zu Fuß erreichen. Perfekt!

Schorsch machte Dienstschluss.

Als er gegen siebzehn Uhr zu Hause auf seiner Couch saß und seine Post durchsah, klingelte sein Telefon. Es war Rosanne.

„Hallo, mein Lieber, wie war dein Tag und der Besuch bei deinem Hautarzt? War es sehr schmerzhaft?"

„Schön, dass du an mich gedacht hast. Ich bin soeben nach Hause gekommen und studiere gerade das, was der Postbote heute hinterlassen hat. Und ja, es hat höllisch wehgetan, es war fast nicht auszuhalten." War das nicht etwas übertrieben?

Würde sie ihn für einen solchen Kerl halten, der schon beim kleinsten Husten dachte, er würde die Nacht nicht mehr überleben? Ach, und wenn schon, er war schließlich haarscharf an einer schlimmen Krankheit vorbeigeschrammt! „Und ich sehe aus wie ein Indianer!", schob er hinterher. „Hoffentlich sieht man das bis morgen nicht mehr so, wir fahren doch morgen früh nach Zürich."

„Soll ich vorbeikommen und die Wunden weiter kühlen?", konnte sie sich einen hämischen Kommentar nicht verkneifen. „Mein Armer! Aber du wirst sehen, morgen bist du wieder fit. Kommissare sind doch hart im Nehmen." Sie lachte, riss sich dann aber wieder zusammen und sagte: „Deine Dienstreise wird erfolgreich werden, glaub mir. Das sagt mir mein Gefühl."

Schorsch stöhnte ein wenig. „Na ja, es geht schon wieder, ich hab die Stellen dick eingecremt. Ich hoffe, dass man morgen nichts mehr davon sieht. Ein paar Sachen für die Reise muss ich noch zusammenpacken, und dann gehe ich heute mal früh ins Bett. Aber erzähl, wie war dein Tag?"

Rosanne seufzte. „Puh, der ging voll stressig los. Ich muss ja bis morgen Abend meine Präsentation fertig haben, und mir fehlen noch von verschiedenen Standorten die Quartalszahlen. Entsprechend bin ich ziemlich kaputt, viel wird es bei mir heute also auch nicht mehr geben. Ich muss noch ein wenig aufräumen, Wäsche zusammenlegen, das Übliche halt. Dann nehme ich noch ein kleines Entspannungsbad, das war es dann für heute."

„Stress dich nicht, du packst das schon. Dann wünsche ich dir mal eine gute Nacht, meine Liebe, und wir hören uns bald wieder", verabschiedete er sich und machte sich wie versprochen daran, seinen Koffer für Zürich zu packen.

## 14. Kapitel

*Mittwoch, 5. Oktober 2011, 06.05 Uhr,*
*Polizeipräsidium Nürnberg, K11*

Schorsch hatte eine schlaflose Nacht hinter sich. Das war nichts Ungewöhnliches, er schlief immer unruhig, bevor er verreiste oder am nächsten Tag ein wichtiger Termin anstand. Er zog sich einen Kaffee und überprüfte kurz noch einmal seine Unterlagen auf Vollständigkeit, als Gunda eintraf.

„Na, Schorsch, alles fit im Schritt? Gut geschlafen?", begrüßte sie ihn gut gelaunt.

Er sah sie aus müden Augen an. „Leider nicht, liebe Gunda. Guten Morgen! Ich habe mich durch die Nacht gequält, wie immer vor einer Dienstreise. Da gehen mir so viele Fragen durch den Kopf, es ist einfach schwer, da in den Schlaf zu finden. Und Schäfchenzählen funktioniert nicht."

„Ich fahre das erste Stück, Schorsch, dann kannst du noch ein wenig im Auto dösen. Okay?"

Schorsch nickte und zwinkerte ihr zu.

Um kurz vor sieben saßen beide im Auto und fuhren auf den Frankenschnellweg, als das Frankenradio über einen aktuellen Mordfall berichtete. Gunda drehte das Empfangsgerät lauter. Die Mordkommission aus Unterfranken hatte einen neuen Fall zu klären und suchte deshalb nach Hinweisen aus der Bevölkerung. Eine zerstückelte Frauenleiche war in einem beliebten Badesee nahe Erlabrunn entdeckt worden. Wer die Tote war, ging aus der Meldung zunächst nicht hervor.

„Da schau her, die Würzburger haben auch wieder Arbeit bekommen", sagte Gunda, als wieder Musik aus dem Radio dudelte. „Haben wir eigentlich schon Hinweise über *unsere* Radiodurchsage erhalten?" Ihr Blick galt Schorsch, der versuchte, mithilfe seines Nackenkissens die richtige Schlafposition einzunehmen.

Er konnte jedoch nicht schlafen, die zwei Tassen Kaffee hielten ihn wach, also kam ihm Gundas Frage ganz recht. „Nein, bis jetzt hat sich keiner auf unseren Aufruf gemeldet. Aber ich sage dir was, die Brüder gehen genau nach Plan vor. Die haben den Tatablauf so haarklein vorbereitet, dass es kaum Zeugen geben kann. Gunda, unsere Täter sind Profis, die machen das nicht zum ersten Mal. Jeder dieser Burschen hat mit Sicherheit eine kriminelle Vergangenheit."

Sie kamen zügig voran, aber an Schlaf war nicht mehr zu denken. Stattdessen ging Schorsch mit Gunda das bevorstehende Gespräch am Nachmittag noch mal durch, denn sie wollten nach guter deutscher Manier, also vorbereitet, bei den Eidgenossen auftreten.

Gegen halb zwölf erreichten sie das St. Georges Hotel, und der Concierge überreichte ihnen beim Check-in zugleich einen Umschlag der Kantonspolizei. Ihr Gespräch war erst für vierzehn Uhr fünfzehn in der Kasernenstraße terminiert. Bis dahin war also noch genügend Zeit. Es war ein sonniger Herbsttag, und sie entschlossen sich für einen Stadtrundgang.

Nach einem Abstecher zum Bellevueplatz und in die Bahnhofstraße fanden sie sich um kurz nach zwei in der Kantonspolizei ein, wo sie Herr Beat Egli, Leiter der Züricher Mordkommission, bereits im Eingangsbereich erwartete.

„Grüezi Gott, meine Herrschaften! Sie kommen bestimmt aus Nürnberg und wollen zu mir, Beat Egli. Odder?" Er reichte ihnen die Hand.

„Grüß Gott, Herr Kollege", erwiderte Schorsch den Gruß. „Georg Bachmeyer, und das ist meine Kollegin Gunda Vitzthum."

„Na, dann herzlich willkommen in Zürich. Und folgen Sie mir bitte." Beat Egli wies ihnen mit einer Handbewegung den Weg.

Nach der Registrierung beim Pförtner wurde ihnen der Besucherausweis ausgehändigt. Dieser musste offen und für jedermann erkennbar am Revers getragen werden. Sicherheit wurde auch bei den Eidgenossen großgeschrieben.

Herr Egli führte sie in den Besprechungsraum der „Sektion 11 Mord und Totschlag" und stellte sie den dort anwesenden Kollegen vor. Nach einer herzlichen Begrüßung nahmen alle wieder Platz.

Der Besprechungsraum hatte Ausmaße von gut und gerne vierzig Quadratmetern. Seine Wände waren fensterlos und in hellem Nussbaumholz getäfelt. Auf der Tischreihe, die in U-Form aufgestellt war, standen mehrere Kaffeekannen und verschiedene Erfrischungsgetränke parat.

Beat Egli forderte Schorsch und Gunda dazu auf, sich zu bedienen. „Greifen Sie bitte zu, meine Kollegen. Zu Ihrer Beruhigung sei erwähnt, dass dieser Raum absolut abhörsicher ist. Und was wir hier besprechen, bleibt in diesen Wänden. Odder?"

Dann überließ er Schorsch das Wort, der ihnen ihren aktuellen Ermittlungsstand erklärte und dann näher auf den Schweizer Bankier Urs Ischy einging.

„Liebe Kollegen, dieser Bankier hat nach der derzeitigen Beweislage das Vermögen von deportierten Juden, welche anschließend ermordet wurden, auf diese Männer übertragen und ist für seine erfolgreichen Dienste von beiden sehr großzügig entlohnt worden. Dieser Mann war korrupt und ein festes

Mitglied dieser Bande. Wir müssen unbedingt mit ihm sprechen. Wenn er denn überhaupt noch lebt!"

Beat Egli warf ihm einen verstehenden Blick zu. „Wir wollen Ihnen gerne in der Angelegenheit behilflich sein und haben das Umfeld von Urs Ischy auch schon abgeklärt. Sprechen können Sie ihn nur leider nicht mehr, er ist 1997 verstorben. Aber er hat mit seinem Bruder Elias Ischy im Jahr 1948 die Kantonbank ‚Pecunia' gegründet. Sein Bruder ist mittlerweile ebenso in einem honorigen Alter. Er lebt in einem Seniorenheim in Arosa. Die Kinder der Familien führen das Geldhaus weiter. Die Familie ist sehr vermögend. Wir haben aber schon mal für Sie vorgearbeitet. Unser ‚Dienst für Analyse und Prävention' hat die von Ihnen übermittelten Angaben bereits recherchiert."

Herr Egli öffnete eine rote Umschlagmappe mit der Aufschrift „VS-Vertraulich" und überflog das Dokument, während er gleichzeitig seinen Inhalt referierte: „Ischy war bis zu seinem Tod 1997 stark mit der katholischen Kirche verbunden. Er war sehr gläubig und ein großer Mäzen im kulturellen und kirchlichen Bereich. Irgendwie hat ihn dann aber doch sein schlechtes Gewissen eingeholt, denn drei Wochen vor seinem Tod, am 7. Jänner 1997, nahm er Kontakt zum Bischof von Chur auf, mit dem er seit Jahren befreundet war. Er wollte in seinem Beisein und vor einem Vertreter der ‚Israelitischen Cultusgemeinde Zürich' sein Gewissen erleichtern. Diesem Wunsch sind beide Religionsvertreter nachgekommen. Am Sonntag, den 12. Jänner 1997, fand dann das Treffen im Hospiz ‚Palliativhouse' statt. Als Bankier wusste er von den ‚Swissbankclaims', also von einem angestrebten Verfahren um die Vermögenswerte der jüdischen Opfer bei Schweizer Banken. Somit war ihm bekannt, dass seine vergangenen Taten ans Tageslicht kommen würden."

Eglis Blicke richteten sich auf Gunda und Schorsch. Die lauschten gebannt seinen Worten und ermunterten ihn mit einem Nicken zum Weitersprechen. Er fuhr fort: „Ischy räumte in Anwesenheit der beiden Geistlichen ein, dass er in der Tat das Vermögen von vielen jüdischen Anlegern aus den Jahren 1937 bis 1944 mit buchhalterischem Großaufwand verschleiert hatte. Er offenbarte sich so weit, dass er zwar eingestand, dass seine Auftraggeber aus Deutschland kamen und dort eine Führungsposition bei den Nationalsozialisten eingenommen hatten, namentlich erwähnte er sie jedoch in keinem Satz. Das hatte er bereits vorher, zu Beginn des Gespräches, angekündigt. Ischy, der damals Prokura bei der EKA in Zürich hatte, gab ferner an, dass er im Zeitraum von 1941 bis 1944 eigenständig verschiedene Nummernkonten auf Weisung seiner deutschen Auftraggeber abgeändert habe. Die Übertragungsvollmachten der ehemaligen jüdischen Konteninhaber lagen ihm vor. Somit war dann der Hinweis – ‚Auflösung des vorhandenen Nummernkontos nach Barabhebung durch den Bankkunden' – ein plausibler und zudem buchhalterischer Buchungsakt in den damaligen Bankunterlagen. Durch diese Kontoübertragungen musste er auch keine signifikanten Bankaufzeichnungen der EKA mehr manipulieren. Alle Unterlagen waren buchungstechnisch plausibel und schienen neu geordnet zu sein. Für diese Mithilfe wurden ihm nach Übermittlung der Kontoangaben siebzehn Prozent des geraubten Vermögens überlassen. Einlagen der Opfer, also Schmuck, den sie in Bankschließfächern aufbewahrten, oder Gemälde wurden durch ein Auktionshaus, das damals seinem Bruder Elias gehörte, veräußert. Von diesem Erlös, dessen Umsetzung mit einem höheren Aufwand verbunden war, wurde Ischy wiederum mit fünfunddreißig Prozent beteiligt. Er und sein Bruder Elias wurden durch diese Handlungen sehr wohlhabend. Beide gründeten 1948 dann die Kantonbank ‚Pecunia' und bauten sich in den Folgejahren ein kleines Imperium auf." Egli ließ das Dokument auf seinen Schoß sinken und sah seine Zuhörer erwartungsvoll an.

„Genau so etwas haben wir uns gedacht, lieber Kollege", ergriff Schorsch das Wort. „Die Unterlagen, die wir bei Johannes Koch und Adolf Bergmann gefunden haben, weisen eindeutig darauf hin, dass euer Herr Ischy mit den beiden zusammengearbeitet hat. Auch wenn er nie den Namen seiner Auftraggeber verraten hat, wird seine Aussage als Beweis genügen. Alleine hätte keiner der drei Männer diese verbrecherischen Taten umsetzen können. Ischy brauchte das Losungswort des besagten Nummernkontos und musste wissen, auf welcher Bank das Vermögen gelagert war. Alleine kam er nicht an das Kapital, er war also auf die Hilfe aus Deutschland angewiesen. Andersherum die beiden Deutschen. Die wiederum benötigten eine Führungskraft, also einen Entscheidungsträger in der Schweiz, der Verbindung zu den verschiedenen Banken hatte. Alle drei handelten vorsätzlich, zielgerichtet und arbeitsteilig. Aber was mich jetzt wirklich brennend interessieren würde, liebe Schweizer Kollegen: Wie seid ihr so schnell an diese Informationen gekommen?"

Eglis Kollegin, Frau Vischdaig, eine burschikose Mittvierzigerin mit kurzen rötlichen Haaren und Hornbrille antwortete: „Unser Nachrichtendienst des Bundes, kurz NDB, wurde nach dem Tod von Ischy von einem befreundeten Dienst darüber in Kenntnis gesetzt. Denen lagen alle Gesprächsinhalte des 12. Jänner 1997 vor."

„Von einem befreundeten Nachrichtendienst? Das kann ja nur der israelische oder der amerikanische Dienst sein, odder?" Schorsch konnte es sich nicht verkneifen, nun ebenso einmal dieses einzigartige Schweizer Wort zu gebrauchen.

Frau Vischdaig lächelte und sprach weiter, ohne auf seine Frage einzugehen: „Unsere Nachrichtendienste arbeiten natürlich mit verschiedenen Dienststellen unserer eidgenössischen Bundesverwaltung zusammen. Und unsere ausländischen Partnerdienste teilen ihre Erkenntnisse nicht nur dem NDB mit, auch die Bundesanwaltschaft in Bern erhält gewisse Informationen. Da es in diesem Fall um das nationale Interesse unseres Landes geht, konnten wir schnell an diese signifikanten Informationen kommen. Aber, lieber Kollege, um Ihre Frage zumindest halbwegs zu beantworten ..." Wieder setzte Frau Vischdaig ein verschmitztes Lächeln auf. „Seit Mitte 1997 liegt dieses Dossier auch in den Datenbanken der CIA und des Mossad. Ist Ihre Frage damit beantwortet?"

Schorsch nickte zufrieden und Herr Egli übernahm, noch bevor er etwas darauf erwidern konnte. „Ja, Frau Vitzthum und Herr Bachmeyer, wir werden Sie in jeder Hinsicht, so weit wir das machen können und dürfen, unterstützen, odder? Das Vermögen der Ischys ist uns bekannt. Noch vor seinem Tod hat Urs Ischy mit seinem Bruder darüber verfügt, dass er das widerrechtlich erlangte Vermögen aus diesem Zeitraum zurückzahlen möchte. Diese beidseitige Willensbekundung lag auch der Volcker-Kommission vor, welche für die Untersuchung von jüdischem Vermögen bei Schweizer Banken zuständig ist. Der Jüdische Weltkongress wurde dann unter der Leitung von Ed Fagan bereits 1996 aktiv. Man machte sich daran, das geraubte Vermögen hier in der Schweiz aufzuspüren und es seinen rechtmäßigen Eigentümern beziehungsweise Erben zuzuführen. Ischy waren vermutlich die Anfänge davon bekannt, deshalb das späte Geständnis. Er wollte Schaden von seinem Bankhaus abwenden, seine Erben schützen. Im Jahr 1999 zahlte die Familie Ischy fast dreizehn Millionen Schweizer Franken an das U.S. District Court in Brooklyn, New York. Ed

Fagan, als Vertreter der Kläger, war damals persönlich mit der Aufklärung betraut. Die Familie Ischy, also das Geldhaus Pecunia, hatte sich mit dieser Zahlung wieder reingewaschen. In der Presse erfuhr man nichts darüber, es wurde im Stillschweigen verhandelt und bezahlt. Die Schweizer Reputation wurde nicht in Mitleidenschaft gezogen, das war unserer damaligen Regierung sehr, sehr wichtig. Bis hierher unsere Erkenntnisse, liebe Kollegen", schloss Egli mit seinem Bericht.

Nun mischte sich Gunda ein, die bisher nur schweigend zugehört hatte: „Ich frage mich, wie unsere Mörder an die Namen der ehemaligen Lagerkommandanten gekommen sind? Irgendwer muss doch deren Klarnamen oder die legendierten Namen preisgegeben haben!"

„Gute Frage!", murmelte Frau Vischdaig vor sich hin. „Irgendwie müssen die Namen nach so langer Zeit bekannt geworden sein. Nur wie und wo die Mörder davon erfahren haben, das fragen wir uns natürlich auch."

„Wir sollten nichts außer Acht lassen", meinte Schorsch. „Wenn wir schon hier sind, sollten wir vielleicht die Kinder des Bankiers nochmals befragen. Vielleicht gab es ja im Nachhinein Nachfragen und man hat ganz unbewusst Namen preisgegeben, die man vielleicht im Nachlass von Ischy gefunden hat."

Beat Egli erhob sich von seinem Stuhl und blickte in die Runde. „Gute Idee. Dann wollen wir mal sehen, ob wir zeitnah einen Termin bei den Ischys bekommen. Notfalls suchen wir die Verantwortlichen in der Pecunia-Bank auf. Ich kümmere mich gleich darum."

Auch die anderen Anwesenden standen ruckartig von ihren Plätzen auf. Die Besprechung war beendet. Und vielleicht war man der Aufklärung der Serienmorde ja sogar wieder einen Schritt näher gekommen.

## 15. Kapitel

*Donnerstag, 6. Oktober 2011, 06.30 Uhr,*
*St. Georges Hotel, Zürich*

Schorsch hatte bereits seinen Frühsport hinter sich. Um kurz vor sechs war er mit Gunda zu einer Laufrunde aufgebrochen. Nun freuten sich beide auf ihr Frühstück, denn sie hatten keinen Stress. Der Termin bei der Kantonspolizei war erst auf halb neun angesetzt.

Kurz vor halb neun betraten sie das Polizeigebäude. Frau Vischdaig geleitete Schorsch und Gunda in den Besprechungsraum, wo man für sie das zweite Frühstück vorbereitet hatte. Es gab unterschiedliche Nidelfladen-Varianten, eine Schweizer Gebäckspezialität. Dabei handelte es sich um flache, runde Kuchen mit wenig Teig, die mit einer mild-süß-sahnigen Füllung versehen waren. Einige davon waren mit getrockneten Birnenschnitzen gefüllt, die zuvor in Kirschwasser und Zimt getränkt wurden. *Gut, dass ich mir heute keine Sorgen um meine Figur machen muss,* dachte Schorsch beim Anblick des herrlich duftenden Gebäcks. Der Frühsport erlaubte es ihm, seinem täglichen Kalorienplan etwas mehr Luft nach oben zu geben. Gunda griff ebenso beherzt zu.

Es gab jedoch nicht nur das leckere Gebäck, es lagen zudem auch Neuigkeiten vor. Die Bankiersfamilie wollte sie um halb elf in der Züricher Pecunia-Filiale empfangen.

Schorsch hatte für die Kollegen nochmals seinen Fragenkatalog ergänzt. Denn er durfte im Rahmen der Rechts- und Amtshilfe keine Schweizer Bürger einvernehmen, dazu waren nur die Kollegen der Kantonspolizei befugt. In vielen Rechtshilfeersuchen jedoch lenkten die Kollegen hierbei ein, und die zu Befragenden stimmten meist einer direkten Fragestellung durch die ermittelnden Beamten zu. Es waren ja keine Beschuldigten.

Sie waren pünktlich. Die Pecunia-Bank lag mitten in der Züricher Fußgängerzone. Es war ein großes Sandsteingebäude aus der Gründerzeit. Neben Schorsch und Gunda waren von den Eidgenossen nur Kollege Egli und Frau Vischdaig vertreten, denn man wollte nicht mit einer ganzen Sektion 11 dort aufschlagen. Die Vorstandssekretärin, eine attraktive Endzwanzigerin mit kurzen roten Haaren und einer modischen Nickelbrille, geleitete die vier Personen zum Aufzug. Der Besprechungsraum, der sich im sechsten Obergeschoss befand, war riesengroß und mit Jugendstil-Inventar eingerichtet. In der Mitte des Raumes befand sich ein großer Schreibtisch, der links und rechts von jeweils einer Besprechungsecke flankiert war.

Die Sekretärin geleitete sie zu der kleineren der beiden Besprechungsecken. „Hier bitte, nehmen Sie Platz. Die Herrschaften werden gleich hier sein." Sie verließ den Raum. Kurz darauf öffnete sich eine vertäfelte Verbindungstür und zwei Personen, eine Frau und ein Mann, beide schätzungsweise Mitte vierzig, kamen auf sie zu.

„Guten Tag, meine Herrschaften, wir dürfen uns kurz vorstellen. Meine Cousine Anne Ischy, ich bin Walter Ischy. Wir führen beide die Pecunia." Sie reichten den Polizisten die Hand. „Sie haben ein paar Fragen an uns und sind deshalb extra aus Deutschland angereist?"

Herr Egli stellte alle noch einmal vor, verwies auf das gemeinsame Rechtshilfeabkommen zwischen der Schweiz und Deutschland und fragte, ob die deutschen Kollegen ihre

Fragen direkt stellen dürften. Anne und Walter Ischy schauten sich kurz an und nickten dann zustimmend.

„Ja, sicherlich, wenn wir Ihnen helfen können, warum nicht!", antwortete Anne Ischy. „Dürfen wir Ihnen etwas anbieten, Kaffee, Tee, Wasser oder einen Saft?"

Nachdem jeder von der Sekretärin mit einem Getränk versorgt worden war, begann Schorsch mit der Falldarstellung aus Deutschland. Er klärte sie auch darüber auf, dass er und Gunda bereits von der Wiedergutmachung aus dem Jahr 1999 wussten.

„Und wie können wir Ihnen nun helfen?", unterbrach ihn Walter Ischy.

„Unsere Opfer in Deutschland hatten alle eine neue Identität und lebten seit Jahrzehnten mit dieser glaubhaften Legende. Niemand in Deutschland wusste von ihrer verbrecherischen Vergangenheit. Erst vor ein paar Wochen oder Monaten muss der wahre Name, also die Vergangenheit der beiden Familien, den Mördern bekannt geworden sein. Das ist nach all den Jahren kein Zufall. Jemand muss den Mördern die richtigen Namen verraten haben."

Walter Ischy atmete hörbar ein und wieder aus und sagte dann in leicht herablassendem Ton: „Da können wir Ihnen vermutlich nicht weiterhelfen. Wir wissen darüber recht wenig, da über das Thema bei uns nicht gesprochen wurde. Mein Vater hat unser Bankhaus mit meinem Onkel Elias gegründet und ..."

„Wenn aus dieser Zeit jemand noch etwas Genaueres weiß, dann ist das mein Vater." Anne Ischy unterbrach ihn jäh, und ihre Stimme klang so freundlich, als wollte sie damit die Arroganz ihres Cousins wiedergutmachen. „Er lebt in einem Seniorenheim in Arosa und ist dreiundachtzig Jahre alt. Aber warum sollte er etwas verraten haben? Und vor allem an wen?"

„Wenn Sie uns versichern, dass keine Person an Sie beide herangetreten ist, um Näheres über die damaligen Tatumstände zu erfahren, dann wäre unsere einzige Chance in der Tat noch Ihr Vater beziehungsweise Onkel", resümierte Gunda. „Jemand, der damals involviert war, muss darüber geplaudert haben. Vielleicht unbewusst, wie auch immer. Aber es muss passiert sein, sonst hätten wir jetzt nicht drei Mordopfer. Und andere Personen waren mit diesem Sachverhalt nicht vertraut. Wir würden deshalb gerne nach Arosa fahren. Wären Sie damit einverstanden?"

„Warum nicht?", antwortete Anne Ischy. „Ich rufe Vater gleich mal an. Ich werde ihn unterrichten, dass Sie mit ihm sprechen möchten."

„Wie lange fährt man denn dorthin?", wollte Schorsch wissen.

„Von hier aus sind es hundertfünfzig Kilometer", bemerkte Kollege Egli. „Wenn Ihr Vater also Zeit haben sollte, und in einem Seniorenheim gehe ich mal davon aus, odder, würden wir gleich nach dem Gespräch dorthin aufbrechen."

„Dann warten Sie bitte kurz, ich rufe ihn an." Frau Ischy verließ den Raum. Nach etwa drei Minuten kam sie wieder zurück und sagte: „Ich habe ihn erreicht, und er möchte Ihnen etwas sagen. Es gab tatsächlich vor einiger Zeit eine Anfrage dort, er hatte Besuch erhalten. Aber das erzählt er Ihnen lieber selbst. Haben Sie sonst noch irgendwelche Fragen? Können wir Ihnen noch irgendwie weiterhelfen?" Sie griff vor sich und schlug den Notizblock auf. Dann notierte sie etwas, riss das Blatt aus dem Block und überreichte es Herrn Egli. „Hier die Anschrift in Arosa. Er wartet nach dem Mittagessen auf Sie."

Gunda und Schorsch waren zufrieden, ebenso ihre beiden Schweizer Ermittler. Dankend verabschiedeten sie sich. Was wohl hatte ihnen Elias Ischy zu sagen?

Es war kurz vor zwei Uhr nachmittags, als sie bei strahlendem Sonnenschein Arosa erreichten. Die Gemeinde des Kantons Graubunden mit ihren knapp dreitausend Einwohnern war erst im letzten Jahrhundert als Luft- und Kurort bekannt geworden. Seitdem hätten sich viele wohlhabende Schweizer hier im Bezirk Plessur niedergelassen, erklärte ihnen Beat Egli. Die Alterssterblichkeit sei hier sehr hoch angesetzt, das mochte wohl an der guten Schweizer Luft liegen, fügte er hinzu. „Aber es gibt auch einen deutschen Bezug zu diesem Kurort. Denn auch der bekannte deutsche Dichter Christian Morgenstern besuchte Arosa. 1912, zwei Jahre vor seinem Tod, war er zu einer Liegekur hier. Und seine komische Lyrik machte auch hier in Arosa nicht halt: ‚Wenn ich meine Gedanken und mein Schaffen nicht hätte, wie würde ich dann wohl solch ein Krankenleben ertragen können!'", zitierte der Schweizer Ermittler.

Das Seniorenheim erinnerte Schorsch an Kulmbach. Edel, edel, dachte er, nur dass dieses Heim hier höher gelegen war und man den Blick auf die Schweizer Bergwelt hatte. Aber einen Waschbären Erwin hatten sie hier nicht. Noch nicht!

Im Zufahrtsbereich waren Parkbänke aufgestellt, auf denen sich einige Senioren niedergelassen hatten. Es war ein großzügiger Eingangsbereich mit einer gepflegten Gartenanlage. Sie stellten ihren Dienstwagen auf den Besucherparkplatz ab und wollten Richtung Eingang gehen, als sie von einem rüstigen Mann angesprochen wurden.

„Ihr Kennzeichen verrät mir, dass Sie aus Zürich kommen. Sie sind von der Polizei. Meine Tochter hat Sie mir angekündigt."

„Dann müssen Sie Herr Elias Ischy sein, odder?" Herr Egli schüttelte dem alten Mann die Hand und stellte ihm Schorsch und Gunda vor.

„Kommen Sie mit, wir gehen auf die Sonnenterrasse", lud Elias Ischy sie ein. „Dort lässt es sich besser reden."

Nachdem sich alle auf den bequemen Gartenstühlen niedergelassen hatten und der auskunftsfreudige Zeuge Ischy damit einverstanden war, von den deutschen Beamten befragt zu werden, erklärte ihm Schorsch den Bezug der Nürnberger Mordkommission zur Schweizer Pecunia-Bank. Dann kam er auf den eigentlichen Grund ihres Besuchs zu sprechen. „Herr Ischy, was wir unbedingt noch einmal hinterfragen müssen, ist das damalige Geständnis Ihres Bruders in Sachen jüdischer Vermögenswerte. Haben Sie etwas dagegen, wenn wir das Gespräch mit Ihnen aufzeichnen?" Er holte sein Smartphone hervor und legte es auf den Tisch. „Für uns wäre es eine große Erleichterung, wenn Sie dem zustimmen würden."

Der alte Herr nickte freundlich. Schorsch bedankte sich mit einem Lächeln, dann betätigte er den Aufzeichnungsknopf und setzte seine Befragung fort: „Ihr Bruder hatte ja damals im Beisein eines befreundeten Bischofs und eines Vertreters der jüdischen Gemeinde Angaben gemacht. Die Namen der Auftraggeber aus Deutschland hatte er aber bewusst verschwiegen. Wie wir aber wissen, müssen diese Namen gewissen Leuten nunmehr bekannt geworden sein. Drei Personen dieser deutschen Familien wurden ermordet. Haben Sie dafür eine Erklärung?"

Der alte Herr schaute fragend in den Himmel, als ob er zu seinem verstorbenen Bruder hochsehen wollte. Dann senkte er seinen Kopf und sah zu Schorsch. „Ich habe die Namen preisgegeben."

„Herr Ischy, wann, wo und an wen haben Sie die Namen der Deutschen herausgegeben?", wurde Beat Egli nun etwas eindringlicher. „Das ist sehr wichtig für die Kollegen aus Deutschland! Odder?"

„Es war Anfang August. Jeden Donnerstag bei schönem Wetter spielen wir hier Boule, anschließend beenden wir den Nachmittag mit einem Glas Wein. Wir saßen noch beim Wein, als ich von zwei Männern mit Namen angesprochen wurde. Sie kannten, wie gesagt, meinen Namen und wussten, dass meine Tochter unser Bankhaus in Zürich mit ihrem Cousin leitet. Sie kannten sogar die Namen meiner beiden Enkeltöchter und baten um ein Gespräch unter sechs Augen."

„Was passierte dann?", hakte Egli nach.

„Wir gingen in mein Appartement, dort waren wir ungestört. Sie meinten, sie wüssten von der damaligen Aussage meines verstorbenen Bruders und dass da noch Fragen offen wären. Ich wusste sofort, was die wollten. Die einzig offenen Fragen waren die Namen der Deutschen."

„Sie kannten die Namen der Deutschen und Sie kannten auch ihren Wohnort, nicht wahr?" Schorsch sah von seinen Notizen auf und blickte Elias Ischy direkt in die Augen.

Ischy wurde nervös, schaute wiederholt in den Himmel, und seine beiden Hände fingen an zu zittern. Dann sagte er leise: „Die Geschäfte meines Bruders mit den beiden Deutschen sind Ihnen ja bekannt. Ich habe damals meinen Bruder beim Verkauf von Wertgegenständen unterstützt. Es handelte sich um Eigentum von deportierten Juden, das wusste ich. Auch ich habe eine gewisse Mitschuld, da ich über mein Auktionshaus die geraubten Werte veräußert habe. Nach dem Krieg waren die beiden Deutschen – wir reden hier von Koch und Bergmann, die wissentlich vorher andere Namen führten – fast jedes Jahr in der Schweiz. Sie machten mit ihren Familien hier Urlaub, und mein Bruder stellte mich ihnen vor. Ich war nicht so freundschaftlich verbunden mit ihnen wie Urs, aber es waren nette und sympathische Herrschaften. Unsere Kinder mochten sich. Und auch die jungen Bergmanns und die Kochs kommen uns heute noch ab und an besuchen. Die Bergmanns haben einen wunderbaren Silvaner, und die Kochs den berühmten ‚Koch Nr. 12', einen Vogelbeerschnaps aus dem Frankenwald, so etwas haben Sie noch nicht getrunken. Darf ich Ihnen einen anbieten?"

Egli schüttelte den Kopf und antwortete stellvertretend für alle: „Nein, danke, wir sind ja im Dienst. Aber warum haben Sie die Namen der Familien denn herausgegeben? Was haben diese Herren Ihnen angeboten? Oder haben sie Sie erpresst?"

Ischy seufzte. „Wir haben ja alles zurückbezahlt. Das U.S. District Court in Brooklyn, New York, hat einen Millionenbetrag erhalten. Unsere Schuld war damit getilgt."

„Das wissen wir schon", unterbrach ihn Schorsch. „Herr Ischy, erklären Sie bitte, wie es zur Nennung der Namen kam. Und wer waren diese Leute? Haben die Ihnen erklärt, woher sie kamen oder woher sie die Informationen über Sie und Ihre Familie hatten?"

Der Greis zuckte fast unmerklich mit den Schultern. „Die beiden Männer haben unsere Sprache gesprochen, nur ein klein wenig Akzent war zu erkennen. Woher sie kamen, haben sie nicht gesagt. Sie behaupteten, dass sie das damalige Geständnis meines Bruders weiter aufklären wollten. Sie bestanden auf die Namen, die mein Bruder damals verschwiegen hatte. Und sie wussten auch, dass die Namen mir bekannt sein mussten. Sie wussten einfach alles über mich und meine Familie. Ich bekam Angst."

„Angst wovor?", fragte Gunda.

„Dass meiner Familie, meinen Enkeln etwas passieren könnte. Oder dass sie mir etwas antun würden. Sie sprachen die Drohung zwar nicht explizit aus, aber an ihrem Verhalten konnte ich erkennen, dass sie nur gekommen waren, um die Namen der Deutschen zu erfahren. Und sie wären auch nicht wieder gegangen, ohne sie erfahren zu haben. Frau Vitzthum, ich bin alt und weiß nicht, wie lange ich noch leben werde. Meine Familie bedeutet mir sehr viel. Ich liebe meine beiden Enkelkinder. Ich habe den beiden Herren die Anschriften der Kochs und der Bergmanns gegeben. Sie versprachen mir anschließend, dass ich weiter mein Leben genießen und mich an meinen beiden Enkeln erfreuen könne." Herr Ischy klopfte sich auf die Brust. „Mea culpa. Ich bekenne mich dazu, aber ich konnte nicht anders."

Kollege Egli sah zu Schorsch, der ihm zunickte und dann den Button des Diktiergerätes bediente. Sie hatten es nun schwarz auf weiß. Der alte Greis hatte aus Angst gehandelt und die Namen und Anschriften der Herren Koch und Bergmann offenbart. Seine Personenbeschreibung auf Nachfrage war nicht von Substanz. Es waren zwei Herren mittleren Alters. An die Haarfarbe, an äußerliche Merkmale, Größe oder Ähnliches konnte er sich nicht mehr erinnern. Oder er wollte sich nicht mehr erinnern.

Schorsch und Gunda aber waren zufrieden, schließlich würden sie nicht ergebnislos nach Nürnberg zurückfahren müssen. Nach diesem Gespräch stand fest, dass die Täter dank Elias Ischys Aussage die Familien Koch und Bergmann problemlos aufspüren konnten.

Es war kurz nach halb fünf, und der Rückweg nach Zürich lag noch vor ihnen.

## 16. Kapitel

*Freitag, 7. Oktober 2011, 07.30 Uhr,
St. Georges Hotel, Zürich*

Gunda und Schorsch hatten gut geschlafen. Und sie hatten Ergebnisse, aber weiterhin keine wirkliche Spur. Sie wussten, dass die Täter erst durch den Hinweis von Elias Ischy ihre Mordpläne umsetzen konnten. Wer die Täter waren und wer dahintersteckte, diese Infos fehlten. Schorsch dachte an das geplante Treffen mit Ben Löb und seine bislang bekannten Hinweise auf „Abaddon". Wer genau war dieser Mann, der besagte „Engel des Abgrunds"? Wie und von welchem Ort aus steuerte er seine Killerkommandos? Und warum lag ihm so viel daran, den Rachefeldzug der Nakam fortzuführen? Schorsch war ein wenig frustriert. Bis jetzt wussten sie nur etwas über die ehemaligen Nazis und die Reinwaschung ihrer Schweizer Mittäter.

Um kurz vor halb elf verabschiedeten sie sich von der Kantonspolizei und fuhren Richtung Frankenland. Ihre Dienstreise war beendet, und das Wochenende stand vor der Tür.

Als sie um zwei Uhr nachmittags das Präsidium erreichten, erwartete das Team die beiden bereits. Waltraud hatte Nusshörnchen und Mohnstreusel besorgt, und die Kaffeemaschine hatte viel zu tun, als Schorsch um halb drei mit der Wochenendbesprechung begann.

Die neuesten Erkenntnisse aus der Schweiz waren schnell vorgetragen. Es war ein Ansatz, aber keine heiße Spur in Bezug auf die Täter. Und weitere Hinweise von dort gab es nicht. Deshalb war Schorsch auf die Ermittlungsergebnisse seines Teams gespannt. Hatten Waltraud und Hubsi etwas über den Transporter und Gimli erfahren? Was hatte die Anfrage von Basti an die Bundesnetzagentur zwecks Einloggdaten an den zwei unterschiedlichen Tatorten ergeben?

Zuerst begann Waltraud mit ihrem Bericht. Sie und Hubsi waren noch mal an die Presse herangetreten und hatten in der Tageszeitung einen Bürgeraufruf geschaltet. Sie suchten nach möglichen Zeugen, die den schwarzen VW-Transporter mit der Weinwerbung irgendwo gesehen haben. Außerdem hatten sie eine Personenbeschreibung von Gimli herausgegeben. Leider ohne Erfolg. Auch die Abklärung der umliegenden Autovermietungen nach dem schwarzen VW-Transporter war ergebnislos verlaufen.

Dann übernahm Basti. „Liebe Kollegen, wir alle haben gehofft, dass die Anfrage bei der Bundesnetzagentur die entscheidende Spur bringen würde." Er blickte in die Runde und nahm einen Schluck aus seinem Kaffeebecher, bevor er fortfuhr. „Leider vergebens."

Ein frustriertes Raunen war zu vernehmen. Horst schüttelte ebenso ungläubig den Kopf wie Gunda.

„Ich habe zweimal bei verschiedenen Stellen nachgefragt", verteidigte sich Basti, „weil ich das vorliegende Ergebnis selbst stark angezweifelt habe. Aber es ist leider, wie es ist. Es gab keine identischen Einloggdaten an den Tatorten. Entweder hatten sie ihre Mobiltelefone gar nicht dabei, sie hatten sie vorher ausgeschaltet oder den Flugmodus betätigt. Dann haben wir auch die Arschkarte gezogen!"

„Mich überrascht das nicht", bemerkte Schorsch. „Die sind clever, das sind gerissene Hunde. Diese Gruppierung agiert gemeinsam an den Tatorten, da wird man sich nicht gegenseitig anrufen. Vermutlich haben sie hier irgendwo einen Unterschlupf, eine Wohnung, in der sie gemeinsam hausen und wo sie ihre Mordpläne schmieden. Das heißt aber auch, dass sie sich hier in der Umgebung aufhalten und auch mal unter Leute gehen müssen. Irgendjemand muss unseren Gimli bemerkt haben, so ein Typ fällt doch auf! Vielleicht schlägt ja doch noch ein Bürgerhinweis auf. Bis jetzt haben wir jedenfalls nichts, das uns irgendwie weiterhelfen könnte. Nicht einmal Interpol und Europol haben Erkenntnisse vorliegen, oder die stöbern noch in ihren Datenbanken." Schorsch schnappte sich noch ein Stück Mohnstreusel und beschloss die Besprechung mit der Bemerkung: „Wenn schon der Ermittlungserfolg ausbleibt, dann sollten wir wenigstens zur leckeren Hirnnahrung greifen. Ich wünsche euch allen ein schönes Wochenende!"

Die Besprechung war beendet.

*Freitag, 7. Oktober 2011, 19.05 Uhr,*
*Schillerplatz, Bamberg*

Schorsch war unterwegs nach Bamberg. Er hatte sich schick gemacht, denn Rosanne hatte ihn zum Abendessen eingeladen. Sie hatten sich um kurz vor acht am Schillerplatz verabredet. Rosanne als Halbamerikanerin liebte gute Steaks. Und die Adresse in Bamberg war genau richtig dafür. Schorsch hatte für die Einladung noch einen Strauß Blumen besorgt. Als er rechtzeitig in unmittelbarer Nähe des Restaurants seinen Wagen parkte, wartete Rosanne bereits vor dem Lokal. Sie strahlte, als sie Schorsch kommen sah.

„Liebe Miss Mills, danke für die Einladung." Er überreichte ihr den Strauß und gab ihr einen Begrüßungskuss.

„Danke, lieber Schorsch. Ich hoffe, es schmeckt dir hier genauso wie bei Leo in Nürnberg. Das hier ist mein Lieblingsrestaurant. Es ist für gute Steaks und Fisch bekannt."

„Ich lasse mich gerne überraschen, und für ein gutes Stück Fleisch ist mir kein Weg zu weit." Er grinste und ging voran. Sie betraten das Lokal. Ihr Zweiertisch war schön dekoriert, und der Wirt begrüßte seine Stammkundin und deren Begleiter mit einem Glas Prosecco.

Rosanne behielt recht. Dieses Lokal war ein echter Geheimtipp. Beide nahmen ein Original Wagyu Kobe Style Flank Steak, auch Bavette genannt. Ein besonders zartes und aromatisches Steak, das man quer zur Faser schneiden musste. Als Beilage gab es Shiitake-Pilze, Pak Choi mit Knoblauch sowie Balsamico-Kirschtomaten und Sauce Café de Paris.

Dazu wählten sie eine Flasche eines 2008er Altesino Brunello di Montalcino „Montosoli". Ein Tropfen mit einem enormen Bukett von Waldbeeren und Gewürzen, eleganten Röstaromen mit zahlreichen Nuancen, einem Hauch von frischem Tabak und Kaffeebohnen. Mit viel Potenzial und Finesse und einem gewaltigen Finale. Das war es dann auch!

Gegen drei viertel zehn, nach dem zweiten Grappa und einem Espresso, ließ sich Rosanne dann die Rechnung bringen. „So, Schorsch, gestärkt sind wir nun, jetzt gehen wir noch in die Altstadt. Warst du eigentlich schon oft hier bei uns in Bamberg?"

Schorsch grinste und rieb sich zufrieden den Bauch. „Bamberg hat mir schon immer sehr gut gefallen. Die Leute, das Essen, die Sandkerwa und natürlich die Kulisse von Klein-Venedig. Das alles macht die Stadt sehr gemütlich. Bamberg gehört mit zu den schönsten Städten in Franken."

Rosanne fühlte sich geschmeichelt. Sie hakte sich bei Schorsch ein, und sie schlenderten in die Altstadt. Ihr Weg führte sie schließlich in die historische Brauereigaststätte „Schlenkerla". Dort tranken sie jeder ein Seidla des berühmten

Rauchbiers, einem sehr dunklen, herbwürzigen Bier, das nach Frischgeräuchertem schmeckte.

Schorsch hatte gerade den letzten Schluck hinuntergespült, als Rosanne ihm tief in die Augen sah und sagte: „So, Herr Kommissar, wollen wir gehen oder wollen wir noch ein Seidla trinken?"

So wie sie es sagte, gab sie ihm die Antwort praktisch schon vor. Und er würde einen Teufel tun und ihr widersprechen! „Es war ein wunderschöner Abend mit dir, Rosanne, vielen lieben Dank. Es gefällt mir hier sehr gut, aber lass uns jetzt dann doch lieber gehen."

Es war kurz vor zwölf, als sie sich auf den Weg machten. Rosannes Wohnung lag direkt am Regnitzufer und vom Schlafzimmer aus hatte man einen herrlichen Blick auf den Bamberger Dom. Schorsch holte noch schnell sein kleines Sturmgepäck aus seinem Fahrzeug, und schließlich setzten sie diesem wunderschönen Abend noch die Krone auf.

*Samstag, 8. Oktober 2011, 10.07 Uhr, Bamberg*

Schorsch schlug beide Augen auf. Er war alleine im Schlafzimmer. Rosanne hatte sich heimlich aus dem Zimmer geschlichen und ihn ohne Vorankündigung zurückgelassen. Aber Schorschs Nase fand darauf die Antwort. Es duftete nach frischem Kaffee und kaum hatte er sich durch ein Gähnen bemerkbar gemacht, stand auch schon Rosanne mit einem Humpen im Türrahmen.

„Guten Morgen, mein Lieber, gut geschlafen? Die Sonne lacht und das Frühstück steht bereit." Sie brachte Schorsch den Muntermacher ans Bett.

Ach, was war es doch schön, verliebt zu sein, dachte er und nahm die Tasse dankbar entgegen.

Nach einem ausgiebigen Frühstück, das beide mit dem Studium der aktuellen Tagespresse gegen halb eins beendeten, entschlossen sie sich zu einem Bummel durch die Fußgängerzone. Denn dieses Wochenende war Flohmarkt, und beide liebten antike Stücke. Rosannes Maisonette-Wohnung hatte Stil. Neben alten Jugendstil-Möbeln, die sie mit moderner Kunst kombiniert hatte, mochte sie ebenso wie Schorsch surreale Bilder von bekannten Künstlern wie Salvador Dalí oder René Magritte. Deshalb war heute gemeinsames „Gogern" angesagt, wie man in Franken so schön sagte.

Als sie sich nach dem gemeinsamen Stöbern zu einem Kaffee in der Fußgängerzone entschlossen hatten und gerade gemütlich saßen, klingelte Schorschs Diensthandy. Es war die Mobilfunknummer von Rudi Mandlik.

„Servus, Rudi! Was gibt's so Dringendes am Wochenende?", fragte Schorsch völlig unbedarft.

„Schorsch, es ist etwas Schlimmes passiert. Einer von meinen Leuten ist ermordet worden. Und zwei unserer Schutzpersonen wurden ebenfalls erschossen. Die Münchner Kollegen sind zur Tatortsicherung vor Ort."

Schorsch blieb eine Sekunde lang das Herz stehen. „Rudi, das ist jetzt ein Scherz, oder?", rang er um Fassung.

„Nein, Schorsch, leider nicht. Ein Kollege und zwei Schutzpersonen wurden erschossen. Wie es aussieht, wussten unsere Täter vom Adlerhorst. Die Familie Bergmann ist seit heute Morgen mit einem unserer Männer auf einer Bergwandertour unterwegs. Die Kochs, also Frau Koch und ihre Tochter Angela, blieben in der Hütte zurück. Gegen Mittag haben sich, so die erste Auswertung der Spusi, vier Personen in Wanderkleidung den Objektkameras der Hütte genähert. Und zum bisherigen Tatablauf kann Folgendes gesagt werden: Die beiden Frauen waren vor dem Haus und bereiteten das gemeinsame Essen vor. Die Täter müssen zielgerichtet auf sie zugegangen sein, schossen beiden in den Kopf und hängten ihnen eine Erkennungsmarke um. Was da draufgestanzt ist, ist uns wohlbekannt. Die Kollegen Ernst Ploch und Julia Veith haben sich zu diesem Zeitpunkt im Inneren der Hütte aufgehalten. Als sie die Tat bemerkten, haben sie im Rahmen der Eigensicherung das Feuer erwidert. Es gab wohl einen heftigen Schusswechsel, bis Ploch tödlich in den Kopf getroffen wurde und Julia die Munition ausging. Sie flüchtete in den Panikraum und setzte von dort aus den Notruf in die Einsatzzentrale des Bayerischen Landeskriminalamts ab. Ploch kam erst letzte Woche aus den Flitterwochen zurück. Er hatte am 17. September geheiratet, und am Freitag zuvor war die ganze Mannschaft noch beim Polterabend. Scheiße!"

„Rudi, das gibt es nicht! Woher wussten die von diesem geheimen Objekt? Dass die Familien dort sind, wissen nur wir, die Staatsanwaltschaft und die Hubschrauberbesatzung. Keine andere Behörde oder Dienststelle ist über die aktive Besetzung des Objekts informiert. Es muss einen Verräter unter uns geben." In Schorschs Kopf wirbelten die Fragezeichen durcheinander. Sollte es tatsächlich einen Maulwurf unter ihnen geben? Das war doch gar nicht möglich! „Die beiden Piloten können wir ausschließen, die kannten nicht einmal die Namen der Schutzpersonen", überlegte er. „Ist Schönbohm schon unterrichtet? Und das mit deinem Kollegen, Rudi, das tut mir sehr leid. Das ist ja wirklich eine Tragödie!"

„Die Münchner Kollegen haben Schönbohm soeben über den KDD verständigen lassen", antwortete Rudi.

In diesem Augenblick kündigte sich auf Schorschs Handy ein weiterer Anruf an. Es war Kommissariatsleiter Schönbohm. „Rudi, Schönbohm ruft gerade an. Bleib in der Leitung, wir machen eine Konferenzschaltung."

Schorsch nahm das Gespräch an und wies Schönbohm auf das aktuelle Telefonat mit Mandlik hin. Dann drückte er den Button „Konferenzschaltung" und alle drei Beamten waren an dem Gespräch beteiligt.

Schönbohm meldete sich: „Herr Bachmeyer und Herr Mandlik, wie Sie ja bereits wissen, hat jemand das Zeugenschutzprogramm unserer beiden Familien verraten. Wir haben drei Tote! Ich habe soeben den Polizeipräsidenten informiert, dass wir zum Tatort fliegen. Gegen siebzehn Uhr landet ein Luftfahrzeug bei der Bereitschaftspolizei in der Kornburger Straße und ich möchte, dass Sie beide dabei sind. Unser Präsident, Dr. Mengert, und der zuständige Pfarrer aus Roßtal suchen Frau Ploch auf und überbringen ihr die Todesnachricht. Dr. Menzel ist nicht erreichbar. Sein Telefon ist ausgeschaltet."

Schorsch und Rudi überlegten nicht lange und bestätigten, dass sie gegen siebzehn Uhr vor Ort sein würden. Daraufhin beendete Schorsch das Gespräch.

Rosanne, die alles mitbekommen hatte, war sichtlich geschockt und machte ein versteinertes Gesicht. Schorsch fuhr ihr zärtlich über die Wange und sagte: „Ich muss zum Einsatz, meine Liebe. Tut mir leid. Aber wir telefonieren." Er gab ihr einen Kuss auf den Mund und eilte schnellen Schrittes zu seinem Daimler, den er am Vorabend in der Nähe der Fußgängerzone abgestellt hatte. Er warf einen Blick auf sein Männerspielzeug, seine Rolex GMT zeigte sechzehn Uhr und sieben Minuten an. Bis in die Nürnberger Südstadt waren noch einige Kilometer abzuspulen, und Schorsch gab seinem Drei-Liter-Diesel die Sporen. Aber er wusste auch, dass der Hubschrauber auf ihn warten würde.

## 17. Kapitel

*Samstag, 8. Oktober 2011, 16:11 Uhr,
BAB 9, Fahrtrichtung Nürnberg, Raststätte Greding*

Alle vier saßen in der Raststätte und tranken Tee und Kaffee. Es war nicht alles nach Plan verlaufen. Eigentlich hätten sich beide Familien in dem Objekt befinden sollen, so hatte es ihnen ihre Quelle bestätigt. Viktor hatte sich beim schnellen Rückzug vom Berg am linken Knöchel eine Verletzung zugezogen. Der Fuß war dick geschwollen. Arno hatte im Tankstellenkiosk ein Paket Eiswürfel besorgt. Sie kühlten den Knöchel und hofften, dass er nicht gebrochen war.

Sie mussten ihren Auftraggeber über den misslungenen Übergriff informieren. Jakob holte sein Mobiltelefon hervor, scrollte am Display und wählte dann den Kontakt „Abaddon". Ein Gespräch baute sich auf, und kurze Zeit später meldete sich eine männliche Stimme:

„Was gibt's? Ist alles nach Plan verlaufen? Habt ihr den Auftrag erledigt? Oder gab es irgendwelche Probleme?"

„Wir konnten den Auftrag nicht zu Ende bringen, Chef", brummte Jakob. „Es waren nur vier Personen in der Hütte, zwei Bullen und die Schwiegertochter und Enkelin von Johannes Koch. Die anderen Vögel waren augenscheinlich ausgeflogen. Es gab Schwierigkeiten. Wir mussten schnell reagieren und konnten nicht warten, bis alle anwesend waren. Einer von uns hat sich beim schnellen Abstieg am Fuß verletzt, sieht aber nicht so schlimm aus. Jetzt sind wir auf der Rückfahrt und haben noch sechzig Kilometer vor uns. Die Angaben der Quelle waren korrekt, aber die Lage vor Ort ... Wir mussten handeln, Abaddon, sonst wären wir aufgeflogen."

„Habt ihr eure Hausaufgaben nicht richtig gemacht?", herrschte Abaddon ihn an. „Keine Namen am Telefon!" Er schnaufte hörbar am anderen Ende der Leitung. Anscheinend musste er die Nachricht von dem Fehlschlag erst einmal verdauen. Dann setzte er erneut an: „Den neuen Aufenthaltsort der nicht anwesenden Familienmitglieder bekommen wir auch raus. Das ist nur eine Frage der Zeit. Ich werde kommende Woche erneut die Quelle kontaktieren. Bis dahin verschwindet ihr für ein paar Tage aus Nürnberg. Fahrt in den Bayerischen Wald, da gibt es in Wegscheid ein gutes Spa-Hotel. Wellness und Entspannung tun euch gut. Fahrt nach Hause und packt eure Sachen. Ich teile euch heute noch die Buchungsbestätigung mit, und ihr fahrt morgen früh los. Und wechselt vorher den VW-Transporter, am besten heute noch. Der ist zwischenzeitlich auch bei den Bullen bekannt, nehmt eine Limousine oder einen Kombi. Ich melde mich wieder."

Die Ansage war klar und deutlich. Die vier stiegen in ihren Transporter und fuhren Richtung Nürnberg.

„Also zuerst zur Autovermietung", gab Jakob die Anweisung ihres Auftraggebers weiter. „Wir brauchen ein neues Fahrzeug, der hier ist den Bullen möglicherweise schon bekannt und voller Fingerspuren und DNA-Material. Da würde sich jeder Kriminaltechniker die Finger nach lecken."

Nachdem sie sich bei einem großen Nürnberger Autoverleiher einen BMW X3 ausgeliehen und den VW-Transporter leer geräumt hatten, setzten sie ihre Fahrt mit den beiden Fahrzeugen fort. Gegen achtzehn Uhr erreichten sie den Tennenloher Forst. Der ehemalige Truppenübungsplatz der US-Amerikaner war groß genug, um den VW-Transporter hier „behördensicher" abzustellen. Jakob kannte die Forstverbindungswege noch aus seiner Militärzeit, als er in Erlangen seinen Dienst bei der US-Armee abgeleistet hatte. Und die vier gingen profimäßig vor. Zuerst entfernten sie die Nummernschilder. Um auszuschließen, dass der VW-Transporter nur halb abbrannte und verräterische DNA-Spuren im Fahrzeug zurückblieben, kam der Bordfeuerlöscher zum Einsatz. Der komplette Innenraum wurde durch die schmale Öffnung des Seitenfensters mit Pulver ausgesprüht, danach folgte der Fünf-Liter-Benzinkanister, dessen Inhalt Ethan im Innenraum über das Interieur verspritze. Anschließend öffnete Arno den Tankdeckel, steckte einen getränkten Benzinlappen in den fast leeren Dieseltank und zündete ihn an. Er eilte zum BMW, der in sicherer Entfernung startklar auf ihn wartete. Sekunden später gab es einen dumpfen Knall, der komplette Wagen fing Feuer. Den Standplatz hatten sie gut gewählt, denn zwei flankierende Sandsteinwände in einer Höhe von etwa acht Metern schirmten das Feuer bestmöglich ab. Für mögliche Jäger, die zu dieser Tageszeit auf Wild ansaßen, oder späte Spaziergänger, die eine Nachtwanderung unternahmen, sollte das Feuer nicht sichtbar sein. Sie warteten noch fünf Minuten in sicherer Entfernung. Erst als der Wagen lichterloh brannte, setzten sie ihre Fahrt in die Bismarckstraße fort.

Ein bisschen Erholung nach all den Strapazen war jetzt genau das Richtige für sie. Auch wenn Abaddon sicherlich mehr um seine eigene Sicherheit besorgt war als um ihre Stressresistenz, so war der Gedanke an ein wenig Ruhe, wohltuende Massagen und frische Landluft doch ein verlockender. Die Bayerische Polizei würde alle Register ziehen, um an sie ranzukommen. Ein kurzfristiges Abtauchen war deshalb die einzig richtige Entscheidung ihres maltesischen Auftraggebers.

*Samstag, 8. Oktober 2011, 17:06 Uhr,
Kornburger Straße, Nürnberg, IV. Abteilung Bereitschaftspolizei*

Sie erwarteten ihn bereits. Schorsch parkte seinen Daimler neben der Polizeikantine und begab sich schnurstracks zum Hubschrauber, der kurze Zeit später abhob. Eine Kommunikation war somit nur über das Copter-Headset möglich. Schönbohm, Rudi Mandlik, Horst Meier, Robert Schenk und Schorsch jedoch saßen still und nachdenklich in dem Eurocopter EC 135 P 2+, und jeder bereitete sich innerlich auf den schrecklichen Anblick vor, der sie vor Ort erwartete.

Die beiden Kollegen der Hubschrauberstaffel holten alles aus den zwei kanadischen Pratt & Whitney-Triebwerken heraus, denn bis zur Grauber Hütte in Mittenwald waren über zweihundert Kilometer zu bewältigen.

Um kurz vor sechs hatten sie den ersten Blickkontakt. Der Tatort war zwischenzeitlich hell ausgeleuchtet. Die ortsansässige Bergwacht und das Technische Hilfswerk hatten ganze Arbeit geleistet, um eine akribische Tatortsicherung der Münchner Spusi zu gewährleisten. Kurze Zeit später setzte der Eurocopter mit den Kufen auf ein nahe gelegenes Felsplateau auf.

Sie eilten zum Tatort, der zwischenzeitlich mit einem Absperrband der alarmierten Mittenwalder Polizei gesichert war.

Alle fünf, vorneweg Robert Schenk, betraten den Tatort, wo sie von Kriminalhauptkommissar Werner Hebbecker empfangen wurden. Schorsch kannte Hebbecker, der ursprünglich aus Nürnberg-Röthenbach stammte und sich in den neunziger Jahren aus privaten Gründen nach München versetzen ließ. Gemeinsam mit dem dienstbeflissenen Kollegen der Münchner Mordkommission hatte Schorsch schon einige Fortbildungslehrgänge besucht. Hebbecker war ein Kollege, der einen profunden Sachverstand und langjährige Erfahrung aufwies. Schorsch war froh, dass er und kein anderer vom KDD zu diesem Einsatz gerufen worden war.

„Hallo, meine Nürnberger", begrüßte Hebbecker sie, „keine gute Nachricht heute. Unsere Spusi ist so weit fertig." Er hob den Kopf und wies auf eine kleine Ansammlung von Menschen hin, die sich gerade ihre Tatortoveralls auszogen. Robert Schenk erkannte seine Münchner Kollegin Tanja Schubert und ging gleich auf sie zu, um Erkenntnisse über die derzeitige Spurenlage zu erlangen.

Es war ein wirklich schrecklicher Anblick. Zwischen den Hubschraubern der Bergwacht und dem Polizeihubschrauber des Münchner Stützpunktes lagen drei gefüllte Leichentransportsäcke mit den leblosen Körpern von Kriminaloberkommissar Ernst Ploch sowie Karin und Angela Koch. Kriminaloberkommissarin Julia Veith, die den Schusswechsel mit den Mördern als Einzige überlebt hatte, war zwischenzeitlich in den Sanitätsbereich der Edelweiß-Kaserne eingeliefert worden, wo sie von einer Polizeipsychologin betreut wurde. Die Rückkehrer, Familie Bergmann und ein Beamter aus Rudis Zeugenschutzteam, wurden ebenso in die Edelweiß-Kaserne gebracht. Hier konnte für alle Betroffenen eine medizinisch-psychologische Erstversorgung sichergestellt werden. Ein Militärpfarrer und zwei weitere Psychologen nahmen sich ihrer an. Ferner war dort die Sicherheit der Schutzpersonen gewährleistet.

Rudi Mandlik plagten Gewissensbisse. Eigentlich waren für die Besetzung des Adlerhorsts nur zwei Beamte vorgesehen gewesen. Aber aufgrund der gegenseitigen Schuldzuweisungen der beiden Schutzparteien und der daraus entstandenen Spannungsverhältnisse hatte Rudi noch die junge Kollegin Veith für diesen Einsatz eingeteilt. Denn als aktive Bergführerin im Deutschen Alpenverein hatte sich Julia freiwillig für diesen Auftrag gemeldet, obwohl sie erst vor drei Monaten zu Rudi Mandliks Team hinzugestoßen war. Die notwendige Erfahrung im Bereich Zeugenschutz hatte sie noch nicht. Aber Rudi gab ihrem Wunsch nach, denn Julia war eine engagierte und taffe Kollegin.

„Die Täter müssen zu Fuß zum Tatort gekommen sein", erklärte Werner Hebbecker. „Die Versorgungsgondel befand sich in der Talstation. Die Gondel kann nur gesteuert, also in Betrieb genommen werden, wenn Berg- und Talstation gekoppelt sind. Das war nicht der Fall. Somit müssen sie den Bergaufstieg gewählt haben. Vom Tal bis hierher gibt es keinen offiziellen Wanderweg, aus Geheimhaltungsgründen ist der Fußweg nicht auf den Karten des DAV aufgeführt. Das sagt aber nichts über die Gegebenheit und Begehbarkeit des Weges aus, lediglich die Hinweisschilder beziehungsweise Farbmarkierungen fehlen zur Grauber Hütte. Es waren also Täter, die von der Hütte gewusst und eine exakte Wegbeschreibung hatten, womöglich mit den GPS-Koordinaten. Das klingt schwer nach Verrat, Schorsch!"

„Ja, das war auch unser erster Gedanke. Es muss einer aus unseren Reihen sein, der das Objekt verraten hat. Ich bin erschüttert."

Hebbecker zeigte auf den kleinen Hohlweg, der zur Hütte führte. „Wir haben am Beginn des Hohlweges, also zirka hundertfünfzig Meter von hier, eine Sicherheitskamera mit Weitwinkel installiert und eine andere im direkten Zugangsbereich zur Hütte. Beide befinden sich in einem Vogelhäuschen und werden mit einer Lichtschranke angesteuert." Er rief seine Spusi-Kollegin herbei, die immer noch dabei war, Robert Schenk ihr Spurenbild zu erklären.

„Tanja, was hat die Auswertung der Überwachungskameras ergeben?", rief Werner ihr zu.

Gemeinsam mit Robert kam sie zu ihnen herüber, stellte sich kurz vor und antwortete: „Es waren vier Täter. Hier die Aufzeichnung." Sie öffnete ein Tablet und schaltete die Filmsequenz mit dem Timecode im unteren Bildschirmrand ein. Während alle auf den Monitor starrten, kommentierte sie:

„13:47:22 Uhr: Vier Personen in Wanderausrüstung, alle tragen einen Rucksack, nähern sich der Hütte über den Hohlweg. Eigentlich müsste jetzt schon ein akustisches Signal in der Hütte losgehen, denn die letzten dreihundertfünfzig Meter sind explizit durch ein Verbotsschild für Wanderer gesperrt.

13:51:07 Uhr: Kamera II, ebenso eine Weitwinkeleinstellung. Hier sieht man, wie die vier ihre Schusswaffen aus dem Rucksack nehmen und unter der Jacke beziehungsweise hinter dem vorweg gehaltenen Rucksack verstecken. Diese Kamera hier ist in dem Vogelhäuschen platziert."

Tanja zeigte auf die getarnte Kamera, die sich zirka sieben Meter vom Eingangsbereich entfernt befand.

„Dann warten sie hier hinter dem Holzstoß und beobachten die Lage. Jetzt hätte eigentlich jemand der Kollegen nachsehen sollen, wer dort am Hohlweg hochkommt. Kollegin Veith ist noch nicht vernehmungsfähig, und der Kollege Ploch kann uns dazu leider nichts mehr sagen.

13:56:14 Uhr: Fünf Minuten später teilt sich die Gruppe und geht links und rechts von der Hütte auf die beiden Frauen zu, die vermutlich das Mittagessen vorbereitet haben. Der eine mit den rötlichen Haaren und dem Rauschebart zieht sofort die Waffe – vermutlich eine Glock 9mm mit Schalldämpfer – und schießt zuerst der jüngeren, dann der älteren Frau in den Kopf. Dann kommt dieser Mann ins Spiel." Sie zeigte auf eine weitere männliche Person, schwarz gekleidet mit einer Base-Cap. „Er hängt ihnen eine Erkennungsmarke um den Hals."

Tanja Schubert hielt die Sequenz kurz an und zeigte auf zwei Personen, die nun links und rechts vom Eingang standen. „13:57:52 Uhr", kommentierte sie weiter. „Die beiden anderen Personen warten, bis jemand aus dem Haus stürmt und vielleicht nachsieht, was sich da draußen abspielt. Vergebens! 13:59:21 Uhr: Hier kommt der männliche Kollege aus dem Hintereingang und will vermutlich nach dem Rechten sehen. Er erkennt die Situation und gibt einen Schuss aus seiner Dienstpistole auf die Täter ab. Umsonst, denn der hier mit dem Rauschebart steht nun direkt hinter ihm, hier hinter dem Holzstapel, der von der Position des Kollegen nicht einsehbar ist. Er zögert keine Sekunde und schießt dem Kollegen in den Kopf. Die Kollegin hat den Schusswechsel mitbekommen, feuert nun mehrere Schüsse ab und zieht sich dann in die Hütte zurück. Hier gibt sie wiederholt mehrere Schüsse auf die schwere Eichenhaustür und die Fenster ab, schlussendlich macht sie das einzig Richtige und flüchtet in den Panikraum. Hier löst sie dann den Alarm zur Einsatzzentrale und den Sirenenalarm am Gebäude aus. Die Täter ziehen sich nun fluchtartig zurück. Die Kollegin erhält über die Notverbindung der Einsatzzentrale die Anweisung, im Schutzraum zu verweilen, bis Einsatzkräfte vor Ort sind.

14:51:02 Uhr: Die ersten Einsatzkräfte aus München, ein Zug des SEK Südbayern, erreicht durch Luftverlegung das Objekt. Weitere Spezialkräfte kontrollieren den Zugang über Mittenwald und dringen über die Versorgungsgondel zur Grauber Hütte vor.

14:57:16 Uhr: Objekt gesichert, die Kollegin kommt aus dem Schutzraum.

15:21:08 Uhr: Die weiteren Schutzpersonen und der Kollege vom Zeugenschutz treffen am Tatort ein. Es folgt die

Evakuierung der Schutzpersonen durch Kräfte der Bergwacht in die Edelweiß-Kaserne."

„Danke für die schnelle Auswertung, Tanja", würdigte Hebbecker die Arbeit seiner Mitarbeiterin. „Vielleicht können wir anhand der Filmsequenz die Täter besser identifizieren. Der mit dem Rauschebart hat ein markantes Äußeres. Die Fotos müssen am Montag als Bürgerhinweis in der Presse erscheinen. Und zwar in ganz Bayern!"

Schorsch räusperte sich. „Dieser Rauschebart passt genau auf die Personenbeschreibung, die wir bereits vorliegen haben. Ebenso die Tatsache, dass es sich um vier Personen handelt. Das ist hundertprozentig unsere Tätergruppe aus Kulmbach und Bad Windsheim. Was mich jedoch am meisten erschüttert, ist, dass wir einen Verräter unter uns haben. So etwas ist mir in meiner ganzen Dienstzeit noch nicht passiert."

„Ja, das ist in der Tat unfassbar", gab ihm Schönbohm recht. „Dieses Zeugenschutzprogramm der Kochs und der Bergmanns ist nur uns und dem zuständigen Staatsanwalt bekannt. Kein anderer, nicht einmal die Einsatzzentralen haben über das aktuelle Programm Kenntnis. Die Schutzpersonen hatten und haben auch keine Möglichkeit, irgendjemanden davon zu unterrichten."

„Jedenfalls haben wir es mit gewieften mordenden Psychopathen zu tun, die vor nichts zurückschrecken", machte Schorsch seinem Ärger Luft. „Nur wer steckt dahinter? Kommende Woche erfahre ich vielleicht mehr darüber. Da treffe ich eine bekannte Quelle."

Hebbecker spitzte die Ohren. „Könnte es vielleicht diese Quelle gewesen sein, die gequatscht hat? Was weiß sie über die Täter?"

„Tja, Werner, Ben Löb kennst du ja auch noch vom gemeinsamen Lehrgang beim BLKA", entgegnete Schorsch. „Seither sind wir gute Freunde, und Ben hat vermutlich Hinweise auf eine alte Terrororganisation, die vielleicht wieder aktiv geworden ist. Kommende Woche weiß ich mehr. Ach ja, und Ben ist dieses Zeugenschutzprogramm nicht bekannt."

Begleitet von Werner Hebbecker und Tanja Schubert gingen sie alle zusammen noch einmal den Tatort ab. Dann holte Schorsch sein Mobiltelefon heraus und wählte die Rufnummer von Staatsanwalt Dr. Menzel. Das Gespräch wurde angenommen.

„Menzel. Hallo, Herr Bachmeyer. Sie haben Glück, bin gerade zur Tür herein. Was gibt es so Wichtiges an einem Samstagabend? Alles okay?"

„Nichts ist okay, Dr. Menzel", erwiderte Schorsch. „Wir haben drei Tote, und unser Zeugenschutzprogramm ist verraten worden." Er klärte Menzel über die Geschehnisse des Nachmittags auf und wies darauf hin, dass die Staatsanwaltschaft München II, ein gewisser Staatsanwalt Kempinski, die Ermittlungen übernommen habe. Dieser habe den Tatort soeben wieder freigegeben, und noch heute würden die Opfer in die Rechtsmedizin nach München gebracht werden.

Es dauerte eine gewisse Zeit, bis der Staatsanwalt die Sprache wiederfand. „Herr Bachmeyer, das ist ja entsetzlich! Aber wir kriegen heraus, wer dieser Maulwurf ist. Ich jedenfalls bin es nicht, das schwöre ich!"

Schorsch hörte durch das Telefon, wie der Staatsanwalt kräftig inhalierte und dann den Atem wieder ausstieß. Vermutlich hing er wieder an einer Mentholzigarette!

Nach einem kurzen Augenblick des Schweigens meinte Dr. Menzel: „Herr Bachmeyer, geben Sie mir doch mal bitte diesen Kempinski!"

Schorsch tat, wie ihm geheißen, und nachdem Dr. Menzel sich mit dem Journal-Staatsanwalt unterhalten hatte, übergab dieser das Handy wieder an Schorsch.

„Dr. Menzel, wir haben die Schutzpersonen bei der Bundeswehr untergebracht", schilderte Schorsch ihm die aktuelle Lage. „In einem abgeschirmten Bereich und unter Bewachung, sodass die bestmögliche Sicherheit erst einmal gewährleistet ist. Der Kasernenkommandant hat uns zugesagt, eine Unterkunft zur Verfügung zu stellen, bis wir einen sicheren Aufnahmeort gefunden haben. Wir fliegen gleich wieder zurück nach Nürnberg, denn die Kollegin, die das Massaker miterlebt hat, ist noch nicht vernehmungsfähig. Und der Ehefrau unseres Kollegen Ploch soll heute noch die Todesnachricht ihres Mannes überbracht werden."

„Herr Bachmeyer, drücken Sie bitte der Ehefrau mein Mitgefühl aus. Und ich verspreche, ich werde alles tun, um diesen Verräter ausfindig zu machen. Melden Sie sich, sobald Sie etwas Neues erfahren." Mit diesen Worten beendete Dr. Menzel das Gespräch.

Ihre Arbeit hier war beendet. Die Münchner Tatortgruppe sicherte das Schutzobjekt, die Leichen wurden mit dem Hubschrauber der Bergwacht ins Tal abtransportiert. Ein örtliches Bestattungsunternehmen bekam den Auftrag, die Leichen in die Gerichtsmedizin nach München zu überstellen.

Schönbohms Mannschaft bestieg den Helikopter und flog zurück nach Nürnberg. Sie landeten sicher, aber sichtlich betroffen in der Polizeikaserne. Schönbohm telefonierte mit Polizeipräsident Dr. Mengert, der ihnen mitteilte, dass die Todesnachricht an Frau Ploch übermittelt worden sei. Elisabeth Ploch war selbst bei der Polizei und Angehörige der „Gemeinsamen Ermittlungsgruppe Rauschgift" in Nordbayern. Schorsch, Rudi und Schönbohm beschlossen daher, die Kollegin spontan aufzusuchen. Nun, nach der Rückkehr vom Tatort, wussten sie mehr über den Tathergang, und diese Infos wollten sie Elisabeth Ploch nicht vorenthalten. Denn auch wenn in diesen schweren Stunden die Trauer überwog, so war sie doch mit Leib und Seele Polizistin und würde keine Ruhe finden, bevor sie nicht genauestens über die Situation Bescheid wusste. Dieser Grundsatzgedanke war bei Polizeibeamten so fest verankert, dass die drei Männer gar nicht lange überlegten, sondern sich sofort nach Roßtal, der Heimat der Plochs, aufmachten.

## 18. Kapitel

*Sonntag, 9. Oktober 2011, 10:09 Uhr,*
*Pilotystraße, Nürnberg*

Schorsch hatte die ganze Nacht schlecht geschlafen. Er hatte sich Gedanken über die weitere Vorgehensweise gemacht, vor allem darüber, wie man den Verräter enttarnen könnte.

Sonntagmorgens um zehn Uhr, dachte Schorsch, da wird Ben doch hoffentlich schon ausgeschlafen haben. Er schnappte sich sein Mobiltelefon und wählte dessen Telefonnummer. Es ging jedoch nur die Mailbox ran.

„Shalom, Ben", sagte Schorsch, nachdem er aufgefordert worden war, eine Nachricht zu hinterlassen. „Wenn du Zeit für ein wichtiges Gespräch haben solltest, dann rufe mich bitte zurück. Viele Grüße, Schorsch."

Danach wählte er Rosannes Telefonnummer. Beide verabredeten sich für den Nachmittag im Fürthermare. Schorsch wollte einfach entspannen, zu groß und heftig waren die Erlebnisse der vergangenen Stunden. Und in der Sauna fand Schorsch die nötige Ruhe, konnte abschalten genauso wie beim Cruisen mit seiner BMW. Letzteres ging heute allerdings nicht, denn es regnete schon seit den frühen Morgenstunden.

Es war kurz nach drei, als er sich auf den Weg nach Fürth machen wollte und sein Mobiltelefon plötzlich zum Brummen anfing. Im Display erkannte er die Rufnummer des Kriminaldauerdienstes.

„Hier ist der Schorsch, wer stört?", meldete er sich.

Heidi Baumann hatte offensichtlich die Wochenendplanung des KDD erwischt. „Gut, dass ich dich erreiche, Schorsch. Es kam soeben ein Anruf herein, ein Bürgerhinweis aus dem

Brunswick Bowling in der Bayreuther Straße. Da soll eine Person mit einer Gruppe am Bowlen sein, auf die eure Personenbeschreibung exakt passt."

„Das ist ja bei mir hier gleich um die Ecke, keine fünf Minuten weg. Haben wir eine Einsatzreserve des MEK oder SEK?"

„Warte mal kurz", antwortete Heidi. „Ich könnte auf Rudis Einsatzbereitschaft zurückgreifen. Die wären in der Einsatzstärke eins sieben, also mit einem Gruppenführer."

Schorsch überlegte nicht lange. „Heidi, die sollen in Zivil die Bowlinggruppe aufnehmen. Ich bin zwar unbewaffnet, aber ich fahre dorthin. Wer ist der verantwortliche MEK-Gruppenführer?"

„Du kennst ihn gut, Hans-Peter Bauer!"

„Dann sag Hape bitte, dass ich dorthin komme. Wir werden dann einen möglichen Zugriff durchsprechen. Hauptsache, die können erst einmal die Observation aufbauen, die dürfen uns nicht entwischen! Ich fahre in fünf Minuten los."

Schorsch spürte einen Adrenalinschub. Er merkte, wie sein Herz pochte, seine Halsschlagader zu vibrieren begann. Würden sie die Mörder hier und heute überwältigen können? Sie einer ordentlichen Gerichtsbarkeit zuführen? Er hoffte es sehr nach allem, was in den letzten Wochen passiert war. Konnte das nun das Ende sein? Ließen sich die Täter vor Ort überwältigen oder konnte ein Zugriff erst erfolgen, wenn die Sicherheit der übrigen Besucher nicht gefährdet war? Schorsch überlegte nicht lange, da dies die Aufgabe des MEK-Gruppenführers war. Und Hape war einer von Rudi Mandliks besten Männern. Schorsch war überzeugt, dass dieser Einsatz gut gehen würde.

Schorsch rief WhatsApp auf und setzte eine Sprachnachricht an Rosanne ab, dass er sich später bei ihr melden würde. Zu groß war nun der Zeitdruck für das bevorstehende Einsatzgeschehen. Er sprang in sein Auto und bog nach rechts in die Pirckheimerstraße ab. Doch er kam nicht weit. Aufgrund der nassen Straßen hatte sich ein schwerer Unfall mit Personenschaden in Höhe Rollnerstraße ereignet. Der Straßenzug war beidseitig blockiert und von zwei Polizeistreifen gesichert. Zwei Rettungsfahrzeuge waren vor Ort und warteten darauf, dass die Feuerwehr die Verletzten mit der Hydraulikzange aus dem Fahrzeug befreite.

Schorsch dachte nach. Er musste schnellstmöglich zum Brunswick Bowling. Und es regnete in Strömen. Egal! Er stellte seinen Strich-Acht in der angrenzenden Feuerwehrzufahrt einer bekannten Lebensmittelkette ab. Denn er war im Dienst und nahm hoheitliche Aufgaben wahr, Feuerwehrzufahrtszone hin oder her.

Schorsch begann zu laufen. Dreimal in der Woche machte er Sport, entweder ging er joggen oder zum Spinning. Deshalb hatte er mit Ende Vierzig auch noch eine beachtliche Fitness. Nach knapp zehn Minuten erreichte er die Bayreuther Straße. Das MEK war schon vor Ort. Schorsch erkannte den schwarzen Audi RS 6 von Hape. Er betrat den Eingang des Bowling-Centers und Kriminalhauptkommissarin Ruth Bach, eine Einsatztrainerin aus Hapes Team, kam auf ihn zu.

„Servus, Schorsch. Die vier Zielpersonen wurden von uns aufgenommen. Der eine passt exakt auf die Personenbeschreibung deiner Zeugen. Zirka eins achtzig groß, von breiter, kräftiger und gedrungener Gestalt. Er hat exakt diesen rötlichen Rauschebart mit geflochtenen Zöpfen und trägt eine schwarze Baseballcape mit einem Harley-Davidson-Emblem. Ebenso seine drei Begleiter. Die passen alle zur vorliegenden Täterbeschreibung. Wenn du nach oben gehst, siehst du sie schon. Die haben die ganz linke Bowlingbahn gebucht."

Schorsch begab sich nach oben. Auch er erkannte die vier Zielpersonen auf Anhieb. Und in der Tat sah eine Person exakt so aus, wie sie sich Gimli vorgestellt hatten. Nun hatte auch Hape Schorsch bemerkt und ging auf ihn zu.

„Servus, Schorsch! Wenn das hier die Tätergruppe sein sollte, dann sollten wir mit dem Zugriff warten, bis die hier ihren Bowlingnachmittag beendet haben. Alle Bowlingbahnen sind belegt. Wenn wir hier zugreifen und die Täter bewaffnet sind, ist eine Gefährdung von Unbeteiligten nicht auszuschließen. Wir fischen sie stattdessen beim Verlassen des Gebäudes ab. Ein Bereitschaftsteam des SEK habe ich aufgrund der Örtlichkeit alarmiert. Die werden in etwa einer Viertelstunde hier sein. Laut Auskunft der Bahnbetreiber haben die ihre Bahn bis sechzehn Uhr fünfzehn reserviert, also haben wir noch genügend Zeit."

„Super, Hape! Ihr seid die Spezialisten, deshalb sollt natürlich auch ihr darüber entscheiden", pflichtete Schorsch ihm bei. „Unsere Täter gehen brutal und rücksichtslos vor, und wir müssen jede Gefahr für Leib und Leben anderer ausschließen. Mensch, das wäre ein super Erfolg, wenn wir die Täter unbeschadet festnehmen könnten. Denn ich will ihren Auftraggeber! Und ein schneller Fahndungserfolg aufgrund eines Bürgerhinweises wäre grandios. Die Medien hätten neues Futter. Das wäre klasse!"

Um kurz vor vier traf das SEK vor Ort ein. Hape erklärte deren Polizeiführer die aktuelle Situation. Die Kollegen würden am Ausgang des Brunswick-Gebäudes den Zugriff durchführen. Es war ein koordiniertes Zusammenspiel des MEK und SEK.

Hapes Team observierte weiter die Zielpersonen. Beide Teams waren mit einer konspirativen Funkfrequenz verbunden und somit aktuell über das Geschehen informiert.

Es war zehn nach vier, als Gimli zur Theke ging und die Getränke und die Bowlingbahn bezahlte. Anschließend verließen die vier Männer ihren Platz und begaben sich zum

Ausgang. Der Zugangsbereich war zwischenzeitlich von Beamten als „frei" klassifiziert worden. Das heißt, kein weiterer Gast konnte sich dem Ein- beziehungsweise Ausgangsportal nähern. Die Kollegen des SEK fackelten nun nicht lange. Als eine der Zielpersonen die Ausgangstür öffnete, erfolgte das „Go" an die Einsatzkräfte.

Drei Kollegen waren direkt vor dem Eingangsbereich stationiert und unterhielten sich augenscheinlich. Vier weitere Kollegen liefen getarnt als Gäste unmittelbar hinter den drei anderen Zielpersonen. Als die Zielpersonen in Höhe der drei Einsatzkräfte waren, kam die zielgerichtete und unmissverständliche Ansprache unter Androhung des Schusswaffengebrauchs an die vier Personen:

„Polizei! Sie sind festgenommen! Hände hoch und langsam auf den Boden abknien!"

Alle vier Zielpersonen blickten erschrocken in die Pistolenläufe, die auf sie gerichtet waren. Zugleich wurden sie im Polizeijargon „abgelegt" und gefesselt.

Schorsch bemerkte, wie die auf dem gegenüberliegenden Gebäude positionierten Scharfschützen des SEK nun ihre Position verließen. Die drei Kollegen waren für die Außenabsicherung eingesetzt und hatten den Auftrag gehabt, die Zugriffskollegen und weitere Personen bei einem möglichen Widerstand zu sichern.

Jeder Festgenommene wurde anschließend in ein separates Polizeieinsatzfahrzeug gebracht, wo die erste Personenfeststellung stattfinden sollte. Auch Schorsch begab sich nun zu dem Fahrzeug, in dem sich Gimli aufhielt.

Die Personenabklärung hielt für Schorsch und seine Kollegen allerdings eine unangenehme Überraschung bereit.

Bei besagtem Gimli handelte es sich um einen Mann namens Josef Hardt. Er war der Vorstand des Harley-Davidson-Clubs

Nürnberg. Josef Hardt – oder Sepp, wie er von seinen Freunden genannt wurde – war ein Fan von Billy Gibbons, dem Sänger und E-Gitarrist der US-Bluesrock-Band ZZ Top. Seit fast achtzehn Jahren trug er diesen Rauschebart, den er ab und an zu Zöpfen flocht. Beruflich war Hardt Beamter bei der Bundesfinanzdirektion. Sein Alibi für eine mögliche Tatbeteiligung konnte, wie auch das seiner vorläufig festgenommenen Motorrad-Kollegen, nach kurzer Zeit bestätigt werden. Denn heute hatte Sepp Hardt Geburtstag, und dazu hatte er drei seiner besten Freunde zum Bowlingspielen eingeladen.

Schorsch entschuldigte sich für die Verwechslung und zeigte den vier Betroffenen den Fahndungsaufruf. Er erklärte, dass ein Bürgerhinweis diesen Einsatz der Spezialkräfte ausgelöst hatte, und schilderte den Männern die bisherige Tatsituation. Da keiner der Betroffenen durch den Einsatz ernsthaft verletzt worden und auch keine Sachbeschädigung gegeben war, konnte der Einsatz ohne großes Aufsehen beendet werden. Die vier Männer des Nürnberger Harley-Davidson-Clubs konnten die Einsatzanordnung nachvollziehen. Sie lachten, als sie das am Computer gefertigte Phantomfoto der gesuchten Person sahen. Sepp Hardt sah diesem Kerl wirklich zum Verwechseln ähnlich. Seinen Bart, so betonte er, werde er sich dennoch nicht abschneiden.

Es war drei viertel fünf, als Schorsch sich von seinen Kollegen verabschiedete. Der Einsatz war beendet. Der Bürgerhinweis zeigte ihm jedoch, dass der Fahndungsaufruf bei der Nürnberger Bevölkerung angekommen war. Und Verwechslungen konnten immer mal passieren.

Dennoch geriet Schorsch ins Grübeln, als er zu Fuß zu seinem Daimler in die Pirckheimerstraße zurücklief. Der Regen hatte aufgehört. Er war frustriert. Zu gerne hätte er heute die Mörder geschnappt. Den Fall beendet. Die Verbrecher einer Gerichtsbarkeit zugeführt. Auf jeden Fall musste er nun flugs zu Andreas ins Fürthermare fahren. Rosanne wartete schließlich dort auf ihn. Da klingelte plötzlich sein Mobiltelefon. Es war Ben.

„Servus, Ben! Gut, dass du dich meldest", begrüßte er ihn. „Bist du noch auf der Familienfeier bei deinen Leuten in Fürth?"

„Die ist gerade zu Ende", antwortete er. „Von mir aus könnten wir uns jetzt treffen. Ich habe ein paar interessante Informationen für dich."

„Mensch, Ben, das hört sich gut an." Schorsch schlug als Treffpunkt seine Wohnung vor. „Da können wir in Ruhe reden, bin sehr gespannt. Eigentlich wollte ich ja mit Rosanne noch einen Saunanachmittag machen, aber das Gespräch ist gerade wichtiger. Ich sage ihr gleich ab. Bis wann kannst du bei mir sein?"

„Ich bin in einer Dreiviertelstunde in der Pilotystraße. Und setz schon mal einen Kaffee auf, ich bring Flódni mit, einen Apfel-Mohn-Walnuss-Kuchen von meiner Tante. Den musst du unbedingt probieren!"

Exakt fünfundvierzig Minuten später stand Ben vor seiner Tür. Er öffnete und Ben gab ihm seine rechte Hand. Dann folgte seitens Schorsch ein erstauntes: „Aha, da schau her!"

Ben grinste.

Schorsch erwiderte den speziellen Handgriff und bat ihn mit dem ritualisierten Spruch „Komm herein, Bruder" in seine Wohnung. „Ben, das ist ja ein Ding. Seit wann?"

„Im Juli dieses Jahres hatte ich meine Aufnahmezeremonie", antwortete Ben. „Da wurde ich zum Lehrling. Ich war fast zwei Jahre Suchender, nun gehöre ich der Münchner Loge ‚Weise Templer Salomons' an."

Bei einer Tasse Kaffee und dem vorzüglichen Kuchen seiner Tante erzählte er Schorsch noch ein paar Details von seinem Beitritt zur Bruderschaft der Freimaurer, doch schon bald wechselten sie zum eigentlich Grund ihres Treffens. Schorsch berichtete ihm zuerst von seinem Aufenthalt in der Schweiz. Dann kam er auf den Zwischenfall in Mittenwald zu sprechen.

Ben kniff betroffen seine Lippen zusammen. „Das kann ich ja gar nicht glauben, Schorsch. Wie zum Teufel sind die denn an die Objektinformationen gekommen? Jedes Zeugenschutzprogramm wird vertraulich behandelt. Nur die Ermittlungsbeamten, Zeugenschützer und der zuständige Staatsanwalt wissen davon. Das stinkt gewaltig zum Himmel. Werdet ihr womöglich abgehört? Oder hatten vielleicht die Schutzpersonen die Möglichkeit, einem Dritten Informationen über ihren Aufenthaltsort preiszugeben?"

„Nein, Ben, nicht einmal der Sohn der Kochs in Amerika wusste von dem Ort. Er wusste lediglich, dass seine Mutter und seine Schwester in das Programm aufgenommen wurden. Und dem müssen wir noch über die Deutsche Botschaft die Todesnachricht überbringen lassen, das hätte ich fast vergessen. Scheiße!" Schorsch holte sein Smartphone hervor und setzte sich darüber einen Merker in sein Mobiltelefon: „Benachrichtigung Deutsche Botschaft Washington". Dann fuhr er fort: „Er ist der einzige Überlebende der Kochs. Aber dabei fällt mir ein: Wir haben den Kochs neben dem Testament ja damals einen persönlichen Brief ihres Vaters, also vom ehemaligen Henzel übergeben. Den wollten sie uns nicht lesen lassen. Vielleicht wird uns ja nun der Inhalt bekannt. Notfalls muss Dr. Menzel einen Beschluss erwirken, denn vielleicht steht in dem persönlichen Schreiben ja irgendein Hinweis, ein Ansatz auf eine mögliche Spur." Er schluckte das letzte Stückchen Kuchen hinunter und sah nachdenklich zu Ben.

„Aber nun mal zu dir und deinen Neuigkeiten? Was hast du herausgefunden?"

Ben räusperte sich einmal kräftig, ehe er zu seiner Rede ansetzte. „Dein Fall könnte große Wellen schlagen, Schorsch. Zum einen ist es die Aufarbeitung deutscher Vergangenheit, zum anderen steckt vermutlich wirklich eine ehemalige Terrororganisation hinter den Morden. Man versucht, ehemalige Taten eurer Nazi-Verbrecher zu sühnen. Das war vor fünfzig Jahren kein Einzelfall. Überall in der Welt versuchte man damals, diese Verbrecher aufzuspüren und zu verurteilen. Aber es gab auch eine Ausnahme, die Nakam! Sie sann auf Rache, und als Grundsatz diente ihr die Talionsformel aus dem Alten Testament. Die ist aber eigentlich in ihren Ausführungen sehr widersprüchlich, wenn ich das mal so als Jude sagen darf. Es ist vermutlich der krankhafte Hass einiger weniger, die sich diese Vergeltungsformel zu eigen machen und dieses biblische Fundament ganz nach ihrer Art auslegen. In jeder Gesellschaftsschicht beziehungsweise Religionsgemeinschaft gibt es Fanatiker. Und die Studien belegen, dass die meisten davon ihre Hass- und Rachegelüste mit ihrem Glauben rechtfertigen. Egal ob Christen, Juden, Moslems, Hindus oder Buddhisten, alle legen ihre Heiligen Schriften gerade so aus, wie sie es persönlich für richtig halten. Das prägt den Radikalismus ungemein und birgt Gefahren für Andersdenkende. Hinter die aktuellen Strukturen der Nakam bin ich immer noch nicht gekommen. Ich weiß nur, dass sie vermutlich in Malta sitzt und ihr Schattenmann Abaddon genannt wird. Dieser muss Kontakte bis in die höchsten politischen Ebenen auf Malta haben. Zudem ist er anscheinend sehr wohlhabend. Gerüchten zufolge soll er sich sein Vermögen in den achtziger Jahren durch spekulative Börsengeschäfte an der Wall Street erarbeitet haben. An den ranzukommen und ihm deine Morde im Frankenland nachzuweisen, wird sehr schwierig werden, Schorsch. Aber ich werde dich so gut ich kann unterstützen. Einen alten Freund lässt man nicht hängen. Und ich habe da ja noch ein Eisen im Feuer."

Er machte eine kurze Redepause, vermutlich weil er die Spannung erhöhen wollte. Schorsch verdrehte leicht genervt die Augen und durchbrach die Stille mit den Worten: „Jetzt mach schon, Ben, erzähl!"

„Eine ehemalige Freundin von mir arbeitet auf Malta." Er lächelte spitzbübisch. „Suzanne Rock, sie arbeitet für den Circus in Valletta. Wir haben uns vor vier Jahren bei einer Hospitation kennengelernt. Sie war sechs Wochen bei uns in Tel Aviv, und ich war dann im Sommer 2007 für fünf Wochen bei den Tommys. In London hat es dann zwischen uns gefunkt. Suzanne kann man als Kollegin vertrauen, sie könnte für uns auf Malta wichtig werden."

„Ben, du bist ein Fuchs. Deine Quelle, oder sagen wir mal Ex-Freundin, könnte dort ein Joker für uns werden. Aber sie soll vorsichtig sein, denn dieser Abaddon ist brandgefährlich."

„Suzanne ist clever und sehr engagiert in ihrem Beruf. Wir mögen uns noch sehr. Ich glaube auch, sie liebt mich noch immer. Aber du kennst es ja selbst: Bist du mit deinem Dienst verheiratet, dann ist das eher kontraproduktiv für eine Beziehung. Hinzu kamen unsere unterschiedlichen Dienstorte. Ich hier in München, Suzanne in Valletta. Aber wir telefonieren sehr oft miteinander, und über die verschlüsselte Krypto-Leitung kann ich ihr deinen Fall ja mal schildern." Er kramte in seinem Geldbeutel und zauberte ein gemeinsames Bild hervor. „Hier schau mal, so sieht sie aus. Das Foto ist vom letzten Jahr, da waren wir gemeinsam fünf Wochen in Neuseeland auf Tour."

Schorsch betrachtete das Bild und grinste. „Ein hübsches Mädchen, Ben, wirklich! Schöne Augen, kleine Stupsnase, kurze dunkle Haare. Sie sieht ein bisschen aus wie die Sängerin von Frida Gold! Aber ich kenne das Leid mit den Beziehungen. Das habe ich selbst vor mehreren Jahren erfahren dürfen. Die meisten Ermittler sind ja geschieden oder getrennt lebend. Na ja, vielleicht ist es ja besser so. Aber falls sie einmal wieder nach Deutschland kommt, musst du mir dein *Schneggerla* natürlich unbedingt mal vorstellen."

„Frida Gold." Ben grinste und steckte das Foto wieder in seinen Geldbeutel. „Schorsch, das kriegen wir hin. Ich rufe sie morgen gleich mal an. Wir werden diesen Schattenmann identifizieren, es ist nur eine Frage der Zeit. Auch wenn der noch so clever sein sollte, jeder macht mal einen Fehler. Und wenn es einer von seinen Auftragskillern ist, der unachtsam ist. Aber ich bin sicher, wir kriegen den und seine Mörder!"

Es war viertel nach sieben, als Ben sich schließlich verabschiedete. Und für Schorsch war es höchste Zeit, sich noch einmal bei Rosanne zu melden. Er rief sie an und lud sie zum gemeinsamen Krimiabend ein. Sie sagte freudig zu und nahm es ihm anscheinend nicht wirklich krumm, dass er sie heute Nachmittag versetzt hatte. Zum Glück! Denn er wollte nicht denselben Fehler noch einmal machen und seine Beziehung hintenan stellen.

Bis zum Beginn des Tatorts war es noch fast eine Stunde. Zeit genug, um bei seinem Freund Leo noch zwei Pizzen zu ordern.

Rosanne kam pünktlich. Sie setzten sich an den gedeckten Tisch und verschlangen die Pizzen bis auf den letzten Krümel, so lecker schmeckte es ihnen. Währenddessen berichtete er ihr von dem SEK-Einsatz im Bowling-Center und von Sepp Hardt, der diesen Geburtstag wohl nicht so schnell vergessen würde. Rosanne hielt sich den Bauch vor Lachen, als Schorsch ihr die Details erzählte.

## 19. Kapitel

*Montag, 10. Oktober 2011, 07:09 Uhr,*
*Polizeipräsidium Nürnberg, K11*

Schorsch war schon früh aufgestanden. Denn der Wochenbeginn würde ein wenig stressig werden. Der Sohn der Kochs in Amerika musste darüber informiert werden, dass seine komplette Familie ausgelöscht worden war. Gunda, die bereits im Dienst war, sagte sofort zu, diesen unsäglichen Job alsbald zu erledigen. Und Schorsch machte sich Gedanken über den persönlichen Brief, den ihn die Kochs damals nicht lesen lassen wollten. Was stand da wohl drin? Gab es darin vielleicht doch schon Hinweise auf die Verbrechen? Wurde der alte Koch womöglich erpresst? Schorsch musste den Inhalt des Briefes erfahren. Es stellte sich nur die Frage, wo die Kochs diesen verwahrt hatten. Er rief Dr. Menzel an und besprach mit ihm die Situation. Menzel, der selbst noch mit den Ereignissen des Wochenendes zu kämpfen hatte, fand ebenfalls keine Ruhe. Zu schwer wog der Verdacht, dass in einer der beteiligten Strafverfolgungsbehörden ein Maulwurf am Werke war. Aber sowohl das K11, Rudis MEK als auch die Staatsanwaltschaft wiesen die Schuld von sich und suchten die undichte Stelle bei den anderen. Das war für eine vertrauensvolle Zusammenarbeit kontraproduktiv.

Aber nun brauchte Schorsch erst einmal einen richterlichen Beschluss. Sie mussten an diesen Brief kommen, und der Paragraph 103 der Strafprozessordnung, also die Durchsuchung bei anderen, nicht beschuldigten Personen zum Zwecke der Ergreifung des Beschuldigten, der Verfolgung von Spuren einer Straftat oder zur Beschlagnahme bestimmter

Gegenstände, war hierfür genau das dienliche Mittel. Dr. Menzel sagte zu, dass er einen entsprechenden Beschluss erwirken würde. Die Durchsuchung war nicht nur zweck- und rechtmäßig, sie sollte zudem jeden Zweifel ausräumen, dass die jungen Kochs irgendeine wertvolle Information unterschlagen hatten, die zur Aufklärung des Falles hätte beitragen können.

Um kurz nach neun eröffnete Kriminaldirektor Raimar Schönbohm zusammen mit Polizeipräsident Dr. Mengert die Lagebesprechung.

Dr. Mengert hatte bereits am Sonntag den Trauerflor an sämtlichen mittelfränkischen Streifenwagen angeordnet. Am kommenden Donnerstag um vierzehn Uhr sollte dann die Trauerfeier von Ernst Ploch in Roßtal stattfinden. Dabei würde eine Abordnung des bayerischen Polizeiorchesters den Kollegen auf seinem letzten Weg begleiten.

Gunda legte Schorsch den Antrag auf Auskunftsersuchen für die Funkzellenauswertung in Mittenwald vor. Wenn sie auch im Frankenland keinen Treffer gelandet hatten, so würde sich vielleicht ja am Tatort Adlerhorst ein Hinweis ergeben.

Schorschs Mannschaft war angespannt. Der Zugriff am Sonntag hatte ihnen gezeigt, dass die Nürnberger Bevölkerung hellwach war. Der Presseaufruf hatte seine Wirkung nicht verfehlt, und die meisten im Team mussten schmunzeln, als nun Rudi Mandlik den gestrigen Zugriff der Spezialeinheiten vortrug. Dieses kleine komödiantische Element konnte jedoch nicht von der Tragödie ablenken, die sich ihrem Höhepunkt zu nähern schien. Denn solange die Täter und der oder die Verräter nicht gefasst waren, konnten die Schutzpersonen das Objekt in Mittenwald nicht mehr nutzen. Rudi musste sich demnach einen neuen sicheren Ort für die Familie Bergmann einfallen lassen. Was blieb, war die Hallig Langeness auf den

Nordfriesischen Inseln. Und die musste erst einmal freigegeben werden. Das dauerte. Bis dahin waren die Bergmanns erst einmal sicher in der Kaserne in Mittenwald untergebracht und wurden dort nach wie vor psychologisch betreut.

Schorsch erzählte der Runde nun von Bens Plan, Suzanne Rock vom britischen Geheimdienst MI6 mit ins Boot zu holen. Dafür war eigentlich ein Rechts- und Amtshilfeersuchen notwendig, um die offiziellen Erkenntnisse gerichtsverwertbar zu machen. Aber Schorsch erklärte, dass dies keinesfalls möglich war, denn er habe Ben zugesagt, zuerst inoffiziell, also auf dem „Obergefreitendienstweg", an mögliche Informationen in Malta ranzukommen. Zumal es auch sein konnte, dass der Circus keine Quellenangaben über Abaddon im System vorliegen hatte. Sogar Schönbohm und Dr. Mengert schienen überzeugt von diesem Vorgehen und vertrauten auf Bens Plan. Einen Versuch war es allemal wert.

„Liegen uns zwischenzeitlich vielleicht noch Erkenntnisse von Europol oder Interpol vor? Gibt es Infos über den schwarzen VW-Transporter?", fragte Schorsch in die Runde.

Blacky nickte Schorsch zu. „Ich wollte erst einmal abwarten, ob es neue Erkenntnisse gibt." Dann klappte er seine gelbe Fax-Umlaufmappe auf und las vor: „Den Kollegen von Interpol Lyon liegt ein Hinweis aus dem Jahr 1997 vor. Es handelt sich um eine ‚Blaue Notiz', also eine Sammlung von zusätzlichen Informationen über die Identität oder Aktivitäten einer Person in Bezug auf ein Verbrechen. Da gibt es zwei ehemalige Bankiers aus der Schweiz. Beide wurden im Gotthardtunnel mit Handschließen quer auf die Gleise fixiert. Der eine im März in Göschenen, der andere im Mai 1997 in Airolo. An beiden Tatorten trugen die Opfer ebenso eine Deutsche Erkennungsmarke mit der Aufschrift ‚Auge um Auge'. Vielleicht kannte ja unser Bankier Ischy die beiden

Ermordeten und bekam deshalb auch kalte Füße? Weitere Ermittlungen der Kantonspolizei Uri aus dem Jahr 1999 führten dann dazu, dass sich die Opfer, Vater und Sohn, in der Tat an dem Vermögen von deportierten Juden bereichert hatten. Es handelte sich also wieder um einen korrupten Bankier. Er und sein Sohn wurden nach all den Jahren aufgespürt und hingerichtet. Somit liegen hier schon deutliche Parallelen zu unserem Fall vor."

Schorsch sah Gunda an. „Davon hatten die Kollegen aus Zürich keinen blassen Schimmer!"

„Na ja, die Morde passierten in einem anderen Kanton", überlegte sie. „Und 1997 war den Eidgenossen vermutlich noch nicht bekannt, dass einige ihrer Bankiers korrupt waren, mit den Deutschen zusammenarbeiteten und sich gemeinsam auf das Vermögen der deportierten Opfer stürzten."

Schönbohn kaute nachdenklich auf seiner Unterlippe. „Aber das bestätigt uns doch, dass es sich um die gleiche Organisation beziehungsweise Tätergruppierung handelt wie in unserem Fall. Nur dass die Opfer damals auf die Schienen fixiert wurden. Hat das möglicherweise etwas zu bedeuten? Warum finden diese Hinrichtungen, mit Ausnahme der Morde im Adlerhorst, auf den Schienensträngen statt?"

Schorsch schaute in Richtung Schönbohm und erklärte: „Vielleicht weil damals alle jüdischen Opfer in Europa mit der Eisenbahn deportiert wurden. Viele überstanden diesen unmenschlichen Transport in den Güterwaggons nicht. Sie hatten nichts zu trinken, nichts zu essen. Verrichteten ihre Notdurft in einen Eimer. Manche erfroren während der langen Transporte. Vielleicht wollen die Täter noch einmal darauf hinweisen, wie grausam diese Menschen damals behandelt wurden, nur weil sie einen anderen Glauben oder eine andere politische Einstellung hatten. In gewisser Weise kann man das nachvollziehen, aber es rechtfertigt natürlich keine weiteren Morde. Die Bilder, die ich neulich im Dokumentationszentrum gesehen habe, haben sich allerdings auch in mein Gehirn eingebrannt. Seht euch das mal an, zu welchen Gräueltaten wir Deutschen damals fähig waren!" Er machte eine kurze Pause, um die Gedanken an das Gesehene möglichst schnell wieder zu verdrängen. Er musste jetzt sachlich bleiben. „Wir müssen an diese selbsternannten Rächer herankommen, also macht euch bitte noch mal Gedanken, welche Spur wir noch verfolgen könnten. Und sobald uns der richterliche Beschluss für die Durchsuchung vorliegt, fahren wir nach Kulmbach."

*Montag, 10. Oktober 2011, 09:05 Uhr,*
*Wegscheid, Bayerischer Wald*

Sie hatten bereits eine Nacht hinter sich, und ihre SIM-Karten des libanesischen Mobilfunknetzanbieters MIC 1 funktionierten auch im tiefsten Bayerischen Wald. Im wöchentlichen Rhythmus, so hatte es ihr Auftraggeber gefordert, wechselten sie nun gemeinsam ihre Mobilfunkkarten. Hier im Wellness-Hotel waren sie aber sowieso erst mal sicher vor den deutschen Strafverfolgungsbehörden. Hier kannte sie keiner, sie waren Gäste wie alle anderen, die Entspannung suchten. Bis sich ihr Auftraggeber wieder bei ihnen meldete, vertrieben sie sich die Zeit mit Saunagängen, Dampfbad und Rückenmassagen.

*Montag, 10. Oktober 2011, 13:07 Uhr, Polizeipräsidium Nürnberg, K11*

Dr. Menzel hatte sich wieder mal ins Zeug gelegt. Er ging selbst zur zuständigen Ermittlungsrichterin und erwirkte noch vor der Mittagspause den Beschluss auf Durchsuchung der Wohnung in Kulmbach. Als dann kurze Zeit später ein Kurier der Staatsanwaltschaft den Beschluss an Schorsch übergab, zögerte dieser nicht lange. Gemeinsam mit Horst, Gunda und Robert Schenk fuhr er am frühen Nachmittag in Richtung Kulmbach.

Gegen fünfzehn Uhr erreichten sie das Anwesen. Vor dem Objekt erwartete sie bereits der Durchsuchungszeuge der Stadt Kulmbach. Dieser Herr war vom hiesigen Ordnungsamt und wurde für diese strafprozessuale Maßnahme kurzfristig eingeteilt. Ein Schlüsseldienst war nicht notwendig, Schorsch hatte den Schlüsselbund der ermordeten Kochs sichergestellt und an sich genommen.

Es dauerte nicht lange, bis Robert den besagten Brief von Johannes Koch im Arbeitszimmer fand. Alle fünf versammelten sich um den Schreibtisch, auch der Durchsuchungszeuge schien neugierig auf den Inhalt zu sein. Er hatte aber lediglich den Auftrag, bei der Durchsuchung als unparteiischer Zeuge mit anwesend zu sein. Der Inhalt des Schriftstückes blieb ihm daher verwehrt.

Nachdem die Ermittler den Brief gelesen hatten, war klar, dass sie nun die Bestätigung für ihre Verdachtsmomente in den Händen hielten. Das Imperium der Kochs aus Kulmbach war ausschließlich aus dem geraubten Vermögen von ermordeten Juden erschaffen worden. Und Johannes Koch erklärte in dem Anschreiben seinem Sohn, dass er damals so handeln musste, um nach dem Krieg nicht als ehemaliger KZ-Kommandant von den alliierten Nazi-Jägern entdeckt zu werden. Bis zu seinem Tod wollte er das Geheimnis hüten. Nur er und seine verstorbene Ehefrau wussten von dieser Begebenheit. Sie wollten ihren Nachkommen einen hohen Lebensstandard sichern, egal, mit welchen Mitteln. Zudem bemerkte der Verfasser in seinem Brief, dass er seit Mai 1929 überzeugter Nationalsozialist gewesen war. Als Parteimitglied mit der Nummer 744 war ihm der Weg geebnet, um dort Karriere zu machen. Gleich nach dem Abitur wurde er in die Schutzstaffel aufgenommen, und von da an ging es steil bergauf. Sein damaliges Handeln und sein Ziel, Europa von der jüdischen Rasse zu befreien, bereute er keineswegs.

Koch hatte den Brief Weihnachten 1999 verfasst und gestand darin ohne Umschweife, dass er sich gemeinsam mit dem Schweizer Bankier Ischy insgesamt neun Bankkonten von wohlhabenden Juden übertragen hat lassen. Nur so konnte die Zukunft seiner künftigen Familie gesichert werden. Man solle ihm deshalb dankbar sein.

Gegen sechzehn Uhr war die Aktion in Kulmbach beendet. Einen Hinweis darauf, dass die Kochs das anstehende Zeugenschutzprogramm gegenüber Dritten erwähnt hatten, fanden sie nicht. Sie konnten sich also wieder in Richtung Nürnberg aufmachen.

„Was haltet ihr von einem Zwischenstopp in Neuhaus?", fragte Robert, kaum, dass sie im Auto saßen. „Ich hatte keine Mittagspause, und mein Magen hängt durch. Wollen wir in der Kommune einkehren?"

„Kommune ist keine schlechte Idee, Robert, ich war schon lange nicht mehr dort", meinte Gunda. „Also dann fahren wir die nächste Ausfahrt raus!"

Die Kommunbrauerei Neuhaus an der Pegnitz war ein kleiner Geheimtipp unter Bierkennern und Liebhabern der fränkischen Brotzeit. Die Neuhauser hatten im sechzehnten Jahrhundert das Kommunbraurecht erhalten, sodass jeder Bürger damals sein eigenes Bier brauen konnte. Heute gab es gerade einmal mehr eine Handvoll Familien, die dieses verbriefte Recht noch ausübte. Der weiß-blaue Bierbraustern verriet dem Gast, wer derzeit das Schankrecht der Neuhauser innehatte. Ausgeschenkt wurde dementsprechend auch nicht in einer richtigen Wirtschaft, sondern im Haus desjenigen, der den ausgehängten Stern an seinem Haus auswies. War die zugewiesene Biermenge verkauft, fuhr ein anderer Kommunerer den „Zoiglstern", wie dieser von den Neuhausern genannt wurde, heraus, schlachtete ein Schwein und verköstigte damit seine Gäste. Ein fortwährender Kreislauf und einzigartig im Frankenland.

Die Brotzeit beim „Reindl" in der Kommune war vorzüglich. Horst nahm den Pressack rot-weiß mit Musik, Schorsch und Gunda die heiße Stadtwurst mit Kraut, und Robert ließ sich die fränkischen Bratwürste mit Kartoffelsalat schmecken. Dazu gab es frisches Holzofenbrot. Die Portionen waren ausreichend, der Preis wie immer fränkisch gut.

*Dienstag, 11. Oktober 2011, 07:03 Uhr,*
*Polizeipräsidium Nürnberg, K11*

Kurz nach sieben war Schorsch im Büro, zog sich einen Kaffee und checkte seine E-Mails. Eine Mail der Kollegen aus München lag noch ungelesen im Posteingang. Schorsch klickte sie an. Es war eine Nachricht von Werner Hebbecker, dem Leiter der Münchner Mordkommission.

*„Servus Schorsch,*
*hier das Anfrageergebnis der Bundesnetzagentur. Wir haben zur Tatzeit verschiedene Einloggdaten an den Telekommunikations-*

*masten rund um die Grauber Hütte gefiltert und für euch abgeklärt. Neun Mobilfunknummern kommen aus dem Ausland. Zwei aus Österreich, eine aus Tschechien, eine aus Amerika, eine aus Italien und vier aus Malta. Die Einloggdaten von Malta konnten wir auch in anderen Funkzellen feststellen. Diese Spuren führen Richtung Franken."*

Schorsch öffnete den Anhang. Die Einloggdaten in das Mobilfunknetz konnten am Tattag anhand der Geo-Daten gesichert werden. Die Mobilfunknummern aus Malta waren also exakt nachzuweisen. Um zehn Minuten nach fünf Uhr morgens hatten sich die Mobiltelefone am ersten Wechselfunkmast angemeldet. Das hieß, dass sich die Mobilfunkinhaber da auf den Weg gemacht hatten. Anhand der verschiedenen Einloggzeiten ließ sich nun ein lückenloses Bewegungsprofil dieser maltesischen Rufnummern erstellen. Die Route verlief von Nürnberg über die Bundesstraße 2 auf die Autobahn BAB 3, dann über die BAB 9, hier ab München-Schwabing Richtung A95 Garmisch-Partenkirchen, weiter über Klais-Elmau. Um kurz vor neun Uhr zeigte die Einloggung den Funkmast TK82MJ9 Mittenwald, westliche Karwendelspitze an. Um etwa halb drei am Nachmittag fand dann ein erneuter Funkmastwechsel statt. Schorsch konnte anhand der Aufzeichnungen sehen, dass die Täter haargenau den gleichen Weg in die Frankenmetropole zurückgenommen hatten. Allerdings waren die Einloggdaten in Nürnberg dann nicht mehr mit denen am frühen Samstagmorgen identisch. Erst um drei viertel acht loggten sich die vier Mobilfunknummern wieder in den Funkmasten der Telekom nord-östlich des Nürnberger Zentrums ein. Sie mussten in dieser Zeit also noch irgendwo anders gewesen sein. Tatsächlich konnte Schorsch feststellen, dass sich die Gruppe um achtzehn Uhr und zwei Minuten auch im Funkmast TK91ER7 in der Nähe des Tennenloher Forstes registriert hatte. Was wollten sie dort?, schoss es Schorsch durch den Kopf. Auf jeden Fall sollten sie sich dort baldmöglichst einmal umsehen.

Die Bewegung aller vier Mobilfunkdaten endete um zwanzig Uhr acht in Nürnberg. Am darauffolgenden Tag jedoch hatte sich keine der Mobilfunknummern wieder eingeloggt.

Es war zum Verzweifeln! Schorsch überlegte, ob man einen IMSI-Catcher einsetzen könne, um den genauen Standort dieser Mobiltelefone festzustellen. Der letzte aktive Funkmast TK90NN2 der Telekom, von dem die Registrierung der vier maltesischen Mobiltelefone ausging, war in der Welserstraße positioniert. Diese Straße war eine Hauptader durch die Nürnberger Nordstadt, tausende Einloggdaten wurden hier täglich registriert. Und dennoch hatte sich keine der vier bekannten maltesischen Mobilfunknummern dort wieder eingeloggt.

Hier sind eindeutig Profis am Werk, die täglich oder in gewissen Zeitabständen ihre Mobilfunkkarten wechseln, dachte Schorsch. Einen IMSI-Catcher einzusetzen, war möglicherweise vergebens, aber er wollte die Möglichkeit eines Treffers nicht ausschließen und verständigte seinen Freund und Kollegen Rudi Mandlik. Vielleicht wusste der, wie man einen möglichen Einsatz dieses simulierten Mobilfunknetzwerkes koordinieren könnte.

„Servus, Schorsch! Ich habe noch keine Ersatzlösung für das Zeugenschutzprogramm, aber ich bleib mit äußerster Dringlichkeit dran", begrüßte ihn Rudi, noch ehe Schorsch den Grund seines Anrufs nennen konnte.

„Servus, Rudi! Danke dir, aber es geht um etwas anderes. Macht der Einsatz mehrerer IMSI-Catcher in der Nordstadt deiner Meinung nach Sinn?" Schorsch erklärte Rudi die derzeitige Lage.

„Hm, das könnte schwierig werden", erwiderte Rudi. „Ich habe derzeit auch nur zwei im freien Bestand, meine beiden anderen sind bei den OK-lern im Einsatz. Die sind da an zwei albanischen Großfamilien dran, die seit Monaten im großen Stil Einbruchserien im Bereich der Organisierten Kriminalität starten. Die Catcher kann ich unmöglich abziehen, und der richterliche Beschluss dafür wurde auch erst am Freitag erlassen. Aber die zwei verfügbaren kann ich positionieren. Sag mir wo und wann!"

„Schwierig, Rudi, der vorhandene Funkmast TK90NN2 hat ein nicht unerhebliches Einzugsgebiet im Norden Nürnbergs. Wir warten mal ab, ob wir die Mobilfunkdaten der besagten SIM-Karten aus Malta wiederbekommen. Irgendwann müssen die ja noch mal telefonieren. Und über andere SIM-Karten liegen keine Verdachtsmomente vor. Ich kläre die vier Karten mal ab, vielleicht sagen uns die Namen der Inhaber dieser SIM-Karten ja was", meinte Schorsch und dachte dabei an Suzanne Rock.

Schorsch kannte nur ihren Namen von Ben, Kontakt zu ihr hatte er noch nicht aufgenommen. Deshalb war mal wieder Ben gefragt. Nur über ihn konnte Schorsch diese wichtige Abklärung durchführen, denn ein Rechts- und Amtshilfeersuchen an die maltesischen Behörden würde zu lange dauern. Er zögerte nicht lange, griff zum Telefon und wählte Bens Durchwahl im israelischen Konsulat in München.

„Shalom. Who's talking?"

„Servus, mein Bester!", meldete sich Schorsch. „Wieder gut in München angekommen?"

„Servus, Schorsch! Kannst du Gedanken lesen? Ich habe soeben mit Suzanne telefoniert und ihr deinen Fall geschildert. Also, wo sie uns helfen kann, wird mein Mädel uns unterstützen."

Schorsch atmete erleichtert auf. „Super, Ben, deshalb rufe ich auch an, es gibt interessante Neuigkeiten. Und wir brauchen dringend den Kontakt zu deiner Frida Gold auf Malta."

Schorsch erzählte Ben von den aufgelaufenen Mobilfunknummern am Tatort Garmisch-Partenkirchen und der Rückverfolgung der Geo-Daten nach Nürnberg. Das konnte die erste heiße Spur zu den Tätern sein. Und Ben war der Schlüssel zu Suzanne!

Der gab sich zuversichtlich: „Das kriegen wir hin, Schorsch. Schick mir die Mobilfunknummern per E-Mail, Suzanne wird die Anschlussteilnehmer herausfinden. Dann wissen wir, wer hinter den Auftragsmorden steckt, und kommen so vielleicht sogar unserem Schattenmann ein klein wenig näher."

Schorsch bedankte sich und beendete das Telefonat. Ben war ein wahrer Freund. Er unterhielt weltweite Kontakte und hatte verlässliche Quellen. Genau der Mann, den man bei verzwickten und brenzligen Sachverhalten kontaktieren musste!

Nachdem Schorsch die Mobilfunkdaten an Ben versandt hatte, machte er sich Gedanken über das geraubte Vermögen der Kochs. Wie konnte man das damalige Verbrechen, den Raub von jüdischem Vermögen, sühnen? Er hatte keine Ahnung, googelte im Netz und fand einen Ansprechpartner in Frankfurt, einen Vertreter der Claims Conference in der Sophienstraße. Diese Organisation führte Verhandlungen über Entschädigungsleistungen und Mittel zur Unterstützung von NS-Opfern. Die Claims Conference vereinte alle Strömungen in der Welt, vertrat die Interessen aller jüdischer Verfolgter und unterstützte bedürftige Überlebende des Holocausts. Zudem leitete sie weltweit Hilfsprogramme, die durch die Rückgabe und Veräußerung dieser Vermögenswerte finanziert wurden.

Bingo! Schorsch meinte hier einen Ansprechpartner gefunden zu haben, der ihnen weiterhelfen konnte.

Er verständigte Dr. Menzel und man kam überein, dass man nach Aufklärung der Morde die Institution darüber in Kenntnis setzen musste. Das damals rechtswidrig erlangte Vermögen musste ihrer Meinung nach an mögliche Hinterbliebene zurücktransferiert werden, auch wenn dies eine schwierige Unternehmung werden könnte. Dieser Gerechtigkeitssinn war bei beiden Strafverfolgern stark ausgeprägt, und Dr. Menzel bekräftigte seine Unterstützung diesbezüglich, mit anderen Ministerien eine kooperative Lösung zu finden.

Zufrieden mit seinen vormittäglichen Erledigungen konnte sich Schorsch nun ruhigen Gewissens auf den Weg in die Praxis von Dr. Hengsberg machen. Die zweite Bestrahlung stand an. Und diesmal hatte er keine Angst mehr, sondern freute sich auf den ruhigen Nachmittag zu Hause, den er sich danach gönnen wollte.

## 20. Kapitel

*Donnerstag, 13. Oktober 2011, 14.00 Uhr,
Magdalenenweg, Roßtal*

Der „Alte Friedhof" sollte Ernst Plochs letzte Ruhestätte werden. Es war zwar kalt, aber der Herrgott ließ die Sonne aufziehen, als sich die Trauergemeinde nach dem Gottesdienst auf dem Gottesacker einfand.

Polizeipräsident Dr. Mengert hatte das Begräbnis für Ernst Ploch persönlich organisiert. Neben den unzähligen Kollegen des PP Mittelfranken war auch die Polizeikapelle vor Ort sowie eine Abordnung der Kollegen aus Oberbayern. Und auch der Polizeipräsident von München hatte sich Zeit genommen, beim letzten Weg des Kriminaloberkommissars anwesend zu sein, da der Beamte ja in seinem Zuständigkeitsbereich ermordet worden war. Ernst Plochs schlichter Eichensarg war bedeckt mit der bayerischen Flagge. Am Fußende lag seine grüne Dienstmütze. Auffällig war zudem das Bukett aus roten und weißen Rosen mit einer markanten Schleife. Der letzte Gruß seiner Ehefrau.

Schorsch blickte zu Elisabeth Ploch, die gestützt von ihrem Vater auf die Dienstmütze ihres verstorbenen Ehemanns ein kleines rotes Glasherz ablegte und ein stilles Gebet sprach. Auch Schorsch kamen die Tränen, er weinte. Rosanne stand ihm zur Seite und reichte ihm ein Tempo. Dann folgte der letzte Gang.

Zwischenzeitlich hatte sich auch eine Hundertschaft von Bereitschaftspolizisten aus der Kornburger Straße vor der Aussegnungshalle bis zur Grabstätte positioniert. Sie standen in Zweierreihen zum Salut parat und begleiteten den Sarg auf seinen letzten Metern. Die Polizeikapelle, die sich in unmittelbarer Nähe des Grabes eingefunden hatte, wartete auf das Zeichen von Dr. Mengert. Es waren schwere Minuten, und ein Gefühl von Wut, Trauer und Schmerz machte sich unter den Kollegen breit. Sie mussten die Mörder finden!

*Freitag, 14. Oktober 2011, 07.04 Uhr,*
*Polizeipräsidium Nürnberg, K11*

Schorsch hatte schlecht geschlafen. Entweder war es die Trauer um Ernst, die ihn noch immer berührte, oder das späte Abendessen mit Rosanne, das ihm noch im Magen lag.

Egal, seine Gedanken drehten sich noch immer um den Funkmast TK90NN2 in der Nordstadt. Seit Samstagabend, kurz nach zwanzig Uhr, waren keine Einloggdaten der bekannten maltesischen Mobilfunknummern mehr vorhanden. Das war ungewöhnlich und schlug ihm aufs Gemüt. Immer noch keine verwertbare Spur! Schorsch war frustriert. Das Auswertesystem der Bundesnetzagentur für ausländische Mobilfunkverbindungen zeigte an diesem Funkmast seit Samstag lediglich siebenundsechzig verschiedene Mobilfunk-Einloggdaten an, eine maltesische Mobilfunknummer befand sich nicht mehr darunter. Entweder hatten die Täter ihren Auftrag ausgeführt und waren abgereist oder sie hatten die SIM-Karten gewechselt. Wie auch immer, die K11-er waren in eine Einbahnstraße geraten und mussten so schnell wie möglich die richtige Abbiegung finden.

Die tägliche Lagebesprechung war gerade vorbei, als Schorschs Telefon klingelte.

„Bachmeyer, K11!"

Eine weibliche Stimme mit leichtem englischem Akzent meldete sich. „Hallo, Herr Bachmeyer, Suzanne Rock aus Malta hier."

Mit einem Schlag war Schorsch wieder voller Hoffnung. Endlich jemand, der sie vielleicht ein Stückchen weiterbringen konnte. „Das ist ja eine Überraschung! Herzliche Grüße aus dem Frankenland! Ich wusste, dass mich mein Freund Ben nicht im Stich lassen würde. Ich bin der Schorsch und gespannt, was Sie herausgefunden haben."

„Na dann, Schorsch, ich bin Suzanne, und von mir aus können wir beim Du bleiben. Bens Freunde sind auch meine Freunde. Ich habe ein wenig in unseren Datenbänken gestöbert, aber leider nicht viel für euch gefunden. Alle Mobilfunknummern, die Ben mir gemailt hat, sind Prepaid-Karten. Sie wurden im Mai 2011 auf der Nachbarinsel Gozo erworben. In einem Lidl-Markt. Registriert wurden sie unter verschiedenen Namen, augenscheinlich alles Touristen: ein Allen Mac Allister aus Glasgow, ein Luigi Perdone aus Farvara in Sizilien, eine Hannah Berisha aus Tirana, Albanien, und eine Doreen Glaser aus Dresden. Aber ..." Sie stockte, und Schorsch hörte, wie Suzanne offensichtlich Papier umschlug. „Die Karten wurden erst im Juli 2011 aktiviert. Und die Personen, auf deren Namen die Karten registriert waren, gibt es nicht, zumindest nicht in unseren Datensystemen. Zudem habe ich soeben mit Ben die Mobilfunknummern abgeglichen. Auch dem Mossad sind diese Registrierungen unbekannt. Diese Leute gibt es schlicht und einfach nicht."

Schorsch schnaufte tief durch. „Danke, das ist zwar ernüchternd, aber dennoch eine wichtige Info. Wenn ich jetzt so darüber nachdenke, bleibt uns nur noch eine Möglichkeit, um an die Anschlussteilnehmer und deren Auftraggeber zu kommen."

„Und die wäre?", fragte Suzanne gespannt.

„Eine Auslandskopfüberwachung", kam es wie aus der Pistole geschossen. „Sollten sich die Täter noch in Deutschland aufhalten, wo auch immer, dann können wir sie nur noch darüber aufspüren. Vorausgesetzt, sie nutzen nochmals die uns bekannten SIM-Karten! Und dann hätten wir auch ihren Auftraggeber am Fliegenfänger."

Nach einer kurzen Abwägungsphase schien auch Suzanne von dieser ermittlungstaktischen Maßnahme überzeugt zu sein. Die Auslandskopfüberwachung schien in der Tat das einzige wirksame Mittel zu sein, um an diese Tätergruppierung zu kommen.

Schorsch überlegte nicht lange, sondern kontaktierte Dr. Menzel. Ein entsprechender Beschluss würde es ihnen ermöglichen, die Telekommunikation eines für einen ausländischen Zugangsprovider registrierten Endgeräts zu überwachen. Die vier maltesischen Mobilfunknummern hatten sich am Tattag im Roamingverfahren im Bundesnetz eingeloggt. Sobald diese künftig wieder eine Telekommunikationsverbindung aufbauen würden, also mit ihrem Auftraggeber telefonierten, hätten Schorsch und sein Team den ausländischen Anschlussteilnehmer. Also den Mann, der vermutlich die Täter im Frankenland steuerte.

Die technischen Voraussetzungen für diese Überwachung waren nicht sonderlich schwierig. Die vier großen Mobilnetzbetreiber würden mit dem Beschluss verpflichtet werden, die Verbindungen der bekannten maltesischen Mobilfunknummern zu überwachen, und sobald sich dann einer der Täter im Roamingverfahren in das Netz einloggen sollte, bekämen sie die Verkehrs- und Inhaltsdaten der überwachten Geräte übermittelt. Die Gesprächsinhalte der Telekommunikation mit dem Anschlussteilnehmer im Ausland, egal ob auf Malta, in New

York oder Mogadischu, würden offenbart werden und Schorsch und sein Team einen wesentlichen Schritt weiterbringen.

Dennoch beschäftigte Schorsch auch nach wie vor die Frage, wer der Verräter im Team sein könnte. Ausschließen konnte er, dass die Informationen über das Zeugenschutzprogramm von den Kollegen verraten wurden. Auch Dr. Menzel hielt er für hundertprozentig integer. Aber wo um alles in der Welt war dann die undichte Stelle? Schorsch wollte auf Nummer sicher gehen, den richterlichen Beschluss für die Auslandskopfüberwachung sollte eine Außenstelle der Staatsanwaltschaft Nürnberg-Fürth beantragen. Dr. Menzel hatte hierzu eine vertraute Kollegin in Erlangen sitzen. Nur so konnten sie ausschließen, dass diese strafprozessuale Maßnahme bei der Staatsanwaltschaft Nürnberg-Fürth bekannt wurde.

*Freitag, 14. Oktober 2011, 14:08 Uhr,*
*Staatsanwaltschaft Nürnberg-Fürth, Registratur*

Eine männliche Stimme meldete sich. „Zentrale Registratur, Juretzku."

„Schönen Tag, Herr Juretzku. Wie ist das Wetter in Nürnberg, bewölkt oder sonnig?"

An der Fragestellung erkannte Herr Juretzku sein Gegenüber. War es bewölkt, so konnte er momentan nicht sprechen, dann war er nicht alleine in seinem Büro. War es sonnig, konnte er dem Anrufer Auskünfte erteilen.

„Wie immer eine sonnige Angelegenheit", antwortete Juretzku.

„Es ist alles nach Plan verlaufen. Allerdings haben meine Leute lediglich eine der beiden Familien in der Hütte angetroffen, die andere aus Bad Windsheim war ausgeflogen. Ich brauche nun Informationen, wie es weitergeht. Wohin wurde die Familie Bergmann verlegt?"

„Nach meiner Information sind sie noch in der Kaserne in Mittenwald untergebracht", antwortete Juretzku. „Die Nürnberger Kripo ist aber gerade dabei, einen neuen Ort auszusuchen. Heute ist Freitag, rufen Sie mich kommende Woche an, da weiß ich vermutlich schon mehr. Ist schon irgendetwas für mich hinterlegt worden? Und wenn nicht, bis wann kann ich damit rechnen?"

Der Anrufer räusperte sich. „Der Transfer geht heute noch raus. Ab morgen sollte der Briefkasten wieder gefüllt sein. Ich melde mich kommende Woche wieder."

Das Gespräch war beendet.

*Montag, 17. Oktober 2011, 09.03 Uhr,*
*Polizeipräsidium Nürnberg, K11*

Schorsch hatte das Wochenende mit Rosanne verbracht. Es hatte sie in die Fränkische Schweiz, genauer gesagt nach Gößweinstein gezogen. Hier konnte man von April bis Oktober ein Heißluft-Event buchen. Und Schorsch hatte seine Freundin mit zwei Karten für eine Ballonfahrt überrascht. Sie hatten den Ausblick in die fränkische Herbstlandschaft, den fränkischen „Indian Summer", genossen, denn das sonnige Herbstwetter hielt immer noch an.

Nun aber stand die wöchentliche Lagebesprechung an, die Schönbohm eröffnete, dann aber das Wort unmittelbar an Dr. Menzel übergab.

„Liebe Kollegen, wir haben zwei ereignisreiche, oder nennen wir es ruhig *schreckliche* Wochen hinter uns. Nicht nur die zurückliegenden Morde an den ehemaligen Nazi-Schergen sind erschütternd. Die Morde an den Schutzpersonen und an unserem Kollegen Ernst Ploch haben uns alle sehr bewegt. Hinzu kommt, dass unser Schutzort verraten wurde, denn nur durch einen Maulwurf konnten die Täter davon Wind bekommen. Aber wir kommen voran, und wenn es nur ein kleiner Schritt, ein vorliegender Hinweis ist, der uns zu den Tätern führen könnte." Er fasste noch einmal die Ergebnisse der Mobilfunkdatenüberwachung zusammen und kam dann auf Schorschs Idee zu sprechen. „Wir werden, vorausgesetzt unsere Technik kann es schnell mit der Bundesnetzagentur umsetzen, noch heute eine Auslandskopfüberwachung schalten. Die Täter haben zwar seit letztem Sonntag keine Einloggdaten der maltesischen Nummern mehr in Nürnberg hinterlassen, aber mein Bauchgefühl sagt mir, dass sie noch hier sind. Mit der Auslandskopfüberwachung spüren wir sie in ganz Deutschland auf." Er warf einen Blick zu Schorsch, der hierzu unbedingt noch etwas sagen wollte.

„Bedankt euch bei Ben Löb für all die wertvollen Hinweise und seinen privaten Kontakt auf Malta. Ohne ihn wären wir keineswegs so weit. Wir sollten uns eine kleine Überraschung für ihn ausdenken. Wem also etwas Schönes einfällt, der darf sich gerne bei mir melden. Ich bin für jeden Tipp dankbar." Ganz automatisch sah Schorsch zu Gunda, die für ihre kreativen Geschenkideen bekannt war. Die verdrehte scheinbar genervt die Augen, in Wirklichkeit aber liebte sie es, sich etwas auszudenken, womit man Kollegen eine Freude machen konnte.

Dann übernahm Rudi Mandlik, der zwischenzeitlich einen neuen Ausweichort für die Schutzpersonen gefunden hatte. Wie erwartet, sollten die Bergmanns auf die Hallig Langeness auf den Nordfriesischen Inseln verlegt werden. Die Hallig war zwar im Rahmen eines Schutzprogramms vom BKA Berlin belegt, aber Rudis Kontakte machten es möglich, den dort vorhandenen Personen einen anderen Schutzort in Dänemark zuzuweisen. Die Hallig bot den Bergmanns sogar noch einen spezielleren Schutz als die Hütte in Mittenwald. Jetzt im Herbst war dieses Refugium aufgrund der zunehmenden Stürme vor der schleswig-holsteinischen Nordseeküste schwieriger zu erreichen als in den Sommermonaten. Zudem war die Küstenwache angewiesen, eine gewisse Schutzkontrollfunktion zu übernehmen. Die K11-er waren alle zufrieden, und Dr. Menzel wies explizit nochmals darauf hin, dass der künftige Schutzort ebenso vertraulich eingestuft war wie der erste. Lediglich er und seine Stellvertreterin waren über den neuen Standort informiert.

Eines jedoch vergaß Dr. Menzel: das übliche Vorgangsprozedere der Registrierung! Alle behördlichen Vorgänge, egal ob sie einer geheimen Einstufung unterlagen oder nicht näher klassifiziert waren, wurden bei allen Strafverfolgungsbehörden erfasst, also nach deutscher Gründlichkeit registriert. So auch bei der Staatsanwaltschaft Nürnberg-Fürth. Wo Berthold Juretzku diese Leitungsfunktion übernommen hatte.

*Montag, 17. Oktober 2011, 11:05 Uhr,*
*Bismarckstraße, im Osten von Nürnberg*

Die Erholungswoche im Bayerischen Wald war vorüber. Ihr Auftraggeber hatte sie wieder in die Frankenmetropole zurückbeordert. Schon bald würden sie erfahren, wo sich die Familie Bergmann aufhält. Dann war es nur noch dieses eine Mal. Erst dann würde ihr Auftrag ausgeführt sein.
　Es war viertel nach elf, als Arnos Mobiltelefon klingelte. An der Vorwahl erkannte er seinen Auftraggeber.

„Hey, Chef! Nochmals besten Dank für die Erholung in der vergangenen Woche. Wir sind wohlbehalten zurück. Wann geht es weiter?"

„Unser Kontaktmann bekommt den genauen Ort noch mitgeteilt", antwortete Abaddon. „Sobald mir diese Informationen vorliegen, melde ich mich. Bis dahin seht euch Franken an und verhaltet euch nicht auffällig. Nur noch diesen einen Auftrag, dann werden die restlichen fünfzig Prozent auf eure Konten überwiesen. Ihr wart gut!"

## 21. Kapitel

*Mittwoch, 19. Oktober 2011, 06:35 Uhr,*
*Polizeipräsidium Nürnberg, K11*

Horst und Schorsch waren heute Morgen die Ersten im Kommissariat. Seit Dienstagabend, zwanzig Uhr vierunddreißig, war die Telekommunikationsüberwachung (TKÜ) geschaltet. Die erforderlichen Beschlüsse für die Bundesnetzagentur waren erst gestern vom Ermittlungsrichter unterzeichnet worden, somit waren sie erst um halb neun auf Empfang. Gemeinsam mit Eva-Maria und Hubsi war Schorsch noch bis kurz vor dreiundzwanzig Uhr im Technikraum der TKÜ geblieben. Die Erwartungshaltung war groß gewesen, das erhoffte Telefonat jedoch nicht zustande gekommen. Vielleicht hatten sie heute mehr Glück.

Schorsch checkte als Allererstes heute Morgen die Einloggdaten am Funkmast TK90NN2. Dazu loggte er sich in das System ein und öffnete die Maske „Abfragemodus". Durch die umgesetzten TKÜ-Beschlüsse war es ihm möglich, die ihnen bekannten maltesischen Mobilfunknummern auf Einloggdaten abzufragen. Und als Schorsch sich seinen zweiten Kaffee gezogen hatte und die Abfragemaske aktualisierte, blinkte im TKÜ-Programm plötzlich das Sichtfeld der überwachten Telekommunikationsnummer grün. Das bedeutete, dass unter der bekannten Rufnummer jemand kommunizierte. Die Täter waren also zurückgekehrt.

Schorsch spürte, wie ihm vor Anspannung der Schweiß ausbrach. Er tupfte sich mit einem Taschentuch die Stirn ab und wandte sich an seinen Zimmergenossen: „Horst, leck mich am Ärmel! Die Täter sind zurück in Nürnberg. Bloß wo genau?"

„Dann warten wir mal ab, bis Rudi da ist, vielleicht kommen wir ja mit dem IMSI-Catcher weiter", versuchte Horst, die Ruhe zu bewahren. „Wir haben ja Zeit, und notfalls müssen wir die technischen Geräte an verschiedenen Positionen aufstellen. Ich weiß, die Nordstadt ist groß, aber einen Versuch ist es jetzt allemal wert."

„Du hast recht, Horst. Wenn Rudi sein Equipment nicht anderweitig im Einsatz hat, dann sollten wir das tun. Nur so können wir die Täter genauer lokalisieren und bekommen deren exakten Standort über die Geo-Daten übermittelt. Horst, ich freu mich wie ein kleines Kind!"

Tatsächlich empfand Schorsch das erste Mal seit Langem so etwas wie eine kindliche Aufregung. Sie waren ganz nah dran, das spürte er, und er war fest davon überzeugt, dass die Killer ihnen nun nicht mehr entkommen konnten.

*Mittwoch, 19. Oktober 2011, 13:52 Uhr,*
*„The Circus", Whitehall Mansion, Ta'Xbiex, Valletta, Malta*

Suzanne Rock wollte mehr. Die ermittelten SIM-Karten, also die Mobilfunknummern aus Malta reichten ihr nicht. Sie wusste, dass die Mobilfunknummern erst im Juli 2011 aktiviert worden waren. Dieser Aktivierungszeitraum lag noch in der Sechs-Monats-Frist der maltesischen Vorratsdatenspeicherung, und Suzanne konnte sich leicht Zugang zu diesen Daten verschaffen. Denn der MI6 hatte Zugriff auf die Rechner des Government Communications Headquarters, kurz „GCHQ". Diese britische Geheimdienstbehörde befasste sich weltweit mit der Fernmeldeaufklärung und Überwachung von Telekommunikationsdaten. Durch dessen betriebene Spähprogramme „Tempora" und „Echelon" war es für Suzanne ein

Leichtes, an diese Quelldaten heranzukommen, zumal Malta als ehemalige britische Kolonie auch weiterhin sehr vertrauensvoll und auskunftsfreudig mit den britischen Geheimdiensten zusammenarbeitete.

Das Ergebnis war famos. Seit der Aktivierungsphase der SIM-Karten lagen ihr nun alle Verkehrsdaten der Mobilfunknummern vor, die nicht nur zu Abrechnungszwecken gespeichert werden mussten. Der britische Geheimdienst kam an alle notwendigen Telekommunikationsdaten heran. Suzanne war also im Besitz der eingehenden Verbindungen, der Handystandorte, der IP-Adressen und der E-Mail-Verbindungsdaten. Und diese Daten würden die Ermittlungen in Deutschland sicherlich weiter vorantreiben. Aber Suzanne wusste auch, dass der Datenschutz ihnen einen Strich durch die Rechnung machen würde, da diese erhobenen Verbindungsdaten dort, also in Deutschland, nicht verwendet werden durften. Sie überlegte und kontaktierte Ben. Würde der womöglich eine Lösung finden, wie sie ihren Freunden in Nürnberg helfen konnten? Wenn nicht er, wer dann!

*Mittwoch, 19. Oktober 2011, 16:57 Uhr,*
*Polizeipräsidium Nürnberg, TKÜ-Raum*

Blacky, Waltraud und Hubsi wollten heute bis zwanzig Uhr die Überwachung auswerten. Die von Rudi Mandliks MEK aufgestellten IMSI-Catcher am Nordring, Ecke Bucher Straße, in der Neumeyerstraße und den dritten in der Welserstraße, Ecke Ödenberger Straße, sollten endlich die erhofften Ergebnisse bringen. Man hatte zwar auch den Beschluss für die Auslandskopfüberwachung erwirkt, aber durch die IMSI-Catcher erhofften sich die Ermittler die schnellere

Lokalisierung der SIM-Karten-Inhaber in der Nürnberger Nordstadt. Sie hatten also zwei Eisen im Feuer liegen: zum einen die IMSI-Catcher zur Lokalisierung der bekannten Mobilfunknummern, zum anderen den überwachten Auslandskopf. Durch dessen Überwachung würden sie alle Anschlussteilnehmer feststellen können und zwar nicht nur in Nürnberg, sondern in ganz Deutschland, sobald dieser Anschluss aktiv wurde. Alle warteten darauf, dass einer der Täter telefonierte oder einen Anruf erhielt.

Und es waren nicht die positionierten IMSI-Catcher, die ihnen schließlich den Erfolg brachten. Es war die TKÜ des Auslandskopfes.

Um kurz vor achtzehn Uhr erhielt die registrierte maltesische Mobilfunknummer, die auf Hannah Berisha aus Tirana registriert war, einen Anruf. Blacky nahm das Gespräch an und klickte dabei auf die TKÜ-Maske des zu überwachenden Anschlusses, der grün blinkte und ein aktives Online-Gespräch anzeigte. Blacky stellte auf Lautsprecher, sodass alle Anwesenden das Gespräch nun auch ohne Kopfhörer mithören konnten.

Mittwoch 19. Oktober 2011, 17:47 Uhr – überwachter Telefonanschluss 00356 1898 5xxx

Gespräch kommend: Anschlussteilnehmer 00356 8747 3xxx

Männlich, unbekannt: „Hallo, Jakob, ich hoffe, du hast dich ebenso gut erholt wie Arno. Das ist eines meiner heimlichen Refugien. Ich fahre seit Jahren dorthin. Aber hör zu, demnächst gibt es guten fangfrischen Fisch für euch. Unser Kontakt hat mir heute Nachmittag mitgeteilt, dass die Familie aus Bad Windsheim in den Norden verlegt wird. Ans Meer. Und so wie das bei Google Earth aussieht, ist es eine kleine Insel. Die genauen Geo-Daten maile ich euch heute noch zu.

Also bereite dich mit deinem Team schon mal geistig auf die Insel vor. Ach ja, habt ihr das Paket mit den zusätzlichen Auftragsunterlagen schon erhalten?"

Männlich, unbekannt (vorher angesprochen mit „Jakob"): „Ja, danke, kam heute mit dem Kurier an."

Anrufender: „Sehr gut! Die neuen SIM-Karten sind aktiv und werden ab sofort nach diesem Gespräch genutzt. Die alten Telefonkarten werden vernichtet. Wir müssen ausschließen, dass diese Handynummern euren Verfolgern bekannt werden. Habt ihr mich da verstanden?"

Jakob: „Ja, Chef, machen wir. Was ist mit der besagten Person in den Unterlagen? Wer ist das und wann soll der erledigt werden?"

Anrufender: „Das ist, oder sagen wir mal so, das *war* unsere Quelle aus Nürnberg. Der arbeitet seit fünf Jahren für die Amerikaner und hat immer gute Informationen geliefert. Durch meinen guten Kontakt in die US-Botschaft konnten wir diese Quelle auch für unseren Auftrag nutzen. Aber nun brauchen ihn die Amerikaner auch nicht mehr, er ist ihnen zu heiß geworden. Denn er ist Alkoholiker und zudem dem Glücksspiel verfallen. Ich habe meinem Kontaktmann bei den Amis zugesagt, den Job für sie zu übernehmen. Wir müssen den für immer abschalten, ansonsten wird er uns zu gefährlich. Das könnte ein großes Problem werden, wenn seine Spionagetätigkeit an die Öffentlichkeit kommt. Dann haben wir auch noch die Staatsschutzabteilung des Bundeskriminalamts im Boot, das wollen, nein, das müssen wir zuverlässig ausschließen. Die zwischenstaatlichen Beziehungen zwischen Deutschland und den Amis könnten dann großen Schaden nehmen, so meine Quelle in Berlin. Also erledigt diesen Zusatzauftrag. Und Jakob, wie ihr sehen könnt, benutzt er täglich zur gleichen Zeit die U-Bahn. Also wisst ihr, was zu tun ist. Seine letzten Informationen über den Aufenthaltsort der Bergmanns liegen uns vor, also ist er für uns passé. Hast du alles verstanden?"

Jakob: „Ja, Chef, das Bild und die Beschreibungen sind einwandfrei, die U-Bahn-Haltestelle ist uns bekannt."

Anrufender: „Sehr gut. Erledigt das so schnell wie möglich, es ist sehr wichtig. Der weiß zu viel! Gibt es sonst noch was?"

Jakob: „Nein, es ist alles klar. Danke für die Infos. Eigentlich könnten wir sofort abrücken. Es gibt keine Probleme, Viktors Fußverletzung ist verheilt, der hatte dort eine gute Physiotherapeutin. Der Aufenthalt in Wegscheid war echt klasse, wir sind erholt und gestärkt für die letzten beiden Herausforderungen. Und eines kannst du glauben: Auch der letzte Auftrag wird zu deiner vollsten Zufriedenheit erledigt werden."

Das Gespräch war beendet.

Waltraud, Blacky und Hubsi sahen sich an. Na, wenn das kein Volltreffer war! Sie hatten den Kontakt. Die Telefonnummer aus Malta. Den Auftraggeber, der hinter all den brutalen Morden steckte. Er war nun bekannt. Und sie wussten noch etwas: Sie hatten einen Maulwurf, der vermutlich nicht mehr lange leben würde. Doch wo genau dieser saß, das wussten sie noch nicht. Das Telefonat mit Jakob brachte jedoch auch noch einen entscheidenden Hinweis: Das Hotel im Bayerischen Wald nannte der Anrufer sein Refugium. Er kannte also das Hotel. Und dort kannte man ihn.

Blacky griff zum Telefon, wählte Schorschs Mobilfunknummer und informierte ihn über das soeben aufgezeichnete Telefonat. Schorsch reagierte unverzüglich. Er kontaktierte Schönbohm, Dr. Menzel und den Rest seiner K11-er. Denn heute war Nachtschicht angesagt. Die nun bekannte maltesische Telefonnummer musste mit in die Überwachung aufgenommen, ein Beschlussantrag hierzu unverzüglich erstellt werden. Das sah auch Dr. Menzel ein und ordnete diese strafprozessuale Maßnahme gleich selbst an. Morgen wollte er den zuständigen Ermittlungsrichter in Erlangen über seine heutige Anordnung informieren, dieser werde dann innerhalb von drei Werktagen die angeordnete Telekommunikationsüberwachung bestätigen, da war sich Menzel ganz sicher.

Schorschs Anruf hatte bei Dr. Menzel freudige Erregung ausgelöst. Das wäre doch gelacht, wenn sie den Fall jetzt nicht innerhalb von wenigen Stunden lösen würden. Auch für ihn waren Überstunden angesagt, er wollte an diesen Verräter kommen und ihn den K11-ern präsentieren. Das Vertrauen der Nürnberger Mordkommission und des MEK zur Staatsanwaltschaft Nürnberg-Fürth musste wiederhergestellt werden. Denn eines war unstrittig: Solange der Verräter nicht enttarnt wurde, lagen stille Vorwürfe in der Luft und man misstraute sich weiter gegenseitig. Zudem stand jetzt noch ein weiteres Leben auf dem Spiel. Es war bekannt, dass der Maulwurf getötet werden sollte, damit er nicht gegen diese Verbrecher aussagen konnte. Nur wo in Nürnberg sollte der Mord geschehen? Das U-Bahn-Netz in Nürnberg und Fürth konnte nicht rundum observiert werden. Vielleicht aber konnten ihnen ja die Aufzeichnungskameras weiterhelfen, die Täter zumindest nach Vollendung der Tat zu identifizieren. Oder sie hatten Glück und der Schattenmann aus Malta meldete sich noch mal bei seiner Kontaktperson, bevor diese für immer ausgeschaltet werden sollte. Dank der TKÜ der neu hinzugekommenen maltesischen Nummer konnten sie ja nun jeden Anruf mithören, der von diesem Abaddon getätigt wurde. Dann könnte dieser Verräter identifiziert und endlich dingfest gemacht werden.

Schorsch, Gunda, Basti und Eva-Maria wollten heute noch nach Wegscheid. Die Information des Anrufers ließ ihnen allen keine Ruhe. Sie wollten alle Hotels, die einen Fitnessbereich hatten, abklären.

Schorsch bildete zwei Teams. Bis zu deren Eintreffen im Präsidium hatte Waltraud bereits eine Hotelliste aus Wegscheid ausdrucken lassen. Schorsch beschloss, mit Gunda die Liste von oben abzuklären. Basti und Eva-Maria fingen von unten an.

Um Viertel nach sieben Uhr am Abend starteten die vier Ermittler in Richtung Niederbayern. Das Navigationssystem berechnete ihre Ankunftszeit auf zweiundzwanzig Uhr drei. Sie wussten nicht, wann die Täter erneut zuschlagen würden. Schorsch ordnete deshalb Sonderrechte gemäß Paragraph 35 der Straßenverkehrsordnung an. Mit Blaulicht und Einsatzhorn würden sie die berechnete Zeit im Navi deutlich unterschreiten. Und die BAB 3 war zum Glück um diese Zeit wenig befahren. Bereits um Viertel vor neun erreichten sie den Ortseingang von Wegscheid. Ihre Ermittlungen konnten beginnen.

*Mittwoch, 19. Oktober 2011, 21:07 Uhr,*
*Staatsanwaltschaft Nürnberg-Fürth, 1 OG. Westflügel, Zimmer 698*

Dr. Menzel führte gerade ein Telefonat mit dem Bereitschaftsdienst der Bundesnetzagentur, als Horst sein Büro betrat. Der Oberstaatsanwalt wies ihn mit Handzeichen an, sich einen Platz in seiner Besprechungsecke herauszusuchen.

Horst war schon öfters hier gewesen, aber ihm fiel sofort ein neues Bild auf, das über der schwarzen Ledercouch hing. Er erkannte die Signatur von Udo Lindenberg und fragte sich, ob es sich dabei tatsächlich um ein sogenanntes „Likörell" des

Sängers handeln konnte. So nannte Lindenberg selbst seine Kunstwerke, da es sich um Aquarelle handelte, die er mit Likör gemalt hatte. Das Bild zeigte den Sänger, wie er auf dem Bug des 1956 gekenterten italienischen Passagierschiffes ‚Andrea Doria' sitzt, mit einem Sektglas in der Hand und von zwei Meerjungfrauen flankiert. Über allem stand der Schriftzug „No Panic". Wie passend, dachte Horst, schließlich war Dr. Menzel auch eher gelassen, wenn es um seinen knallharten Job und unvorhersehbare Ereignisse ging.

Nachdem Dr. Menzel das Gespräch mit der Bundesnetzagentur beendet hatte, ließ er sich in den Sessel fallen, der direkt neben der Ledercouch platziert war. „Gefällt Ihnen das Bild?", fragte er Horst. „Das habe ich zu meinem sechzigsten Geburtstag von meinen Kindern bekommen. Ich finde es einfach klasse!"

Er grinste, und Horst stellte wieder einmal fest, dass der Herr Oberstaatsanwalt doch immer für eine Überraschung gut war. Leider aber war für einen Plausch gerade nicht die Zeit, deshalb widmeten sich die beiden Männer sogleich wieder ihrem Fall.

Horst übergab Dr. Menzel die rote Umlaufmappe. „Darin findet sich der Beschlussantrag für die TKÜ-Erweiterung auf die Telefonnummer des maltesischen Auftraggebers", erklärte er. „Sobald sich diese Fernrufnummer in das deutsche Telekommunikationsnetz einwählt, haben wir auch das Gegenüber, also den deutschen Anschlussteilnehmer, präzise gesagt, unseren Maulwurf. Außerdem ist es ab sofort egal, wie oft die Täter nun ihre Mobilfunkkarten wechseln, da wir sie dank dieser Telefonnummer immer wieder aufspüren werden, sobald sich ihr Auftraggeber bei ihnen meldet."

Dr. Menzel las sich den Erweiterungsantrag durch und unterzeichnete ihn. Dann ging alles routinemäßig. Nach

Abdruck des Dienstsiegels der Staatsanwaltschaft Nürnberg-Fürth und dem Hinweis, dass dieser Beschluss innerhalb der Drei-Tages-Frist vom zuständigen Ermittlungsrichter bestätigt werden müsse, leistete schlussendlich das Faxgerät seinen Beitrag zur Verbrechensbekämpfung. Der Beschluss wurde dem Bereitschaftsdienst der Bundesnetzagentur übermittelt. Das gesamte Team hoffte nun, dass bis zum Ablauf des heutigen Tages die Erweiterung der Auslandskopfüberwachung aktiv sein würde.

*Mittwoch, 19. Oktober 2011, 22:13 Uhr,*
*Wegscheid, Bayerischer Wald, Hotel Alpenstille*

Eva-Maria und Basti betraten kurz nach zweiundzwanzig Uhr das Panoramahotel Alpenstille. Fünf Hotels hatten sie bereits abgeklärt. Leider ohne Erfolg. Keiner der Hoteliers konnte sich an eine Männergruppe erinnern, die hier in der letzten Woche abgestiegen sein sollte.

Die beiden Ermittler gingen zur Rezeption, wiesen sich aus und erklärten dem Herrn am Empfangstresen, dass sie die Meldedaten der Beherbergungsdatei der vergangenen Woche benötigten. Der Mann stellte sich ihnen als „Herr Kreidl" vor, und auf genauere Nachfrage erfuhren sie, dass er sich tatsächlich an vier männliche Personen erinnern konnte, die sich als „Knights of Malta Foundation" in der Meldebescheinigung registriert hatten. Herr Kreidl klickte auf sein Buchungsprogramm und stellte zudem fest, dass die vier Einzelzimmer im Voraus für eine Woche gebucht und bezahlt worden waren.

Basti und Eva-Maria waren sich einig, dass das ihre vier Killer sein mussten, und riefen sofort bei Schorsch an, um ihm mitzuteilen, dass er und Gunda ihre Suche einstellen konnten.

Die beiden wollten sich sofort auf den Weg zum Hotel Alpenstille machen.

Die Verdachtsmomente erhärteten sich, als Herr Kreidl die Kopien der maltesischen Pässe hervorsuchte. Und unter den vier Personen stach eine wirklich sofort ins Auge: Gimli mit dem Rauschebart und den roten Zöpfen. Nun stand also fest, wer ihre vier Mörder waren. Und sie hatten sowohl Lichtbilder als auch die vollständigen Daten, mit denen sie sich identifizieren ließen:

Viktor Armanovic, geboren am 18.05.1978 in Riga / Lettland
Arno Sikkow, geboren am 03.09.1980 in Wilna / Litauen
Jakob Jumber, geboren am 12.12.1981 in Anchorage / Alaska
Ethan Vilette, geboren am 07.07.1980 in Straßburg / Frankreich

Sobald Schorsch und Gunda das Hotel betreten hatten, präsentierten Basti und Eva-Maria ihnen das Ergebnis. Dazu nahmen die vier in der Sitzecke des Hotels Platz. Schorsch gab erst einmal einen Kaffee aus, denn es würde noch eine lange Nacht für sie werden.

Kurz nachdem Herr Kreidl den Kaffee serviert hatte, holte Schorsch sein Diensthandy hervor und suchte in seinem Telefonbuch nach der Telefonnummer von Schönbohm. Dabei stellte er fest, dass er eine Sprachnachricht auf seiner Mailbox hatte. Durch die Nutzung der Sonderrechte hatte er den Anruf versäumt. Es war eine Nachricht von Ben, der mit Sicherheit wichtige Informationen aus Malta vorliegen hatte. Dieser bat ihn um Rückruf, was Schorsch auf der Stelle nachholte.

„Servus, Schorsch. Habe ich dich und deine Kleine mit meinem Anruf gestört?", begrüßte ihn Ben und lachte.

Schorsch verzog den Mund zu einem breiten Grinsen. Für derbe Späße war selbst in solch angespannten Situationen wie dieser noch Zeit. „Nein, Ben, und wenn hättest du gerne zuhören dürfen. Aber ich bin heute nicht bei Rosanne. Wir sind auf Ermittlungen im Bayerischen Wald. Wir verfolgen da eine heiße Spur."

Schorsch klärte Ben über die neuen Ermittlungsergebnisse auf. Sie hatten die Täter anhand der Meldeunterlagen identifiziert, ob diese Passkopien allerdings der Wahrheit entsprachen, konnten sie erst im Präsidium klären. Aber man hatte schließlich die biometrischen Passfotos der vier, und das Automatisierte-Biometrische-Gesichts-Identifizierungs-System (ABGIS) beim Bundeskriminalamt sowie bei Europol (ABFIS-EU) konnte mit einem biometrischen Eingabe-Scan dieser Passfotos vielleicht eine Match-Meldung auswerfen.

Ben freute sich über den Erfolg und unterrichtete Schorsch im Gegenzug von Suzannes Erhebungen in Malta. „Solltest du es für notwendig erachten, diese bei euch nicht verwertbaren Informationen zu nutzen, dann halte doch ganz einfach diese Informationen aus den Akten heraus", fügte er hinzu. „Dann bekommt ihr auch keine Schwierigkeiten mit euren *Bundesdatenschutzbeauftragten*."

Er betonte das letzte Wort so überdeutlich, dass Schorsch unwillkürlich lachen musste. „Du hast recht. Dieser Datenschutz hemmt zu oft die Ermittlungen bei der Verbrechensbekämpfung. Und so mancher Täter oder Rechtsanwalt freut sich darüber, dass wir wegen dieser datenschutzrechtlichen Bestimmungen manchmal mit unseren Ermittlungen nicht weiterkommen und deshalb eine Einstellung oder ein Freispruch für den Beschuldigten zu erwarten ist. Schick mir die Infos zu, und wir nutzen diese Informationen auf dem Obergefreitendienstweg. Herzlichen Dank, Ben. Ich bin gespannt, was Suzanne herausgefunden hat."

Kaum dass er das Gespräch mit Ben beendet hatte, wählte Schorsch die Nummer von Kriminaldirektor Schönbohm und teilte auch ihm mit, dass sie das Hotel gefunden und die Identität der Täter augenscheinlich aufgedeckt hatten. Danach war es Zeit, wieder nach Nürnberg aufzubrechen.

Die Spusi zu aktivieren, machte keinen Sinn. Die vier Einzelzimmer waren schon wieder belegt, und die Aussicht auf verwertbare DNA-Spuren schien den Ermittlern wenig erfolgversprechend. Doch das, was sie herausgefunden hatten, würde sie auf jeden Fall weiterbringen. Sie hatten die Namen der Hotelgäste, und Herr Kreidl konnte ihnen sogar noch den Namen desjenigen nennen, der das Hotel für die vier reserviert hatte. Nach den Hoteleintragungen war es ein gewisser:

Dr. Vladimir Muldor, geboren 02.02.1938 in Wilna / Litauen, polizeilich gemeldet Heiligkreuz 177, in Vaduz / Liechtenstein

Und laut Aussage des Nachtportiers war der hier kein Unbekannter. Herr Kreidl konnte sich gut an den älteren Herrn erinnern, der fast akzentfrei Deutsch sprach, sehr großzügig zu den Angestellten war und jedes Jahr zweimal die Alpenstille für einen Kurzurlaub besuchte. Außerdem erzählte Kreidl, dass Dr. Muldor ihn immer an das „Bildnis des Verlegers Eduard Kosmack" erinnerte, ein expressionistisches Gemälde des Künstlers Egon Schiele. Bei einem seiner Aufenthalte hatte Dr. Muldor Kreidl gegenüber wohl beiläufig erwähnt, dass er sich so stark in dem Bildnis wiedererkennen würde, dass er vermutlich zu dieser Zeit, also 1910, schon mal als Verleger gelebt haben musste.

Schorsch und die anderen sahen den Nachtportier mit großen Augen an. Offensichtlich hatte keiner von ihnen eine Vorstellung davon, wie der Mann auf diesem Gemälde genau aussah. Herr Kreidl öffnete den Browser, gab bei Google den Namen des Bildes ein und drückte dann auf Enter. Sofort erschienen mehrere Webseiten, auf denen das Bild zu sehen war. Es war eines der bekanntesten Werke des österreichischen Malers, und es beschrieb nach Kreidls Empfindung exakt die Gesichtszüge und das Aussehen von Dr. Vladimir Muldor.

Schorsch war jedoch sehr skeptisch, als er dessen Meldeanschrift genauer las. „Heiligkreuz 177 in Vaduz. Das stinkt doch zum Himmel! Liechtenstein ist eine Steueroase, und viele unterhalten dort Briefkastenfirmen. Alleine in diesem Zwergenstaat sind über achtzigtausend Briefkastenfirmen bekannt, die so manche Identität verschleiern."

„Da bin ich ganz deiner Meinung", pflichtete ihm Gunda bei. „Wenn das tatsächlich so ein hochkarätiger Verbrecher ist, dann wäre er sehr dumm, hier seine echte Adresse zu hinterlassen. Aber wir werden sehen, was unsere Datensysteme, insbesondere die ABGIS, über die Burschen wissen. Ich frage auch mal bei meinen Quellen bei den Nachrichtendiensten an. Ich bin mir sicher, dass wir irgendetwas finden werden."

Es war bereits Donnerstag, der 20. Oktober 2011, als sie gegen halb zwei wieder im Präsidium eintrafen. Sie waren die Letzten aus dem Team, Horst, Blacky und Waltraud hatten ihren Dienst bereits beendet. Ein erfolgreicher Tag lag hinter ihnen, und die kommenden Tage würden spannend werden. Sie würden die Täter in die Enge treiben, bis die Falle zuschnappte.

## 22. Kapitel

*Donnerstag, 20. Oktober 2011, 07:17 Uhr,
Bauernfeindstraße, U-Bahn Zubringer U1*

Berthold Juretzku bewohnte in der Nürnberger Rangierbahnhof-Siedlung eine kleine Dreizimmerwohnung. Wie jeden Tag nahm er zum Nürnberger Justizpalast die U1. Pünktlich um sieben verließ er seine Wohnung, kaufte sich seine Frühstückslektüre, die Nürnberger Abendzeitung, und ging schnellen Schrittes zur U-Bahn. Es regnete stark und der Steinboden im U-Bahn-Bereich blieb von der Nässe nicht verschont, da die meisten Pendler ihre Regenschirme dort ausschüttelten und zusammenklappten.

Juretzku stand am Bahnsteig, überflog die Titelseite seiner Zeitung und wartete auf die Einfahrt der U1. Arno und Viktor standen direkt hinter ihm, während Jakob und Ethan sich dahinter positioniert hatten, um das nun Folgende vor den Augen der anderen Passanten abzuschirmen. Der Plan war, dass sie ihre nassen Schirme im Augenblick der Zugeinfahrt öffnen und wieder schließen und sich gegenseitig laut anpöbeln wollten. Es sollte so aussehen, als ob sie den Regen von ihren nassen Schirmen abschüttelten und sich beide über die Rücksichtslosigkeit des anderen aufregten, weil dabei Regentropfen versprüht wurden. Es war ein geschicktes Ablenkungsmanöver, um Arno und Viktor aus dem Visier zu nehmen.

Dann ging alles ratzfatz. Die U-Bahn fuhr ein, und Arno und Viktor schubsten Berthold Juretzku in dem Moment auf die Gleisanlage, als der Zug noch etwa drei Meter von ihnen entfernt war. Der Beamte stürzte, ohne einen Laut von sich zu geben, auf die Schienen und wurde vom Zug überrollt.

Die ersten Passanten reagierten, als eine Frau, die den Sturz wohl mitbekommen hatte, laut aufschrie. Für die Anwesenden war die Sache glasklar: Ein Lebensmüder hatte sich vor den Zug geworfen.

Arno, Viktor, Ethan und Jakob waren längst verschwunden. Jeder von ihnen verließ auf einem anderen Weg den Bahnsteig. Keiner der Passanten hatte deren Beteiligung am Geschehen mitbekommen. Und im Grunde war es auch nur eine Vorgehensweise, die jeder Nachrichtendienstmitarbeiter in einem der nachrichtendienstlichen Aufbaulehrgänge gelehrt bekommt. Zwei lenken die Aufmerksamkeit auf sich, die beiden anderen vollenden die Tat.

*Donnerstag, 20. Oktober 2011, 08:17 Uhr,*
*Polizeipräsidium Nürnberg, K11*

Schorsch war heute spät dran. Horst hingegen war bereits seit eineinhalb Stunden in der Dienststelle und hatte es mal wieder gut mit den Kollegen gemeint und Nusshörnchen und Bamberger mitgebracht. Und es stand auch schon ausreichend Kaffee für die Runde bereit.

Seit heute Nacht, ein Uhr, war auch die erweiterte Auslandskopfüberwachung aktiv. Die K11-er waren nun auf Empfang und warteten auf den besagten Anrufer.

Gundas erste dienstliche Tätigkeit an diesem Morgen war der Scan der erhobenen Passfotos. Sie schickte sie aber nicht nur an die Server des BKA und Europol, sondern auch an ihre Ansprechpartner bei den Nachrichtendiensten. Vielleicht konnte einer ihrer Kontakte der Abteilungen HUMINT und OSINT weiterhelfen. Wer kannte dort die vier Personen und vielleicht denjenigen, der das Hotel gebucht hatte? Eine offizielle Anfrage auf dem Dienstweg würde eine lange Zeit in Anspruch nehmen, und genau die hatte sie in dieser Ermittlungsphase eben nicht. Somit war auch bei Gunda der allseits bekannte Obergefreitendienstweg angesagt!

Schorsch hatte seinen PC hochgefahren und checkte seine E-Mails. Er war auf die Informationen von Bens Freundin gespannt und wollte gerade auf eine Nachricht im Postfach klicken, als sein Telefon klingelte.

„Bachmeyer, K11!"

„Servus! Hier ist Werner, Werner Hebbecker, K11 München."

„Guten Morgen, Werner! Na, was gibt's Neues aus München?", begrüßte ihn Schorsch freundlich.

„Ich habe soeben die DNA-Auswertung vom Tatort Grauber Hütte hereinbekommen. Kannst du dich noch an den Filmausschnitt erinnern, in dem einer der Täter unserem Kollegen in den Kopf schießt? Der hat sich ja hinter einem Holzstapel versteckt und dabei seine linke Hand auf einen der oberen Holzscheite abgelegt. Das haben wir zur forensischen Untersuchung eingeschickt. Und Bingo, seine DNA ist bekannt! Es handelt sich um einen ehemaligen Mitarbeiter des russischen GRU."

„Des was?", fragte Schorsch.

„Des russischen Auslandsgeheimdienstes GRU! Seine DNA ist bekannt. Auf dem Bild in der Datenbank von Europol sieht er aus, als ob er direkt aus Mittelerde stammt. Soll heißen, er erinnert ein bisschen an einen Zwerg aus ‚Herr der Ringe'."

Schorsch konnte sich einen lauten Lacher nicht verkneifen. „Das ist er, das ist unser Mann. Wie heißt der Drecksack wirklich? In dem Beherbergungsschein in Wegscheid nannte er sich Viktor Armanovic."

„Sein richtiger Name lautet Viktor-Sergej Pokow und er stammt gebürtig aus Russland", antwortete Werner. „Bis 2004 war er in der russischen Auslandsspionage eingesetzt. Also ein

Geheimdienstler durch und durch und brandgefährlich. Der spricht fünf Sprachen fließend, darunter auch Deutsch, so die Systeme. Nach seiner offiziellen Entlassung bei den Russen wurde er 2007 von einem amerikanischen Unternehmen angeworben – oder durch die Russen dort eingeschleust. Er hat den nachrichtendienstlichen Aufbau dieses privaten Rekrutierungsunternehmens geleitet. Für wen er jetzt aktiv ist, sollten wir rausbekommen. Man munkelt in Geheimdienstkreisen, dass er den Russen weiterhin treue Dienste leistet. Er macht da weiter, wo er seine Erfahrungen in der militärischen Aufklärung, also der Beschaffung von geheimen Rüstungsinformationen fremder Dienste, erlangt hat. Nun spioniert er im Bereich Wirtschaft. Na ja, der Mann wird halt auch nicht jünger und dieser Job ist nun mal nicht ganz so gefährlich wie einer in der militärischen Aufklärung. Er ist jedenfalls definitiv der Mörder von Ernst Ploch!"

„Danke, Werner, ich schreibe den gleich zur Fahndung aus. Der wird zwar wieder eine andere Identität nutzen, aber wir haben sein Foto in die ABGIS- und die ABFIS-Datenbank eingegeben. Das Ergebnis liegt zwar noch nicht vor, aber alle Grenzkontrollstellen sind angewiesen, sich auf das biometrische Foto zu konzentrieren. Bei einer Treffermeldung warten die Kollegen des Erkennungsdienstes auf ihn. Glaub mir, jetzt kriegen wir ihn!"

Die beiden verabschiedeten sich, und Schorsch widmete sich wieder seinem Posteingang. Nachdem er Bens E-Mail mit den dazugehörigen Anhängen geöffnet hatte, wurde ihm vieles klarer. Die Vorratsdatenspeicherung auf Malta machte das hier in Deutschland Unmögliche möglich! Die aktivierten Mobilfunknummern zeigten alle dasselbe Telefonverhalten, und alle gespeicherten Telefonverbindungsdaten spuckten immer wieder ein und dieselbe Telefonnummer aus. Vermutlich die des

Schattenmannes, der auf Malta saß und von dort die Auftragsmorde steuerte.

Volltreffer, dachte Schorsch. Jetzt musste dieser Mann nur noch bei seinem Verbindungsmann in Deutschland anrufen und sie hatten ihren Maulwurf.

Doch diese Hoffnung wurde nur Minuten später durch den Anruf des Kriminaldauerdienstes zerstört.

*Donnerstag, 20. Oktober 2011, 09:22 Uhr,*
*Staatsanwaltschaft Nürnberg-Fürth, Registratur*

Justizobersekretärin Gisela Schönfelder, die Mitarbeiterin von Berthold Juretzku, wurde ungeduldig. Ihr Vorgesetzter, der sich eigentlich seit Jahren immer pünktlich um sieben Uhr fünfzig in die Zeiterfassung einloggte, fehlte unentschuldigt. Auf seinem Festnetzanschluss aktivierte sich nach fünfmaligem Anläuten der Anrufbeantworter. Sie versuchte es nun auf seiner Mobilfunknummer. Die Verbindung baute sich auf, eine weibliche Stimme antwortete:

„Ja bitte, wen möchten Sie sprechen?"

„Hier spricht Gisela Schönfelder, ich möchte gerne meinen Kollegen Berthold Juretzku sprechen."

Sie hörte, wie ihr Gegenüber daraufhin jemandem anderen etwas zuflüsterte, konnte aber nichts davon verstehen.

„Hier ist die Kriminalpolizei Nürnberg, der Kriminaldauerdienst", meldete sich die Stimme wieder zurück. „Sie sind also eine Kollegin von Herrn Berthold Jureztku? Wo sind Sie denn beschäftigt?"

„Na, so wie Herr Juretzku bei der Nürnberger Justiz", wunderte sie sich. „Können Sie meine Telefonnummer sehen?"

„Ja, Frau Schönfelder, können Sie mir bitte die Durchwahl Ihres Dienstvorgesetzten durchgeben?"

So langsam wusste Gisela nicht mehr, ob sie die Frau am anderen Ende der Leitung ernst nehmen sollte oder nicht. Doch sie riss sich zusammen. „Ich bin hier in der Zentralen Registratur der Staatsanwaltschaft Nürnberg-Fürth. Der Leitende Oberstaatsanwalt Dr. Obitz leitet diese Behörde, seine Durchwahl lautet neunundzwanzig. Was ist denn mit Berthold?"

„Frau Schönfelder, wir sprechen mit Herrn Dr. Obitz. Besten Dank für Ihre Auskunft, auf Wiederhören!" Abrupt beendete die Dame das Gespräch.

Was für eine unfreundliche Kuh!, dachte Gisela Schönfelder und widmete sich wieder den Unterlagen, die sich auf ihrem Schreibtisch stapelten. Schließlich würde sie so einiges zusätzlich machen müssen, sollte Berthold heute hier tatsächlich nicht mehr auftauchen.

*Donnerstag, 20. Oktober 2011, 09:48 Uhr,*
*Staatsanwaltschaft Nürnberg-Fürth, 1. OG, Westflügel, Zimmer 698*

Vor etwa fünfzehn Minuten war der Leitende Oberstaatsanwalt Dr. Obitz über den Tod seines Mitarbeiters informiert worden. Der wiederum informierte sogleich seine Gruppenleiter über das Ableben des Kollegen.

Nach ersten Erkenntnissen stand der Hergang, der zum Tod des Geschädigten Berthold Juretzku geführt hatte, noch nicht fest. Die Überwachungskameras der U-Bahn-Station waren noch nicht ausgewertet. Fest stand jedoch, dass der Leiter der Zentralen Registratur noch im Gleisbett seinen schweren Kopf- und Brustverletzungen erlegen war.

Dr. Menzel aber war sofort hellhörig geworden, denn er dachte an das gestern Abend aufgezeichnete Telefonat mit dem Mann aus Malta. *Die Quelle muss zum Schweigen gebracht werden. ... Wie ihr in dem Auftrag sehen könnt, benutzt er täglich zur selben Zeit die U-Bahn. ...* Waren das nicht die Worte des Schattenmannes gewesen?

War Berthold Juretzku etwa der Verräter? Er benutzte täglich die öffentlichen Verkehrsmittel. Und er war seit Langem geschieden, ein in sich gekehrter Einzelgänger.

Menzel hatte Juretzku schon oft gesehen, aber kaum mit ihm gesprochen. Er war ihm immer irgendwie unsympathisch gewesen, was sicherlich auch an Juretzkus ungepflegtem Äußeren lag. Er war Anfang fünfzig und untersetzt. Sein Mondgesicht mit Doppelkinn stach mit der dicken Hornbrille markant hervor. Die paar Seitenhaare, die er noch hatte, waren mit Frisiercreme zurechtgekämmt und wirkten immer fettig. Jeanshosen waren für ihn seit jeher ein rotes Tuch, er kam täglich in grauen oder dunkelblauen Stoffhosen ins Büro. Dazu trug er karierte Hemden und einfarbige Pullunder, und nicht zu vergessen, bequeme Gesundheitsschuhe. Kurz gesagt, er hatte etwas von einem Perversling. Wenn er mit seinem hellen Popelinemantel und schwarzen Lederherrentäschchen das Justizgebäude verließ und sich einem Kinderspielplatz näherte, war fünf Minuten später ein Streifenwagen vor Ort, der ihn kontrollierte und dabei seine Personalien aufnahm. Denn die fränkischen Mütter waren wachsam!

Da Menzel besagter Gesprächsinhalt aus dem gestrigen Telefonat nicht mehr aus dem Kopf ging, kontaktierte er unverzüglich seinen Leiter für IT und Telekommunikation. 2009 hatte die Staatsanwaltschaft Nürnberg-Fürth eine neue Telekommunikationsanlage erhalten, die alle aus- und eingehenden Telefonverbindungsdaten speicherte. Die bekannte

Telefonnummer aus der Auslandskopfüberwachung konnte der Schlüssel sein. War Juretzku von dieser Telefonnummer kontaktiert worden?

Keine Dreiviertelstunde später präsentierte ihm der IT-Beauftragte die Verbindungsprotokolle. Die maltesische Telefonnummer war mehrmals darin gelistet. Hieraus war auch ersichtlich, dass nach Bekanntwerden des Zeugenschutzprogramms Juretzku wiederholt von besagter Telefonnummer kontaktiert worden war. Juretzku musste somit der Maulwurf sein.

Dr. Menzel informierte unverzüglich Schorsch, der den Auftrag bekam, die Wohnung des getöteten Justizbeamten wegen „Gefahr im Verzuge" nach Spuren zu durchsuchen.

Die Schlinge um den Hals der Täter würde sich nun langsam zuziehen.

*Donnerstag, 20. Oktober 2011, 11:18 Uhr,*
*Polizeipräsidium Nürnberg, K11*

Schorsch hatte sein Team für das Durchsuchungsobjekt „Bauernfeindstraße" zusammengestellt. Blacky, Gunda, Waltraud und Robert verzichteten auf die anstehende Mittagspause und machten sich stattdessen auf den Weg zu Berthold Juretzkus Wohnung, der immerhin mitverantwortlich war am Tod des Kollegen Ploch.

Sie staunten nicht schlecht, als sie die Wohnung dieses unscheinbaren Mannes nach Beweismitteln durchforsten. Denn die Durchsuchung brachte das wahre Leben des Berthold Juretzku ans Tageslicht. In der schlicht eingerichteten Dreizimmerwohnung fanden sie den Beweis, dass der Beamte über Jahre für einen befreundeten Nachrichtendienst gearbeitet hatte. Gunda fand unter seinem Bett einen amerikanischen „Geheimdienstcontainer", also einen Aktenkoffer, in dem man sensible Unterlagen unbemerkt durch eine Röntgenkontrolle schleusen konnte, beispielsweise am Flughafen. Denn in einer Seite des Aktenkoffers war ein zweites Bodenfach eingearbeitet, das sogar die radioaktiven Strahlen einer Durchleuchtung abschirmte. Die blau-grüne Färbung, die normalerweise auf organisches Material wie Papier hindeutete, blieb aus, weil das Material für den Röntgenscanner gar nicht erst erkennbar war. Gunda kannte das Modell. Während ihrer Zeit beim BKA in Meckenheim hatte sie solche Geheimdienstcontainer, die in verschiedenen Spionageverfahren sichergestellt wurden, gesehen und ihre Handhabung kennengelernt. Sowohl die östlichen als auch die westlichen Dienste vertrauten auf ein und denselben Schließmechanismus. Der hier vorgefundene Koffer war jedoch eine amerikanische Transporteinrichtung. Geöffnet wurde der doppelte Boden mit einem kleinen Magneten, der den Mechanismus durch eine Umkehrpolung, angesetzt am linken äußeren Bodenscharnier des Koffers, deaktivierte. Das rechte Bodenscharnier des Containers war für die Aktivierung des Magnetschlosses vorgesehen.

Bei der weiteren Durchsuchung der Wohnung fanden sie außerdem die Beschreibung und ein Foto eines sogenannten „toten Briefkastens", der in der Nürnberger Innenstadt für ihn vorgesehen war. Juretzku war zwar vorsichtig, aber Gunda hatte zu lange in ihrem alten Job gearbeitet. Sie kannte die Verstecke von Spionen. Und bei Juretzku war es das Cerankochfeld seiner Einbauküche, das ihm als Geheimfach diente. Dieses Kochfeld war nicht wie üblich fest mit der Arbeitsplatte fixiert, sondern nur in die Arbeitsplatte eingelegt, sodass man es hochheben konnte. Darunter befand sich ein präpariertes Versteck zur Aufnahme von Unterlagen. Und die darin vorgefundene Beschreibung des toten Briefkastens in Nürnberg war klar und deutlich. Der tote Briefkasten war für die Hinterlegung eines Schließfachschlüssels gedacht, das belegte die vorgefundene schriftliche Aufzeichnung. In dieser Anweisung war exakt beschrieben, wie Juretzku den Schlüssel in Empfang nehmen sollte. Der Ort war gut gewählt. Es war die Beethovensäule an der Ecke Neutorgraben / Hallerwiese. Hier befanden sich links und rechts zwei Parkbänke mit jeweils einem fest installierten Mülleimer. War Post im toten Briefkasten, so wurde am Fuß des Beethovendenkmals ein weißer Kreidestrich angebracht. Befand sich die Kreidemarkierung links, so war der besagte Schließfachschlüssel im Bodenbereich des rechten Mülleimers mit einem Haftmagneten fixiert. Befand sich die Markierung rechts, so wusste Juretzku, dass im linken unteren Bodenbereich des Abfalleimers der Schlüssel positioniert war. Die Auswahl traf immer der Agent, der etwas platzierte. So gab es von Fall zu Fall andere Abholer oder Überbringer, und diese entschieden aufgrund der örtlichen Gegebenheiten, wo sie den Schlüssel positionierten. Daher die zwei Auswahlmöglichkeiten.

Der Platz eignete sich hervorragend für derlei Aktionen. Denn der Überbringer konnte unbemerkt auf einer der Parkbänke Platz nehmen, die Lage sondieren und dann mit einem Handgriff den Schlüssel am Boden des Müllbehälters anbringen oder übernehmen. Solche Übergabeorte wurden von den Nachrichtendiensten nach einem lageangepassten Übergabe- und Abholungsschema ausgewählt. Der tote Briefkasten musste demnach verkehrsgünstig, jedoch zugleich verdeckt liegen. Außerdem sollte etwas Markantes, hier die Beethovensäule, der Kennzeichnung des toten Briefkastens dienen. Da die Nachrichtendienste in bestimmten Fällen sogenannte „Abholer" beauftragten, waren solche geheimen Briefkästen in jedem Stadtplan der Dienste aufgeführt. Das Fundament des Beethovendenkmals war aus grau-weißen Betonsteinen gefertigt. Ein Kreidestrich für die jeweilige Kennzeichnung war unauffällig und wurde von den wenigen Besuchern dieses Ortes überhaupt nicht wahrgenommen. Und da es in dieser Branche unüblich war, seine Hinweisgeber, also den Maulwurf, über ein Bankkonto zu entlohnen, gab es die fortlaufenden dreißig Silberlinge, auch „Judasgeld" genannt, heutzutage im Schließfach am Nürnberger Hauptbahnhof.

Schorsch staunte nicht schlecht. Sie hatten genügend Hinweise gefunden, die eindeutig belegten, dass Juretzku ein Spion gewesen war. Als Leiter der Zentralen Registratur der Staatsanwaltschaft Nürnberg-Fürth hatte er zudem akribisch eine Auftragsliste geführt. Diese Aufzeichnungen, die neben rund zwölftausend Euro in dem abgelegten Herdversteck gefunden wurden, zeigten die seit 2006 an seinen Kontaktmann „Randy" überbrachten Unterlagen. Juretzku war nicht nur darauf angesetzt gewesen, Gesprächsprotokolle aus sensiblen Telekommunikationsüberwachungen von Wirtschaftsstrafverfahren weiterzugeben, sein Geheimnisverrat bezog sich auch auf Haftlisten von Untersuchungshäftlingen, die in den fränkischen Justizvollzugsanstalten einsaßen. Wie dienlich diese Gefangenen seinen Auftraggebern waren, war daraus zwar nicht ersichtlich, aber auf diese Weise hatten sie immerhin die Namen der Häftlinge und Informationen über deren Strafmaß erlangt.

Gegen ein Uhr mittags erreichte auch Dr. Menzel den Tatort. Der Jurist ließ es sich nicht nehmen, die Wohnung des getöteten Beamten selbst in Augenschein zu nehmen. Und auch er war geschockt darüber, was da alles an Beweismitteln aufgetaucht war. Sie hatten hier wohl in ein Wespennest gestochen. Und mussten erfahren, dass die Amerikaner seit fünf Jahren über alle besonderen Verfahren und Auskunftsersuchen dieser Strafverfolgungsbehörde informiert waren.

Dennoch verwirrte die ganze Angelegenheit die Ermittler. In welchem Zusammenhang stand der Verrat an ihrem Zeugenschutzprogramm und welche Rolle spielte der Schattenmann aus Malta? Arbeitete der auch für die CIA? Welche Aufgabe nahm er von dort aus wahr? Und warum hatte er direkten Zugang zu Juretzku? War er der besagte „Randy"? Fragen über Fragen, die weder Schorsch noch einer der anderen beantworten konnte.

Für Schorsch und Gunda war hier der Weg ihrer Ermittlungen zu Ende. Zu brisant war die Angelegenheit. Die Staatsschutzabteilung des BKA musste die weiteren Ermittlungen übernehmen, so das Fazit Dr. Menzels. Gunda zögerte keine Sekunde, griff zum Mobiltelefon und wählte die Nummer ihres ehemaligen Referatsleiters beim Bundeskriminalamt in Meckenheim.

*Donnerstag, 20. Oktober 2011, 15:21 Uhr,*
*Polizeipräsidium Nürnberg, K11*

Die Durchsuchungsmaßnahme war beendet. Juretzku war vorsichtig genug gewesen, in seinem Dienstzimmer keine verräterischen Hinweise zu hinterlassen. Lediglich die Telefonliste mit dem maltesischen Gesprächsteilnehmer belegte den Kontakt, seinen Geheimnisverrat. Die weiteren aufgeführten Nummern der registrierten Telefonate werteten nun die Kollegen der Staatsschutzabteilung aus. Dr. Obitz, der Behördenleiter der Staatsanwaltschaft Nürnberg-Fürth, forderte eine lückenlose und schnelle Aufklärung, denn auch die „Abteilung 6 des Bundeskanzleramtes", die für den

Bundesnachrichtendienst und dessen Koordinierung zuständig war, sowie die Justizminister mussten über die Vorkommnisse des Geheimnisverrates an einen befreundeten Dienst unterrichtet werden.

Der Tag war noch nicht zu Ende. Als Schorsch und sein Team zur Abschlussbesprechung im Besprechungsraum saßen, klingelte erneut das Telefon. Es war Ben Löb, der Neuigkeiten für die Nürnberger Ermittler hatte.

Schorsch übernahm zuerst das Gespräch und erzählte Ben vom beendeten Einsatz bei Juretzku und dass das BKA nunmehr die staatsschutzrechtlichen Ermittlungen im Bereich Spionageabwehr übernommen hatte.

„Unsere Weltpolizei hat euch mal wieder ausspioniert", konnte Ben seine Häme nicht unterdrücken. „Tja, Schorsch, die ziehen überall ihre Strippen. Und verarschen uns jüngst mit Geschichten aus Hollywood!"

„Geschichten aus Hollywood?", entgegnete Schorsch.

„Ja, Geschichten aus Hollywood, oder sagen wir mal aus Abbottabad, Pakistan. Aber dazu mehr unter vier Augen, nicht am Telefon!"

Dann stellte Schorsch das Telefonat über Lautsprecher in die Runde.

„Liebe Kollegen, das sind ja gute Neuigkeiten. Gratulation!", begann Ben. „Und ich darf gleich weitermachen mit der frohen Kunde. Suzanne hat mir soeben ein Fax mit ihren Erhebungen geschickt. Wir kommen unserem Schattenmann näher. Durch die Vorratsdatenspeicherung und mithilfe des Government Communications Headquarters konnte sie den Telefonanschluss ausfindig machen. Er ist in Valletta in der Fountain Street registriert und gehört zur Global Pax-Trade Ltd. Suzanne hat dann eine Dan & Bradstreet-Abfrage durchgeführt. Denn bei dieser internationalen Firmenabfrage können weltweit Firmendaten und -bewertungen zu Kunden, Lieferanten oder potenziellen Geschäftspartnern über die Datenbank von D&B erhoben werden. Nach eigenen Angaben von D&B finden sich auf der Datenbank Informationen zu mehr als hundertsiebzig Millionen Unternehmen in über zweihundert Ländern. Und unsere Agentin hatte eine Treffermeldung. Die gesuchte Firma betreibt ein großes internationales Firmengeflecht mit Stützpunkten in den USA, Russland, auf den Cayman Islands und auf Malta. Der Schwerpunkt der Global Pax-Trade liegt im Bereich internationale Finanzstrategien, Entwicklungen und Erhebungen in diesem Bereich. Das passt also genau in euer Muster, Schorsch. Erhebungen von Finanzen! Ich fresse einen Besen, wenn es da nicht Zusammenhänge zwischen euren Schweizer Bankiers und deinen Opfern in Deutschland gibt. Denn deren Erhebungen gehören mit Sicherheit in die Sparte ‚Aufspürung von ehemaligem jüdischen Vermögen'. Und da haben die Kerle alle Register gezogen. Seit 1976 führt die Geschäfte der Global Pax ein gewisser Dr. Vladimir Muldor. Laut Circus hat Muldor mehrere Meldeanschriften. Neben Vaduz und den Caymans ist sein Hauptwohnort aber seit 1968 Valletta. Dort unterhält er zudem sehr gute Kontakte zu den Polizeibehörden und zur Staatsanwaltschaft. Und 2006 war Dr. Muldor Teilnehmer bei der Bilderberg-Konferenz in Ottawa. Und wer dafür bestimmt ist, besitzt auf diesem Planeten eine enorme Machtposition! Somit ist es eine sensible und taktisch fast unmögliche Angelegenheit, dort Erkundigungen über Dr. Muldor einzuholen. Ich weiß nicht, wie wir das machen können!"

Für einen kurzen Moment herrschte ratlose Stille. Das war in der Tat eine heikle Angelegenheit, und sie konnten wohl kaum auf die Hilfe der ortsansässigen Behörden hoffen.

Gunda war die Erste, die das Schweigen durchbrach. „Sag mal, Ben, gibt es aktuelles Bildmaterial von diesem Typen? Und liegen sonst noch irgendwelche Informationen über seine Familie, mögliche Kinder vor?"

„Nein, Gunda, darüber hat sich Suzanne in dem Fax nicht weiter ausgelassen", antwortete Ben. „Wie wollt ihr nun weiter vorgehen? Dieser Dr. Muldor scheint auf jeden Fall euer Mann zu sein."

„Wir haben so viele Infos vorliegen, da ist erst einmal Brainstorming angesagt, Ben", ergriff Schorsch wieder das Wort. „Unsere Schutzpersonen sind sicher an ihrem Aufenthaltsort angekommen. Und da wir nun wissen, dass unser Killerkommando dorthin unterwegs ist, haben wir Vorkehrungen getroffen. Wir haben eine Gruppe Spezialkräfte des Bundes vor Ort. Und ja, wir können sicher sein, dass Muldor unser Mann ist. Die vorliegenden Hinweise aus dem Hotel Alpenstille, Suzannes Erhebungen in Valletta, die ausgewerteten Telefonate mit seinen Killern, das alles passt wie die Faust aufs Auge. Ben, ohne deinen Hinweis auf die Nakam hätten wir den Stein nie ins Rollen gebracht. Besten Dank noch mal!"

Ben am anderen Ende der Leitung lachte und versprach, sich umgehend zu melden, falls er noch etwas über die Person des Dr. Vladimir Muldor herausfinden würde. Mit diesen Informationen waren die Ermittler des K11 aber bereits einen riesigen Schritt vorangekommen.

## 23. Kapitel

*Freitag, 21. Oktober 2011, 09:45 Uhr,
Pellworm, Kreis Nordfriesland, Pension Strander-Klöck*

Arno, Ethan, Jakob und Viktor hatten gerade ihr Frühstück hinter sich und besprachen den letzten Auftrag, da klingelte das Mobiltelefon. Abaddon. Arno nahm das Gespräch an.
„Guten Morgen, Chef, es läuft alles nach Plan. Wir sind ausgeschlafen und bereit, den Auftrag zu Ende zu bringen. Die übermittelten Koordinaten zeigen uns exakt das Anwesen, den Wohnplatz 24, wie von deiner ehemaligen Quelle beschrieben. Den haben wir ja mittlerweile kaltgemacht." Arno lachte hämisch. „Weißt du überhaupt, dass dieses besagte Objekt in keinem amtlichen Wohnplatzverzeichnis von Schleswig-Holstein aufgeführt ist?"

„Logisch, das BKA wird wohl kaum seine Unterkünfte veröffentlichen, die für ein Zeugenschutzprogramm gedacht sind. Aber gut, ich freue mich, dass alles bald vorüber ist. Wann wolltet ihr loslegen?"

„Entweder Samstag- oder Sonntagnacht. Es ist Wochenende, und unser Flieger zurück nach Valletta geht erst am Montag um sechzehn Uhr fünfundzwanzig. Bis dahin sollte alles in trockenen Tüchern sein. Die Überfahrt von Schlüttsiel dauert zwei Stunden. Wir haben genügend Zeit und wollen erst vor Ort die Lage sondieren. Also alles bestens, Abaddon."

„Wie oft habe ich dir schon gesagt, dass du am Telefon keine Namen nennen sollst!", schimpfte Abaddon. „Geht das nicht in euer Hirn rein! Zum Glück habt ihr neue Telefonnummern! Aber denkt bitte künftig daran: Keine Namen am Telefon!"

„Ja, alles klar, Chef. Das ist mir so rausgerutscht, sorry!", entgegnete Arno.

„Das darf nicht wieder vorkommen. Schalt künftig dein Hirn ein!" Die Nervosität war ihm deutlich anzumerken. Sie waren so nah dran, das Werk zu vollenden, jetzt durfte einfach nichts mehr schiefgehen. „Wenn ihr am Montag ankommt, dann feiern wir. Ich lasse etwas vorbereiten. Also vorsichtig sein! Ich zähl auf euch. Diesmal muss es klappen!"

*Freitag, 21. Oktober 2011, 10:07 Uhr,
Polizeipräsidium Nürnberg, TKÜ-Raum*

Eva-Maria hatte soeben das Telefonat protokolliert und eilte zu Schorsch und Horst, die gemeinsam mit Dr. Menzel, Gunda und Rudi Mandlik die weitere Koordinierung für den Zugriff besprachen. Sie legte ihrem Vorgesetzten das Gesprächsprotokoll vor, der zuerst das Telefonat durchlas und dann dessen Einzelheiten in die Runde gab. Dr. Menzel war begeistert. Die Auslandskopfüberwachung brachte den erwünschten Erfolg. Dr. Vladimir Muldor, genannt „Abaddon", war ihr Auftragsmörder, das stand nun fest. Und dieser hatte in Wegscheid tatsächlich seinen Klarnamen angegeben. Hatten ihn die Erfolge seiner Killer so selbstsicher gemacht, dass er dachte, ihm könne nichts mehr passieren? Glaubte er wirklich, an alles gedacht und die Situation einhundert Prozent unter Kontrolle zu haben? An dieser Hybris waren schon so manche großen Verbrecher gescheitert. Sie verleitete zu Unvorsichtigkeit und Fehlern. So auch im Falle dieses Kriminellen. Dass er seinen Kopf noch einmal aus der Schlinge ziehen konnte, schien unmöglich.

Wie aber sollten sie an Dr. Vladimir Muldor herankommen, ihn überführen? Sie mussten seine „Tatwerkzeuge" sicherstellen. Wichtig in der Beweisführung war es demnach, seiner Auftragsmörder habhaft zu werden. Nur so konnten sie den Schattenmann überführen, und die maltesischen Strafverfolgungsbehörden würden genügend Beweismaterial besitzen, um eine gerechte Verurteilung herbeizuführen.

Dr. Menzel, Schorsch, Horst und Gunda brüteten über einem Plan für die Festnahme von Dr. Muldor. Dafür mussten die maltesischen Behörden unmittelbar nach dem Zugriff auf Langeness über die Täter und deren Auftraggeber in der Fountain Street auf Valletta informiert werden. Schorsch griff in seinen Büroschrank und holte die Polizeidienstvorschrift 100 über die Führung und den Einsatz der Polizei heraus. Bei dieser sogenannten PDV (Polizeidienstvorschrift) handelte es sich um eine Beschreib- oder Vorgehensweise, die die Durchführung von bestimmten Einsatzlagen beschreibt und bundesweit für alle Polizeikräfte maßgebend ist. Jeder Kriminalbeamte in Deutschland kannte diese Vorschrift und wusste, wie sie umzusetzen war.

Und Schorsch hatte noch einen weiteren Joker im Ärmel, denn sein Freund Ben Löb war genau an diesem Wochenende zu Besuch bei Suzanne auf Gozo. Ben war zwar kein Angehöriger einer deutschen Strafverfolgungsbehörde, aber ein enger und verlässlicher Freund. Und auch Agenten befreundeter Dienste hatten eine gewisse Einflussmöglichkeit. Zumindest beim Circus, der vor Ort weilte und mit Suzanne eine Mitarbeiterin besaß, die in den Fall involviert war.

Dr. Menzel bereitete sein justizielles Amtshilfeersuchen vor, Schorsch im Gegenzug das polizeiliche Ersuchen. Auch wenn ihnen die Zeit unter den Fingern zerrann, sie mussten einen internationalen Haftbefehl gegen Dr. Vladimir Muldor erwirken. Dieser war notwendig und Grundlage für die weiteren Ermittlungen auf Malta. Die Auftragskiller sollten durch

Spezialkräfte überwältigt und dem Ermittlungsrichter in Kiel überstellt werden. So lautete nun ihre Abschlussplanung.

Um kurz nach ein Uhr wurden die Spezialkräfte auf der Hallig über den bevorstehenden Anschlag auf das Objekt informiert. Diesmal sollte nichts dem Zufall überlassen werden. Alle Zugriffskräfte waren über die Täter im Bilde, hatten eine genaue Personenbeschreibung erhalten und konnten sich auf das brutale Vorgehen einstellen, mit dem diese ihren letzten Auftrag durchführen würden. Wichtig war, dass sie die Täter allesamt dingfest machten. Egal wie, aber Schorsch und Dr. Menzel wollten sie lebend!

*Freitag, 21. Oktober 2011, 15:07 Uhr,*
*Hallig Langeness, Pension Fischermanns-Warft*

Alle vier waren angekommen. Die Überfahrt im Oktober konnte sehr ungemütlich werden, und genau heute war die See wieder sehr stürmisch gewesen. Ethan und Arno waren seekrank geworden und blieben deshalb in der Unterkunft zurück, während Viktor und Jakob den Wohnplatz 24 ausfindig machten.
Ein großer Holzzaun schirmte das Anwesen nach außen ab. Zum Objekt gab es zwei Zugänge. Auf der Rückseite befand sich ein Holztor von etwa vier Metern Länge und einer Höhe von zweieinhalb Metern, das mit einem Sicherheitsschloss und einer Kamera gesichert war. Die Vorderseite des Anwesens war ebenso mit einem Metalltor und einer elektronischen Überwachung geschützt. Lediglich der Zugang zur Meeresseite schien nur mit einem etwa dreieinhalb Meter hohen Metallzaun abgeschirmt zu sein. Dieser erstreckte sich beidsei-

tig auf einer Länge von zirka fünfzehn Metern und ragte bis in die Nordsee. Der Gezeitenkalender zeigte einen Anstieg von bis zu zwei Metern bei Hochwasser. Sie mussten also möglichst bei Niedrigwasser in das Objekt eindringen.

Viktor nahm sein Mobiltelefon und informierte Arno über den geeigneten Zeitpunkt für ihren Übergriff. Denn der richtete sich nach dem Gezeitenkalender. Sie hatten ein Zeitfenster von knapp sechs Stunden vom Niedrig- bis zum Hochwasser. Nachdem Viktor noch ein paar Fotos vom Objekt gemacht hatte, gingen die beiden Späher zurück zu ihren Kollegen, um mit ihnen die letzten Details für ihren Einsatz zu besprechen.

*Freitag, 21. Oktober 2011, 16:03 Uhr,*
*Polizeipräsidium Nürnberg, K11*

Das Team der K11 hatte seine Hausaufgaben gemacht. Die Mobilfunknummer von Arno war lokalisiert. Dr. Menzel hatte persönlich einen Eilantrag an die Bundesnetzagentur versandt, denn dank Abaddons Anruf konnte man über die Auslandskopfüberwachung den Funkmasten lokalisieren, in den sich Arnos Mobiltelefon eingeloggt hatte. Dieser Funkmast stand in Pellworm.

Pellworm war die drittgrößte Insel in Nordfriesland. Auf einer Ausdehnung von sieben Kilometern in Ost-West und sechs Kilometern in Nord-Süd lebten dort gerade einmal einunddreißig Menschen auf dem Quadratkilometer. Eine Lokalisierung der Täter sollte sich somit als einfach erweisen, zumal es sich laut Bundesnetzagentur um eine libanesische Mobilfunknummer des Anbieters MIC 1 handelte. Eine Zuordnung war deshalb nicht schwierig, und dank Dr. Menzels

Eilantrag auf eine Erweiterung der Telekommunikationsüberwachung war diese Mobilfunknummer seit knapp einer Stunde ebenso auf Sendung. Hinzu kam, dass eine andere libanesische Mobilfunknummer die nun überwachte Nummer bereits kontaktiert hatte. Der Anschlussinhaber gab seine Objektabklärung durch, und eine Stimmenanalyse bestätigte den K11-ern, dass es sich bei den abgehörten Personen eindeutig um ihre Auftragskiller handelte, die die Umsetzung ihres letzten Auftragsmordes planten.

Blacky und Waltraud hatten zwischenzeitlich das Melderegister für Beherbergungsbetriebe auf Langeness abgeklärt. Die Saison war im Oktober vorüber, und kaum ein Tourist verirrte sich noch auf die Insel. Dennoch hatten sich heute vier Männer in einer Pension angemeldet, die behaupteten, einen Bildband alter Kirchen der Hanse sowie der nordfriesischen Inseln aufzulegen. Die bekannten Altar- und Deckengemälde der Kirche Langeness sollten mit aufgenommen werden. Laut Meldeunterlagen der Pension Fischermanns-Warft wollten die Männer bis zum Sonntag die Insel erkunden.

„Wir haben sie!", berichtete Blacky an Schorsch. „Ich wollte nicht noch nach ihren Namen fragen, das wäre zu auffällig gewesen. Nicht, dass sich der Eigentümer der Pension am Ende noch verplappert!"

„Sehr gut, Blacky", antwortete Schorsch. „Ich informiere Dr. Menzel. Wir werden die Kerle noch vor Umsetzung ihres Planes abgreifen."

Keine Minute später hatte Schorsch den Oberstaatsanwalt an der Strippe und schilderte ihm die aktuelle Lage. Dr. Menzel war ebenso dafür, dass man die Täter noch in ihrer Unterkunft überwältigen sollte. Schorsch sollte den Polizeiführer vor Ort darüber informieren. Die Spezialkräfte sollten die Lage sondieren, die Täter lokalisieren und dann lageangepasst den

Zugriff durchführen. Nun lag das Einsatzgeschehen in der Hand des Polizeiführers und des jeweiligen Gruppenführers. Sie würden den Einsatz beenden.

*Freitag, 21. Oktober 2011, 19:03 Uhr,*
*Hallig Langeness, Pension Fischermanns-Warft*

Es war ein kalter Abend. Die See war rau und stürmisch, die Wellen mächtig. Aber sie hatten alles vorbereitet. Bis zum Wohnplatz 24 waren es knappe zehn Minuten zu Fuß. Und laut Gezeitenplan sollte um einundzwanzig Uhr fünfundzwanzig Niedrigwasser sein. Dann war der Zugang zum Objekt über den Seeabschnitt passierbar, und der Wellenschlag würde bis dahin nachlassen.

Arno, Jakob, Viktor und Ethan hatten ihre Rucksäcke für den Einsatz vorbereitet. Sie trugen alle schwarze Kleidung, hatten ihre Schusswaffen mit Schalldämpfer versehen und gingen den Ablauf ihres Plans noch mal durch. Keiner auf der Insel durfte etwas von dem mörderischen Auftrag mitbekommen. Die Bergmanns und ihre zwei oder drei Bewacher sollten überrascht und dann niedergestreckt werden. Es sollte keine Überlebenden geben. So lautete der Auftrag Abaddons und diesem Wunsch würden sie nachkommen.

*Freitag, 21. Oktober 2011, gegen 19.00 Uhr,*
*Valletta, Malta*

Abaddon begab sich in die Kaminecke und schenkte sich ganz entspannt einen fünfundzwanzig Jahre alten Single Malt ein. Mit dem Zigarrenschneider köpfte er seine Montecristo. Das

Kaminfeuer in der Fountain Street verbreitete wohlige Wärme, und im Hintergrund ertönte das Lied „Non, je ne regrette rien" von Édith Piaf. Er nahm in seinem Ledersessel Platz, kehrte in sich und blickte mit versteinertem Blick in die lodernden Flammen. Er hatte es geschafft. Nur noch wenige Stunden, dann hatte er Gewissheit, dass der Wunsch seiner beiden Ziehväter Abbas Kovner und Pascha Reichman erfüllt war.

Auge um Auge, Zahn um Zahn!, dachte er, und sein Mund verzog sich zu einem breiten Grinsen. Dann spürte er, wie sich plötzlich ein warmes Gefühl in seinem Inneren breitmachte. Ruhe. Zum ersten Mal in seinem Leben hatte er das Gefühl, fortan zufrieden und sorglos leben zu können. Denn nach all den Jahren der Rachsucht und des Grolls löste sich endlich diese Anspannung. Er war frei.

Und der gewaltsame Tod seiner Eltern würde endlich gerächt sein.

## 24. Kapitel

*Freitag, 21. Oktober 2011, 19:55 Uhr,
Hallig Langeness, nahe Wohnplatz 24*

Dirk Schumann, erster Kriminalhauptkommissar der dritten Einsatzgruppe der GSG 9 aus Sankt Augustin-Hangelar, hatte sein Team gebrieft. Seit gut zwei Stunden hatte die Observationseinheit die Pension Fischermanns-Warft auf ihrem Schirm. Der Mercedes-Sprinter mit der Aufschrift „Frischer Fisch von Aal-Uwes Fischräucherkammer" stand in unmittelbarer Nähe des Objekts. Die richterlichen Beschlüsse für einen „kleinen Lauschangriff", also die akustische Überwachung des Objekts, waren vor fünfzehn Minuten per Funk-Fax angekommen. Die Spezialisten waren nun auf Sendung und wussten über jeden Schritt der Täter Bescheid.

Ein Zugriff in der Pension stand unmittelbar bevor, die Täter wollten um zwanzig Uhr fünfundvierzig das Objekt verlassen. Zwei Scharfschützen hatten sich bereits vor einer halben Stunde in der nahe gelegenen Kirche positioniert. Ihre beiden Scharfschützengewehre vom Typ PSG 1, ausgestattet mit einer Infrarot-Zieloptik, waren seit diesem Zeitpunkt auf die Täter gerichtet. Dirk Schumann und sein Einsatzteam zogen wie immer den Überraschungseffekt vor. Dieser musste hier besonders gut gewählt sein, denn die Täter waren ja selbst „Spezialisten" und das machte die ganze Einsatzplanung etwas schwieriger. Tätergruppierungen wie diese waren bestens aufeinander eingespielt. Ihre militärischen und geheimdienstlichen Ausbildungsreihen machten sie misstrauisch gegenüber jedem noch so erdenklich kleinem Ablenkungsmanöver eines Dritten.

Die Täter bewohnten ein Zwei-Zimmer-Appartement. Beide Zimmer waren mit einem Glasfenster versehen. Zwei Zimmer mit Meerblick! Dirk Schumann entschied sich für eine Doppelstrategie mit einem besonderen Überraschungseffekt. Um zwanzig Uhr dreißig, also fünfzehn Minuten vor dem festgelegten Aufbruch der Täter, war der Zeitpunkt gekommen, als der Gruppenführer über die abgesicherte Digitalfrequenz den Spezialkräften sein „Go" durchgab. Die Zugriffskräfte waren bereits vorher heimlich in das Objekt eingedrungen. Sie warteten abgedeckt an einem taktischen Zugangspunkt der Appartements. Alle waren mit Gasschutzmasken ausgestattet und warteten auf die vorgesehenen Detonationen, die von zwei weiteren Trupps im Außenbereich eingeleitet werden sollten.

Die beiden Pensionseigentümer waren bereits evakuiert worden. Ein Observationsteam, getarnt als Unterkunftssuchende, hatte den Kontakt aufgenommen und ihnen verständlich gemacht, dass eine sofortige Evakuierung wegen „Gefahr im Verzuge" unumgänglich sei. Weitere Gäste befanden sich nicht in der Pension, somit konnte eine weitere Gefährdung von Leib und Leben Dritter ausgeschlossen werden.

Beide Angriffstrupps näherten sich nun mit zwei Sturmleitern von hinten dem Objekt. Genau zu diesem Zeitpunkt musste einer der Täter nochmals auf die Toilette, so die Infoauswertung der akustischen Richtfunkaufzeichnung, die nun den Polizeiführer vor Ort dazu veranlasste, das „Go" für den Zugriff zu geben. Nun ging alles sehr schnell. Über die beiden Sturmleitern warfen zwei Einsatzkräfte jeweils gebündelte Granaten durch die Fensterscheiben. Die eine war eine Knall-Blendgranate, die daran fixierte zweite eine CS-Reizgranate. Mit dem ersten Knall arbeitete sich der Zugriffstrupp, durch das beleuchtete Metall-Kevlar-Schutzschild gesichert, über die hölzerne Zugangstreppe zu den beiden

Zimmern vor. Die Einsatzramme verschaffte den gesicherten Kräften den Zutritt zu den Räumlichkeiten der Täter, die noch geschockt, geblendet und von Reizgas umhüllt nach Luft rangen. Reflexartig schossen sie um sich, aber die beiden positionierten Scharfschützen vereitelten diesen rechtswidrigen Angriff. Gimli wurde durch zwei Projektile des Kalibers 7,62 x 51 mm in den seitlichen Hinterkopf getroffen. Er stürzte seitwärts nach links weg wie einst sein Opfer Ernst Ploch, den er auf der Grauber Hütte gezielt hingerichtet hatte.

Auch für Arno forderte der Einsatz seinen Tribut. Er kam nicht mehr dazu, sich die Hände zu waschen, geschweige denn sich die Hose hochzuziehen. Als er begriff, was los war, leistete er keinen Widerstand, Sekunden später lag er mit Kunststoffbändern fixiert vor dem WC. Jakob wurde beim Versuch, aus dem Fenster zu springen, am Fuß verletzt und von GSG-9-Beamten der Außenabsicherung überwältigt. Weit schlechter allerdings erging es Ethan. Der wurde durch zwei gezielte Schüsse in den oberen Rumpfbereich daran gehindert, seine Schusswaffe gegen die Zugriffskräfte einzusetzen. Und die 9 mm „Action Munition" verfehlte ihre Wirkung nicht. Durch zwei positionierte Schussfolgen verursachte ein Treffer dieser Einsatzmunition einen Blutkanal von einem Liter im menschlichen Körper. Durch die beiden Schussverletzungen in seinem Körper wurde ein Zwei-Liter-Blutkanal erzeugt, der einen sofortigen hämatogenen Schock herbeiführte.

Um zwanzig Uhr dreiunddreißig gab der Polizeiführer über Funk die „Sicherheit" durch. Das hieß, dass alle Räume und Zielpersonen gesichert waren. Der Einsatz war beendet.

Ein GSG-9-Beamter öffnete nun auch beide Fenster des Appartements, sodass die Räumlichkeiten zehn Minuten später von der Tatortgruppe des BKA ohne Reizgasmaske betreten werden konnten.

Ethan Vilette, dem unmittelbar nach seinen Verletzungen von Ersthelfern der GSG 9 eine Plasmainfusion angelegt worden war, verstarb nur Minuten später im Rettungshubschrauber der am Einsatz beteiligten Küstenwache.

Die Beschuldigten Arno Sikkow und Jakob Jumber hingegen sollten auf Weisung von Dr. Menzel am Samstag um dreizehn Uhr dem Ermittlungsrichter des Amtsgerichts Kiel vorgeführt werden, der ihnen die Vorführungsanzeigen der Nürnberger Mordkommission eröffnete. Vorher sollten beide jedoch einer erkennungsdienstlichen Behandlung unterzogen werden. Denn die wahre Identität war den Ermittlern nicht bekannt, die vorhandenen Ausweisdokumente aus Wegscheid waren gefälscht.

Es war vorgesehen, dass sich die Beschuldigten am Montag nach dem Erlass der Haftbefehle „auf Schub" begaben, also von der JVA Kiel in die vorgesehene Haftanstalt nach Bayern transportiert wurden. Auf sie wartete die Untersuchungshaft. Für den Beschuldigten Sikkow wurde von Dr. Menzel eine Buchung in der JVA Nürnberg beantragt. Für den anderen U-Häftling wartete eine staatliche Unterkunft mit Seeblick, genauer gesagt, die oberfränkische JVA am Untreusee.

*Freitag, 21. Oktober 2011, 20:43 Uhr,*
*Polizeipräsidium Nürnberg, K11, Besprechungsraum 1.102*

Die K11-er waren nicht nur über das Einsatz-Protokoll-System hautnah dabei, sondern konnten über die Helmkameras der GSG-9-Spezialkräfte das Einsatzgeschehen ebenso mitverfolgen. Schorsch atmete tief durch, als er vom Polizeiführer das Wort „Sicherheit" vernahm.

Die Blicke von Schönbohm und Dr. Menzel waren immer noch starr auf den Bildschirm gerichtet, als Gunda erleichtert seufzte. „Puh ... Der Zugriff ist zum Glück gut verlaufen. Und ganz ehrlich, dass dieser Gimli bei diesem Einsatz sein Leben lassen musste, stimmt mich jetzt nicht wirklich traurig. Diese Videosequenz, die zeigt, wie er unseren Kollegen hinterhältig ermordet hat, geht mir nicht mehr aus dem Kopf. Ich möchte nicht wissen, wie viele Menschen der schon auf dem Gewissen hat."

Viele der Kollegen stimmten ihr stillschweigend zu.

„Ich bin trotzdem froh, dass wir zwei von denen unversehrt gekriegt haben", bemerkte Schorsch. „Nun geht es in die Endphase, Kollegen. Wir müssen zeitnah an Dr. Muldor heran. Der internationale Haftbefehl wird vor Montagnachmittag noch nicht abrufbar sein. Oder was meinen Sie, Dr. Menzel?"

Schorsch schaute den Juristen fragend an. Der antwortete: „Herr Bachmeyer, ich bin erst mal froh, dass der Einsatz so gut gelaufen ist. Und Dr. Muldor läuft uns nicht weg. Auch wenn der nun in großer Erwartung auf ein Feedback seiner Killer hofft, das ändert nichts an unserem Ermittlungsergebnis. Es ist bekannt, dass er der Auftraggeber der Mordserie ist. Ich habe über den maltesischen Verbindungsbeamten bei Interpol unser Erscheinen in Valletta angekündigt und habe ihn auch explizit darauf hingewiesen, dass uns bereits bekannt ist, dass dieser Beschuldigte Beziehungen bis in die höchsten maltesischen Regierungskreise unterhält. Deshalb müssen wir sehr, sehr sensibel an die Sache herangehen."

„Ja, ich habe auch schon die Zusage von Ben und Suzanne vorliegen", kündigte Schorsch an. „Ihre Dienste werden uns dahingehend unterstützen, dass sie bis zur Festnahme von Dr. Muldor ein Bewegungsprofil für uns erstellen werden. Egal, wo dieser ‚Engel des Abgrunds' versucht hinzukommen, wir sind ab jetzt rund um die Uhr über seinen Aufenthaltsort informiert. Wir werden ihm die Flügel stutzen, glaubt mir!"

Schorsch schlug vor lauter Tatendrang die Hände zusammen. „Und noch was, die Auslandskopfüberwachung steht ja noch, wir bekommen also mit, wenn er nach Deutschland telefoniert. Bei allen sichergestellten Mobiltelefonen der Beschuldigten wurde die Mobilbox aktiviert. Mal sehen, wie er reagiert und wen er sonst noch alles kontaktiert, wenn keiner seiner Killer mehr auf seine Anrufe antwortet. Und vielleicht gibt es ja noch einen bis dato unbekannten Anschlussteilnehmer, für den sich unsere Staatsschutzabteilung interessieren könnte. Geheimnisverrat ist ein Verbrechenstatbestand!"

Schönbohm nickte, und offensichtlich lag ihm etwas daran, sein Team nach diesen aufregenden Ereignissen nicht einfach so nach Hause und ins Wochenende gehen zu lassen. „Auch ich freue mich über unsere Truppe bei der Bundespolizei", sagte er. „Das Einsatzgeschehen ist bilderbuchmäßig abgelaufen, und ich werde am Montag persönlich dem Dienststellenleiter in Sankt Augustin meinen Dank aussprechen. Und was euch betrifft, die MOKO Golgatha hat sehr gute Arbeit geleistet. Und wenn ihr alle noch Zeit und Lust habt, den ereignisreichen Tag bei einem Bier zu beenden, dann würde ich mich sehr freuen. Ich sag mal, in einer halben Stunden bei Leo?"

Es wurde ein langer Abend. Schönbohms *last order* begann um kurz nach Mitternacht, die wirklich allerletzte Bestellung sprach Dr. Menzel, mit Leos Zustimmung, dann um zehn vor zwei aus. Und gegen drei Uhr war auch der Letzte aus Schorschs Team mit dem Sammeltaxi sicher zu Hause angekommen.

*Montag, 24. Oktober 2011, 06:55 Uhr,*
*Polizeipräsidium Nürnberg, K11*

Schorsch öffnete die gelbe Umlaufmappe auf seinem Schreibtisch. Es war zum einen die Mitteilung der zuständigen Ermittlungsrichterin des Amtsgerichts Kiel, die den Haftbefehl gegen die beiden Beschuldigten am Samstag bestätigt hatte. Das zweite Dokument präsentierte ihm das Ergebnis der durchgeführten erkennungsdienstlichen Behandlung. Arno Sikkow hieß in Wirklichkeit Arno Sekow, und die Identität von Jakob Jumber wurde mit Jakob Plumer bestätigt.

Beide Beschuldigte würden nun heute „auf Schub" nach Bayern gehen. Der Schub war immer eine etwas unangenehme Angelegenheit für Gefangene. Der Sammeltransport der Justiz beförderte länderübergreifend die U-Häftlinge zu den vorgesehenen Untersuchungsgefängnissen. Und es dauerte mitunter mehrere Wochen, bis der jeweilige Straftäter seine vorbestimmte Haftanstalt, also sein trautes Heim bis zur Hauptverhandlung, erreicht hatte. Dieser Umstand machte Gefangene oft mürbe. Und weichgekochte Verbrecher sind in Vernehmungen meist angenehmer, dachte Schorsch.

Freudig zeichnete er die Umlaufmappe auf sein Team aus, diese Infos wollte er seinen Leuten natürlich nicht vorenthalten.

In diesem Augenblick betrat Gunda sein Büro. Sie war schon seit sechs Uhr im TKÜ-Raum und überprüfte die aufgezeichneten Gespräche der Telekommunikationsüberwachung. In ihrer linken Hand hielt sie nun in chronologischer Reihenfolge die ausgewerteten Gesprächsprotokolle bereit. Sie überreichte sie Schorsch, der sie sogleich überflog. In der Tat hatte Muldor zwischen Freitagnacht und Montagmorgen ein paar Mal versucht, seine Auftragskiller zu kontaktieren. Und wie veranlasst, erreichte er nur deren Mobilboxen. Er war sichtlich erzürnt, das bewiesen seine Mailboxnachrichten, bei denen er harsche Worte in den Mund nahm.

Schorsch grinste Gunda an. „Nicht mehr lange, Herr Doktor, dann werden auch Sie mit der leckeren Erbsensuppe und dem persönlichen Blechnapf Bekanntschaft machen."

Gunda lachte laut auf und verließ das Büro wieder.

Schorsch blickte auf sein Männerspielzeug. Halb acht. Er wollte Ben von der Aktion am Freitag unterrichten. Er griff zum Telefon und wählte seine Nummer im israelischen Konsulat.

„Guten Morgen, mein Bester. Ich habe Neuigkeiten für euch", fiel Schorsch gleich mit der Tür ins Haus. Er erzählte Ben von der erfolgreichen Zugriffsaktion am vergangenen Freitag.

„Gute Neuigkeiten gibt es auch aus Malta", hielt Ben dagegen. „Unser Dr. Muldor hatte wohl am Wochenende einen kleinen Hausunfall. Nach Aussage der behandelnden Ärzte im St. James Hospital wurde er am Samstag in den frühen Morgenstunden alkoholisiert eingeliefert. Unser alter Mann hat sich laut vorliegender Anamnese beim Sturz von der Treppe eine Schlüsselbeinfraktur zugezogen und ist für die kommenden Wochen mit einem Handicap versehen. Der läuft uns also nicht weg, aber wird es schwer haben, bei der Haftbefehlseröffnung eine Unterschrift zu leisten. Aber die kann man beim Ermittlungsrichter ja auch verweigern." Ben lachte verschmitzt.

„Super, Ben, der da oben meint es offensichtlich gut mit uns. Du hast recht, mit Reisen sieht es da momentan nicht gut aus für Dr. Muldor. Aber es gibt ja zum Glück auch auf Malta Gefängniskrankenhäuser, in denen man sich erholen kann", legte Schorsch einen nach. „Ich glaube aber, das ist tatsächlich eine sehr gute Nachricht. Dr. Menzel wird heute Vormittag noch über die justizielle Schiene unsere Dienstreise nach Malta ankündigen. Den internationalen Haftbefehl gegen Dr. Muldor möchte er denen eigenhändig vor Ort präsentieren, und bei der Umsetzung durch die maltesischen Behörden wollen wir natürlich auch dabei sein. Unsere Reisekostenstelle hat schon mal für Dienstag und Mittwoch einen Stand-By-Flug ab Frankfurt reserviert. Die Rückreise sollte dann spätestens am Samstag erfolgen. Ein bisschen Sightseeing und ein leckerer Fischabend sollten auch noch drin sein."

„Da müsst ihr unbedingt in das ‚Gillieru', Schorsch", war Ben plötzlich Feuer und Flamme. „Aber bitte vorher reservieren! Die haben die leckerste Fischauswahl, und du musst unbedingt die Octopusringe als Vorspeise nehmen. Ich war am Wochenende mit Suzanne dort, wirklich köstlich. Das Restaurant liegt im alten Ortskern der St. Pauls Bay und ist sehr hübsch. Und die Preise sind auch für uns Beamte akzeptabel." Wieder dröhnte Gelächter durch die Leitung.

„Besten Dank, schon notiert", bedankte sich Schorsch. „Und, Ben, ich halte dich auf dem Laufenden."

„Dann eine gute und erfolgreiche Dienstreise! Wenn etwas Außergewöhnliches passieren sollte, dann wird euch Suzanne weiterhelfen. Dem Circus sind die Machenschaften dieses Abaddons schon lange ein Dorn im Auge. Es wird Zeit, dass der abtritt. Und zwar für immer!"

*Montag, 24. Oktober 2011, 10:14 Uhr,*
*Fountain Street, Valletta, Malta*

Dr. Muldor hatte eine sehr unangenehme Nacht hinter sich. Er konnte nur in Hochlage ein wenig Ruhe finden. Eigentlich hätte er in der Nacht zum Samstag nicht mehr in den Weinkeller gehen sollen. Aber seine schlechte Laune hatte ihn regelrecht dazu gezwungen. Die wollte er mit einer weiteren

Flasche 2009er ISIS vertreiben, aber so weit kam es nicht mehr. Er stürzte und der maltesische Chardonnay blieb für ihn in weiter Ferne.

Erst kurz nach neun konnte er am Samstagmorgen, unterstützt von zwei Hilfskräften, das St. James Hospital verlassen. Seitdem wartete er noch immer auf eine Nachricht seiner Männer. Was war geschehen? Und was sollte er tun, um das herauszufinden?

## 25. Kapitel

*Dienstag, 25. Oktober 2011, 16:28 Uhr,*
*Valletta, Malta*

Die Lufthansa war planmäßig gelandet. John Collins, ein Beamter des Crime Investigation Departement, erwartete Dr. Menzel, Schorsch, Horst und Gunda bereits am Gate.

„Guten Tag, Sie müssen aus Nürnberg kommen?" Collins' Deutsch war fließend. Er war von 1979–1997 bei der Royal Military Police (RMP) in Mönchengladbach stationiert gewesen und nach seiner Militärzeit in den Polizeidienst übernommen worden. Nunmehr leistete er seinen Dienst auf Malta.

„Sie sind dann wohl Herr Collins", antwortete Dr. Menzel, stellte seine Mannschaft kurz vor und fuhr dann fort: „Mein Kollege von der Staatsanwaltschaft in Valletta, Mr. Lawrence Gatt, hat mir Ihr Erscheinen angekündigt. Sie bringen uns zu ihm?"

„Ja. Ich habe gehört, dass Sie uns Arbeit mitbringen. Ein höchst interessanter Fall, der internationale Verflechtungen aufweist. Und der Täter soll hier auf Malta sitzen."

„Ja, das ist richtig, John", übernahm Schorsch. „Wir sind auf Ihre Hilfe angewiesen. Aber dazu gleich mehr bei der Lagebesprechung."

John nickte. „Unser Ziel ist die Attorney General's Office am St. George's Square hier in Valletta. Mr. Gatt erwartet uns bereits."

*Dienstag, 25. Oktober 2011, 17:08 Uhr,*
*Attorney General's Office, Valletta, Malta*

Die Malteser hatten alles vorbereitet und Lawrence Gatt erwartete sie. Er hatte zum Fünf-Uhr-Tee geladen, dazu gab es den maltesischen Mandel-Orangen-Kuchen, der das Gespräch ein wenig auflockern sollte.

Schorsch kam dennoch direkt zum Punkt. Er machte unmissverständlich klar, dass es sich bei dem Gesuchten um Dr. Vladimir Muldor handelte, der hier auf Malta die Global Pax-Trade Ltd. in der Fountain Street führte. Dann übergab Schorsch jedem maltesischen Ermittler eine Kopie des internationalen Haftbefehls, der von ihnen aufmerksam studiert wurde.

„Mr. Gatt, wir müssen mit unseren Anliegen sehr sensibel an ihre Strafverfolgungsbehörden herangehen. Unser Täter unterhält Beziehungen bis in die höchsten Regierungskreise auf Malta. Deshalb bitten wir um Verständnis. Wir dürfen da nichts anbrennen lassen!"

Mr. Gatt, Ende fünfzig und ein stattlicher Mann von knapp zwei Metern, braungebrannt mit nach hinten gebundenen Haaren, hatte etwas von einem deutsch-französischen Modezaren. Er schaute gespannt in die Runde. „Dr. Muldor ist sehr bekannt hier und auch noch über Maltas Grenzen hinaus. Dass er gerade diesen Schattenmann verkörpern und die Fäden für die Auftragsmorde in der Hand haben soll, war uns keineswegs bekannt. Aber es ist vermutlich so wie bei der italienischen Mafia, da bleibt die Person des Paten ja auch immer im Dunkeln. Es sind meist einflussreiche Geschäftsleute und Politiker, deren wahre Machenschaften erst nach Jahrzehnten aufgedeckt werden. Wenn sie denn aufgedeckt werden!" Er fuhr sich mit der Hand über die Frisur, scheinbar um zu prüfen, ob sich nicht eine Haarsträhne aus dem Zopf gelöst hatte.

Er hüstelte, bevor er weitersprach. „Dr. Muldor ist sehr vermögend und sein Einfluss in der Partit Nazzjonalista, unserer konservativ-christdemokratischen Partei hier auf Malta, ist nicht von der Hand zu weisen. 2006 war er sogar als Delegierter bei der Bilderberg-Konferenz in Ottawa vertreten. Es wird sicherlich für einige beteiligte Behörden schwierig werden, wenn wir den Haftbefehl vollstrecken werden. Ich habe nicht mehr viel zu verlieren, nur noch zwei Jahre bis zum Ruhestand, aber –" Gatt wurde ruhiger, blickte betroffen auf das Muster des Perserteppichs, der einen Teil des Besprechungsraums abdeckte, und holte tief Luft. Dann hob er seine rechte Hand, klatschte damit auf die Armlehne seines Ledersessels und seufzte: „Wir Malteser sind allzeit bereit, das Unrecht zu bekämpfen. Und Justitia, die Göttin der Gerechtigkeit, ist auch auf Malta bekannt. Ihr Schwert wird uns den Weg weisen. Wann sollen wir Dr. Muldor verhaften?"

Dr. Menzel schaute mit ernster Miene in die Runde, dann drehte er seinen Kopf wieder zu Gatt. „Asap, soll heißen: *as soon as possible*. Wir möchten am Wochenende gerne wieder die Rückreise antreten in der Gewissheit, dass unser Täter bis dahin ein staatliches Zuhause hat. Heute werden es Ihre Leute vermutlich nicht mehr umsetzen können, gerne aber morgen. Den Zeitpunkt bestimmen Sie, Lawrence. Wir sind allzeit bereit!"

Man einigte sich auf Mittwoch, neun Uhr dreißig. Bis dahin hätte man alle Vorbereitungen getroffen, denn auch sein Vorgesetzter, der Minister für Justiz und Heimatangelegenheiten, sollte vor dem bevorstehenden Zugriff unterrichtet werden, so Gatt.

Diese Entscheidung konnten die Nürnberger jedoch nicht teilen. In Deutschland sei dies unüblich, erklärte Schorsch. Und weshalb solle man solch eine Aktion vorab dem Minister mitteilen? Zu groß sei die Gefahr, dass Dr. Muldor gewarnt werden würde. Mr. Gatt zuckte mit den Schultern und beendete die Besprechung.

*Dienstag, 25. Oktober 2011, 19:10 Uhr,*
*Hotel Casa Ellul, Valletta, Malta*

Dr. Menzel hatte für alle vier das Casa Ellul ausgesucht. Da es Probleme mit der Reisenkostenstelle des Polizeipräsidiums Mittelfranken gab, denn für Dienstreisen waren bestimmte Kostensätze vorgegeben, buchte Dr. Menzel die vier Einzelzimmer spontan über die Haushaltsstelle der Staatsanwaltschaft Nürnberg-Fürth und bezahlte die Mehrkosten aus eigener Tasche, denn sein schlechtes Gewissen bezüglich Juretzku hing ihm immer noch nach und er wollte seinen Ermittlern etwas Gutes tun. Damit erübrigte sich eine schriftliche Begründung für die zuständige Haushaltsstelle des Präsidiums zur Genehmigung dieses Luxushotels.

Es war wahrlich eine Oase zum Wohlfühlen. Das stattliche Haus aus dem letzten Jahrhundert überzeugte durch seine moderne Einrichtung kombiniert mit ausgesuchten Antiquitäten und großen Zimmern. Schorsch organisierte sich gleich einen Hausprospekt. Er wollte auf jeden Fall einmal mit Rosanne hier ein Wochenende verbringen. Und was Schorsch zudem ganz wichtig war, er wollte seinen Freund Ben und Suzanne in das Gillieru einladen. Denn der Fisch sollte hier im Dezember am besten schmecken.

*Mittwoch, 26. Oktober 2011, 07:10 Uhr,
Frühstücksraum Hotel Casa Ellul, Valletta, Malta*

Es war ein ausgiebiges Frühstück, das alle vier genossen. Dennoch war die Anspannung groß. Um die Situation ein wenig aufzulockern, sagte Horst: „Hoffentlich passiert heute nicht das, was am 26. Oktober 1881 passiert ist!"

Alle sahen ihn fragend an, und er grinste sich eins. „Heute vor hundertdreißig Jahren hat am O.K. Corall die berühmteste Schießerei in der Geschichte des Wilden Westens stattgefunden." Horst war ein Western-Fan, der den Westen der USA wie seine eigene Westentasche kannte. „Es war ein Kampf zwischen den Brüdern Virgil, Morgan und Wyatt Earp sowie Doc Holliday auf der einen Seite und der Clanton- sowie der McLaury-Familie auf der anderen Seite. Hoffen wir mal, dass die Malteser für heute alle ihre Hausaufgaben richtig gemacht haben und der Zugriff ohne Zwischenfall verläuft."

Beeindruckt von Horsts Faktenwissen vergaßen sie für einen kurzen Moment ihre Anspannung und ließen sich von ihrem Kollegen alles über das berühmte Feuergefecht erzählen, das für zahllose Schießereien in Büchern und Filmen des Western-Genres Pate stand.

Um halb neun traf Lawrence Gatt in der Hotellobby ein. Sein Zugriffsteam stand bereit. Seit gestern Abend stand auch das Anwesen in der Fountain Street unter behördlicher Beobachtung. Ein Observationsteam hatte sich unweit davon positioniert. Das aber wusste Schorsch bereits von Ben. Denn dem Circus, der ja seit dem Wochenende das Anwesen unter Kontrolle hatte, war der Aufbau der maltesischen Observationseinheit nicht entgangen. Diese Beobachtung meldeten sie weiter und Ben ließ es sich nicht nehmen, die Erkenntnisse seiner Freundin auch an Schorsch weiterzugeben.

*Mittwoch, 26. Oktober 2011, 09:30 Uhr,*
*Fountain Street, Valletta, Malta*

Nachdem die letzten Abklärungen mit den aufgebauten Observationskräften stattgefunden hatten, sollte der Zugriff erfolgen. Schorsch und sein Team waren verwundert. Es erfolgte kein Zugriff durch Spezialkräfte. Es schien so, als ob hier auf Malta wegen Dr. Muldors Bekanntheitsgrads eine andere, sanftere Vorgehensweise in Bestimmung trat.

Lawrence Gatt und sieben weitere Ermittler der maltesischen Kriminalpolizei klingelten und warteten, bis sich die große Eichentür des Eingangsportals zur Global Pax-Trade öffnete. Doch es passierte nichts. Lediglich die installierte Überwachungskamera über dem Eingang bewegte sich. Erst nach mehrmaligem Läuten öffnete sich das Portal. Mr. Gatt und seine Ermittler traten ein, dicht gefolgt vom Nürnberger Ermittlerteam.

Ein Hausangestellter im mittleren Alter, hochgewachsen mit grauen schütteren Haaren, der wie ein Butler gekleidet war, nahm sie in Empfang. Er erfragte den Grund des Anliegens, der ihm jedoch von Staatsanwalt Gatt nicht eröffnet wurde. Man wolle Dr. Vladimir Muldor persönlich sprechen. Der Butler geleitete sie in eine große Vorhalle und bat sie, hier zu warten.

Es war Viertel vor zehn. Seit fast fünfzehn Minuten warteten sie nun schon in der Halle. Vor ihnen befand sich eine große Mahagonitür, hinter der der Butler verschwunden war. Und noch etwas war seltsam. Hinter dieser Mahagonitür spielte ein bekanntes Lied in der Dauerschleife. Einer von Lawrence Gatts Leuten ließ es sich nicht nehmen, die Melodie mitzusummen.

„Wer singt das gleich wieder?", fragte Schorsch in die Runde.

Ausgerechnet Dr. Menzel antwortete wie aus der Pistole geschossen: „Édith Piaf!", und sang den Refrain leise mit. „Non, je ne regrette rien ..."

Schorsch war sauer. Die Vorgehensweise der maltesischen Kollegen wirkte so, als wolle man lediglich eine Befragung des Hausherrn wegen einer Lappalie durchführen. Er konnte nicht mehr länger an sich halten. „Sag mal, steht ihr alle auf dem Schlauch? Wir werden hier doch verarscht! Wir sind hier, um einen internationalen Haftbefehl wegen Mordes zu vollstrecken! Stattdessen stehen wir hier seit einer Viertelstunde rum, hören Édith Piaf und tun nichts!"

Dr. Menzel war wohl ebenso verwundert über die Vorgehensweise seines Kollegen und wandte sich in einem drängenden und bestimmten Tonfall an die Malteser Truppe: „Lawrence, wir sollten uns hier nicht veralbern lassen! Es geht schließlich um die Festnahme eines Auftragskillers. Auch wenn der Beschuldigte bis heute einen gewissen Bekanntheitsgrad bei den Entscheidungsträgern eures Landes hatte, er ist ein Verbrecher, das steht hier schwarz auf weiß." Er schwenkte den Haftbefehl vor Gatts Nase.

Doch noch bevor der reagieren konnte, gingen Horst und Gunda zielgerichtet in Richtung der großen Mahagonitür, dorthin, wo der Butler vor geraumer Zeit verschwunden war. Das brachte nun auch Lawrence Gatt und seine Ermittler zur Besinnung, denn sie waren zugleich für die Sicherheit der Franken in diesem Rechtshilfeersuchen zuständig. Die Beamten stürmten auf die Tür zu, die nicht verschlossen war, und verschafften sich so Zutritt zu dem dahinterliegenden Zimmer. Es war ein großer holzgetäfelter Raum von gut hundertfünfzig Quadratmetern, der mit dunklem Parkett ausgelegt war und von Édith Piaf beschallt wurde. Verschiedene wertvolle Orientteppiche und prächtige Gobelins harmonierten perfekt mit der im viktorianischen Stil gehaltenen Ausstattung. Die komplette Wand vor ihnen war aus Glas. Es war ein Meerwasseraquarium von zirka zwölf Metern Länge und vier Metern Höhe, in dem sich verschiedene Fische und Meeressäuger tummelten, unter anderem auch Meeresschildkröten und Haie. In der linken Ecke des Raumes stand ein großer alter Schreibtisch. Hinter dem Schreibtisch hing ein mannsgroßes Ölgemälde, das den Franken sehr bekannt vorkam, denn ein Ausdruck dieses Bildes hing derzeit auch im Nürnberger Polizeipräsidium. Und zwar in ihrem Besprechungsraum, an der Beweismittel-Pinnwand. Es war das „Bildnis des Verlegers Eduard Kosmack" von Egon Schiele.

Die Ermittler begannen nun, ohne zu zögern, die Räumlichkeiten zu durchsuchen. Aber Dr. Muldor war nicht aufzufinden, und keiner der übrigen Hausangestellten konnte Angaben über seinen Verbleib machen.

Der Schattenmann war ihnen entwischt!

Er wusste nun, dass der letzte Auftrag von Jakob, Arno, Ethan und Viktor gescheitert war. Abaddon blickte stumm auf den Bildschirm seiner Überwachungskameras. Dann begab er sich in Richtung seines alten Weinkellers. Seine Schulter schmerzte, als er schnellen Schrittes die Stufen nehmen musste, die ihn vor vier Tagen zum Verhängnis geworden waren. Zwei Angestellte begleiteten ihn, öffneten die massive alte Stahltür und betätigten den Lichtschalter. Anschließend verriegelten sie die Tür von innen und begaben sich auf den Weg in den Tunnel, der nach zirka hundertfünfzig Metern endete. Vor ihnen lag nun der Zugangsbereich der nordöstlich abfallenden Steilküste der Fountain Street. Es war alles vorbereitet. Abaddon stieg in das Schnellboot, in zirka zwanzig Minuten würde die Gulfstream G 550 Richtung St. Johns starten. In Neufundland würde ihn keiner finden. Dort war er sicher.

Suzanne Rock war live dabei. Anders als das maltesische Observationsteam griff der Circus auch auf die Möglichkeit der Satellitentechnik zurück. Diese Bildsequenzen waren zwar zeitverzögert, aber die Satellitenbilder zeigten das ganze überwachte Areal bis zum Meer. Und seit heute Morgen, sechs Uhr, ankerte in diesem strategischen Zugangsbereich ein Schnellboot, das vor wenigen Minuten seine Motoren gestartet hatte. Augenscheinlich warteten die vier Mann Besatzung auf jemanden.

Suzanne hatte für Notfälle Schorschs Mobilfunknummer von Ben erhalten. Sie zögerte nicht.

Es war ein Schuss in den Ofen, dachte Schorsch verärgert. Dr. Muldor war ihnen entkommen. War er doch gewarnt worden? Sein Einfluss auf der Insel war groß. In diesem Moment klingelte Schorschs Mobiltelefon. Es war eine Telefonnummer mit maltesischer Vorwahl.

„Hello, who's talking?"

„Spreche ich mit Schorsch? Hier ist die Freundin von Ben Löb, Suzanne Rock."

„Ja, hier ist Schorsch. Hallo, Suzanne, was gibt's?", antwortete er.

Dann ging alles ganz schnell. Sie erzählte ihm, dass Abaddon auf das Schnellboot geflohen sei und vermutlich versuchen würde, außer Landes zu kommen. Schorsch bedankte sich und erstattete sogleich seinen Kollegen vor Ort Bericht. Die einzigen Mittel, schnell außer Landes zu kommen, waren ein Schiff oder ein Flugzeug. Und durch das abgehörte Telefonat des MI6 wussten sie, dass der Schattenmann Letzteres bevorzugte.

Der Täter hatte zwar einen Vorsprung, aber sein Weg bis zum Flughafen war ein Umweg. Der Flüchtende musste mit dem Schnellboot von Valletta zur Südostküste, nur von

Birzebbuga aus konnte er den Weg zum Airport nehmen. Schorsch und Lawrence Gatt betrachteten die Karte. Von der Fountain Street zum Flughafen waren es knapp vierzehn Kilometer. Mit Sonderrechten war dies in kürzester Zeit zu schaffen. Die Zeit drängte, sie mussten Muldor zuvorkommen.

*Mittwoch, 26. Oktober 2011, 10:19 Uhr,*
*Hafen Birzebbuga, Malta*

Die Schmerzen in der rechten Schulter hatten nachgelassen. Die Schmerzinjektion wirkte, und Dr. Muldor war guter Dinge. Seine Maschine stand bereit. Sie war startklar, und seine Leute hatten vor Ort bereits alle notwendigen Formalitäten erledigt. Nur noch wenige Minuten, dann hatten sie den Flughafen erreicht. Dann konnte er einsteigen, zur Ruhe finden. In ein paar Stunden würden sie auch schon in Neufundland sein. Dort würde er mit einer neuen Identität landen.

*Mittwoch, 26. Oktober 2011, 10:22 Uhr,*
*Luga LQA 4000, International Airport, Malta*

Die maltesischen Strafverfolgungsbehörden hatten nun anscheinend kapiert, dass sie einem gefährlichen Verbrecher auf der Spur waren, dessen Flucht es zu verhindern galt. Vermutlich war der Druck doch zu groß, sich deshalb bei EUROJUST in Den Haag einem Untersuchungsausschuss stellen zu müssen. Denn diese Justizbehörde der Europäischen Union mit Sitz in Holland koordinierte grenzüberschreitende Strafverfahren auf europäischer Ebene. Und es wäre für die maltesischen Strafverfolgungsbehörden eine Blamage, sich im Rahmen dieses justiziellen Amtshilfeersuchens dort erklären zu müssen. Lawrence Gatt und seine Männer gaben nun ihr Bestes.

Als sich um etwa halb elf ein schwarzer Range Rover dem abseits der Startbahn wartenden Gulfstream näherte, war die Stunde gekommen, dem Schattenmann persönlich gegenüberzutreten. Alle beteiligten Einsatzfahrzeuge der maltesischen Kriminalpolizei fuhren auf den Wagen zu und blockierten zugleich die Startbahn. Dann stürmten fünf Ermittler mit ihren gezogenen Schusswaffen aus den Fahrzeugen heraus und liefen auf Dr. Muldor zu.

Eine Flucht war unmöglich geworden. Abaddon musste sich ergeben. Lawrence Gatt vollzog den internationalen Haftbefehl, indem er Dr. Vladimir Muldor diesen noch auf der Startbahn verkündete.

Aufgrund seiner Schulterverletzung wurden dem Verhafteten Fußfesseln angelegt. Daraufhin wurde er in den Polizeigewahrsam von Valletta gebracht, wo die erkennungsdienstlichen Maßnahmen auf Dr. Muldor warteten.

Die Franken ließen es sich nicht nehmen, ein Profilfoto des Täters mitzunehmen. Denn in der Tat sah Dr. Muldor dem Verleger Eduard Kosmack zum Verwechseln ähnlich. Und solche merkwürdigen Zufälle kamen bei der Presse immer gut an.

*Donnerstag, 27. Oktober 2011, 09:45 Uhr,*
*Staatsanwaltschaft Valletta, Malta*

Die zuständige Ermittlungsrichterin hatte den vorliegenden Haftbefehl gegen Dr. Vladimir Muldor bestätigt. Auch seine drei Spitzenanwälte scheiterten mit ihren Anträgen auf Haftverschonung. Der Beschuldigte wurde in die Justizvollzugsanstalt eingeliefert.

## 26. Kapitel

Drei Wochen später ...

*Mittwoch, 16. November 2011, 09:30 Uhr,
Polizeipräsidium Nürnberg, K11, Besprechungsraum 1.102*

Schorsch hatte zu seinem heutigen Geburtstag eine Kleinigkeit für seine Ermittler vorbereitet. Aber es sollte nicht nur sein Geburtstag gefeiert werden, Schorsch wollte sich auch bei seiner Crew bedanken. Nur durch ihr unermüdliches Engagement konnten sie die Mordserie aufklären.

Er überraschte sie mit frisch geräucherten fränkischen Spezialitäten seines Ezelsdorfer Metzgers, dessen geräucherte Blut- und Leberwürste bei keiner dienstlichen Brotzeit fehlen durften. Schorsch hatte natürlich auch an das fränkische Bauernbrot gedacht und den passenden Meerrettich und die eingelegten Gurken nach dem Rezept seiner Oma besorgt. Das „bleifreie" Bier einer bekannten Nürnberger Brauerei rundete die kleine Feier ab. Schorschs Leute saßen alle beieinander, griffen beherzt zu, und es wurde wieder der ein oder andere Witz über die Oberpfälzer gemacht. Was folgte, war natürlich die Retourkutsche vom „Fregger" Basti, dem Kollegen aus dem Osten Bayerns, der sich gerne mit Schönbohm in seiner Muttersprache unterhielt und immer einen Konter parat hatte. Das gesamte Team hielt sich den Bauch vor Lachen, und es kullerte sogar die ein oder andere Lachträne.

Selbstverständlich sprachen sie aber auch über die zurückliegenden Ereignisse und diskutierten die neuesten Berichte aus Malta. Noch im Oktober war ein Sachverständiger der maltesischen Behörden beauftragt worden, ein Gutachten über

Dr. Vladimir Muldors Geisteszustand zu erstellen. Sonja Mahler, die Polizeipsychologin des PP Mittelfranken gab dessen Ergebnisse bei der Dienstbesprechung wieder.

„Ich versuche, euch das mal so zu erklären", fing sie an. „Was fällt euch zu folgenden Eigenschaften ein: mental stark, fokussiert, konzentriert, charismatisch und charmant? Vermutlich eine sympathische Erscheinung! Und wie sieht es aus bei: rücksichtslos, narzisstisch, egoistisch und ohne Empathie? Das klingt wenig sympathisch, oder? Aber jetzt kommt die Überraschung! Beide Merkmalsgruppen sind laut psychologischen Studien die hervorstechenden Eigenschaften von Psychopathen!" Sie sah erwartungsvoll in die Runde. Tatsächlich konnte sie sich der Aufmerksamkeit aller Anwesenden nun sicher sein. Daher sprach sie weiter. „Geschickte psychologische Befragungen legen den Verdacht nahe, dass auffällig viele Menschen mit genau diesen Eigenschaftskombinationen in den Führungsetagen großer Unternehmen oder Behörden auftauchen. Denn Selbstdarsteller agieren skrupelloser im Kampf um eine gute Position, sie sind eiskalt und agieren ohne Rücksicht auf mögliche Konsequenzen für andere. Und all das passt in unser Täterprofil. Muldor führte seine Global Pax-Trade sehr erfolgreich. Er war eine Persönlichkeit, die zugleich von Hass zerfressen war. Auslöser war vermutlich der damalige ‚Kommissar-Befehl', nach dem alle sowjetischen Kommissare im Zweiten Weltkrieg von der Deutschen Wehrmacht liquidiert wurden. Sein Vater war ein ranghoher Politkommissar der Roten Armee. Gemäß den Richtlinien des Oberkommandos der Wehrmacht erhielt die Wehrmacht die Weisung, diese nicht als Kriegsgefangene zu behandeln, sondern sie ohne Verhandlung zu erschießen. Als Kind musste Muldor also mit ansehen, wie sein Vater durch einen

Genickschuss ermordet wurde. Seine Mutter flüchtete mit ihm und schloss sich den Partisanen an. Er wuchs im Untergrund auf. Abbas Kovner, der die Nakam schließlich ins Leben gerufen hat, hatte ein Verhältnis mit Muldors Mutter und nahm ihn bei sich auf, als sie 1944 als Partisanin mit einer Drahtschlinge öffentlich von den Nazis erhängt wurde. Auch hier war Vladimir Muldor anwesend und beobachtete die Hinrichtung mit eigenen Augen. Kovner, der von den Geschehnissen im Dritten Reich ebenso traumatisiert war, adoptierte ihn und erzog ihn im fanatischen Glauben, dass die Taten der Nazis gerächt werden mussten. Denn sein Hass auf jeden Deutschen, ob Mann, Frau oder Kind, war unsäglich. Und in diesem Sinne erzog er auch seinen Ziehsohn. Kovner und Reichman haben bis zu ihrem Tod ihre Taten niemals bereut. In Vladimir Muldor sahen sie einen von ihnen gesteuerten Racheengel, der die Verbrechen der Nazis und ihrer Mithelfer weiter sühnen würde. Deshalb auch sein Zweitname Abaddon, den er von Kovner im Alter von dreizehn Jahren erhalten hatte. Auf dessen Sterbebett versprach Muldor schließlich seinem Ziehvater, dass er den Auftrag ihrer Organisation nach dem Tod Kovners weiter fortsetzen wolle. Doch erst durch Ed Fagans Recherchen 1997 und die Holocaust Victim Assets Litigation wurde Muldor darauf aufmerksam, dass es möglicherweise noch weitere Bankiers und Nazi-Schergen gab, die sich an jüdischem Vermögen bereichert hatten, dafür aber niemals zur Rechenschaft gezogen worden waren. Also leitete er die notwendigen Schritte ein, um das Erbe seiner beiden Ziehväter fortzuführen, indem er die Talionsformel umsetzte."

Dann übernahm Schorsch, der ebenfalls noch ein paar Neuigkeiten zu diesem Fall in petto hatte. „Durch seinen Reichtum hatte sich Muldor ein internationales Verbindungsnetzwerk geschaffen, das seine Ermittlungen nach deutschen Kriegsverbrechern und deren Helfershelfer weiter vorantrieb. Seine Verbindungen reichten ja sogar bis in die Führungsebenen höchster Geheimdienstkreise und in die Bilderberger Strukturen. Denn Geld regiert die Welt. Und diese Quellen hatte unser Schattenmann nicht nur bei der CIA; auch osteuropäische Dienste haben ihn bei seinen Recherchen und Anfragen unterstützt. Warum er für seine Morde ausgerechnet Gleisanlagen in Deutschland und der Schweiz gewählt hatte, darüber haben wir ja schon mal spekuliert. Unsere Vermutungen wurden nun durch die Geständnisse der beiden Auftragskiller Sekow und Plumer bestätigt. Muldor wählte diese Hinrichtungsstätten, weil die Gleisanlagen der Deutschen Reichsbahn der letzte Weg derjenigen war, an denen dieser Völkermord umgesetzt wurde. Diese Deportationen fanden ja ausschließlich auf dem Schienenweg statt. Zudem war Nürnberg die Stadt der Reichsparteitage, hier wurden die Rassengesetze beschlossen, hier fanden auch die Nürnberger Prozesse statt. Das und die Tatsache, dass die Familien der Verbrecher hier wohnten, bewog Muldor, in Franken ein Zeichen zu setzen. Dafür waren auch die Erkennungsmarken mit der Prägung ‚Auge um Auge' vorgesehen. Seine Mordopfer sollten an diese Kriegsverbrechen erinnern, die Deutschen sollten mit ihrer schrecklichen Vergangenheit konfrontiert werden."

Wie Schorsch außerdem berichtete, hatten Arno Sekow und Jakob Plumer in ihren Vernehmungen weitere Auftragsmorde zu Protokoll gegeben, so auch die an den beiden Schweizer Bankiers, 1997 im Gotthardtunnel in Göschenen und zwei Monate später den Mord in Airolo. Pro Auftrag hatte jeder von ihnen achtzehntausend Euro erhalten, Spesen inklusive. Dr. Muldor hingegen schwieg nach wie vor und machte auf Anraten seiner Verteidiger weiterhin von seinem Aussageverweigerungsrecht Gebrauch. Für seine Hauptverhandlung waren fünf Verhandlungstage angesetzt. Der erste Tag war für Mittwoch, den 4. April 2012, im Justizpalast von Valletta terminiert. Dr. Menzel, Schorsch, Gunda und Horst sollten dabei als Zeugen gehört werden.

Aber darüber mussten sich Schorsch und sein Team erst mal keine Gedanken mehr machen. Sie hatten den Fall aufgeklärt, einen Schwerstkriminellen einem ehrbaren Gericht zugeführt und durften sich nun die fränkischen Köstlichkeiten schmecken lassen.

Noch im Dezember 2011 distanzierte sich die Holocaust Victim Assets Organisation in vielen europäischen Tageszeitungen von Dr. Muldors Auftragsmorden. Seine Taten rechtfertigten keine weiteren Verbrechen an überlebenden Nazis oder deren Familien. Die aus dem Alten Testament hieraus abgeleitete Talionsformel wurde von Dr. Muldor und seinen Ziehvätern schamlos missbraucht und für deren abscheuliche Verbrechen als Rechtfertigungsgrund ausgelegt.

Arno Sekow und Jakob Plumer wurden am Mittwoch, den 16. Mai 2012, vom Landgericht Nürnberg-Fürth zu einer lebenslangen Freiheitsstrafe verurteilt.

Die Einstellungsverfügung der Staatsanwaltschaft Nürnberg-Fürth gegen Verantwortliche der Nakam, die im Jahr 2000 wegen „außergewöhnlicher Umstände" erlassen worden war, zeigte inhaltlich auf, dass die noch lebenden Täter aufgrund einer dauerhaften schweren Krankheit keiner Gerichtsbarkeit mehr zuzuführen waren.

Die Familie Bergmann zahlte noch im Februar 2012 an die Holocaust Victim Assets Litigation 3,8 Millionen Euro aus dem geraubten Vermögen ihres verstorbenen Vaters zurück.

Der einzig überlebende Sohn der Kochs, Henning Koch, veräußerte im April 2012 das Familienunternehmen in Kulmbach.

Zu groß war der Druck der Medien geworden. Der Agraringenieur verlegte seinen Wohnsitz in die USA und bezahlte im Mai 2012 5,2 Millionen Dollar an die Holocaust Victim Assets Litigation zurück. Diese Zahlung erfolgte jedoch ohne Anerkennung einer Rechtspflicht, so seine Anwälte.

Die Staatsschutzabteilung des Bundeskriminalamts schloss die Untersuchungen im Fall Juretzku im März 2012 ab. Fest stand, dass Juretzku über Jahre hinweg für zwei amerikanische Dienste spioniert hatte. Sein Kontaktmann für Zentraleuropa war ein gewisser Ron Curtis, genannt Randy, der in der amerikanischen Botschaft in Berlin saß. Über Curtis war der Kontakt mit Dr. Muldor zustande gekommen. Dieser hatte seine notwendigen Quellinformationen direkt über Juretzku bezogen, so die Erkenntnisse der Bundesanwaltschaft. Der Geheimnisverrat bezog sich nicht nur auf relevante Ermittlungsverfahren im Bereich Wirtschaftskriminalität, er verriet zudem auch brisante Gesprächsprotokolle von angeordneten Telekommunikationsüberwachungen. Darüber hinaus lieferte Juretzku für seinen amerikanischen Führungsoffizier auch Informationen im Bereich „Patententwicklungen, Anmeldungen und deren Entscheidungen", denn als Leiter der Zentralen Registratur hatte er auch eingeschränkten Zugriff auf den Zentralrechner des Bundespatentgerichts in München. Dieser beschränkte Zugriff reichte bereits aus, um dort für seinen amerikanischen Führungsoffizier gezielt den „FinSpy-Trojaner" zu setzen. Der wirtschaftliche Schaden hierbei war enorm. So verriet er die neuesten Entwicklungen eines großen, in Franken ansässigen Rüstungskonzerns sowie eines internationalen Weltkonzerns mit Sitz in Erlangen. Insgesamt erhielt der Verräter für seine Spionagedienste rund zweihundertfünfzigtausend Euro.

Ernst Ploch, der getötete Kriminaloberkommissar, ging posthum in die Geschichte seiner Marktgemeinde ein. So wurde der ortsansässige Kirchweihplatz nach ihm benannt.

Julia Veith, die Zeugenschützerin von Rudi Mandlik, die sich bei dem Überfall in der Grauber Hütte in den Panikraum retten konnte, ist weiterhin in psychologischer Behandlung.

Doc Fog konnte durch die MOKO Golgatha seine Exponaten-Sammlung für seine Studenten erweitern. Als einziges Institut für Rechtsmedizin besitzt nun die Einrichtung in Erlangen eine filigran gefertigte Zahnbrücke aus Reintitan, die auf dem präparierten Oberkiefer seines ursprünglichen Trägers aufgebracht war. Diese diente zur Aufnahme einer Zyankali-Kapsel.

Schorsch und Rosanne verbrachten den Jahreswechsel 2011/2012 gemeinsam mit Ben und Suzanne auf Malta. Das Silvestermenü im Casa Ellu war ein wahrer Festschmaus. Von Valletta aus brachen sie drei Tage später zu einer dreiwöchigen Kreuzfahrt in den Indischen Ozean auf.

Als sie eines Abends auf Indien zuliefen, ließ es sich Schorsch nicht nehmen, Ben noch nach seinem offenen Hinweis zu fragen. „Ben, du wolltest mir doch in einem Vieraugengespräch die Geschichte aus Abbottabad in Pakistan erzählen. Ich bin gespannt!"

Ben schmunzelte. „Stimmt, ich wollte dir ja noch etwas Unglaubliches über meine geschätzten Freunde, die Amerikaner, erzählen. Vielleicht erinnerst du dich, der 2. Mai 2011 war ja sehr ereignisreich und fast alle Nachrichtendienste haben sich an diesem Tag über die doch überaus glaubhaft inszenierte Berichterstattung der Amerikaner gewundert. Die Amis lieferten ja an diesem Tag weltweit das ganz große Kino. Das Ereignis sollte eigentlich in die Annalen Hollywoods eingehen! Denn die Operation ‚Neptune Spear' beinhaltete keineswegs die Tötung der Zielperson!"

„Der 2. Mai 2011? Du meinst die Tötung von Osama bin Laden, oder?", fragte Schorsch.

„Ja, denn mit seiner angeblichen Tötung wollte man der Welt zeigen, dass die Amerikaner überall auf dem Planeten in der Lage sind, Vergeltung zu üben. So ähnlich wie in deinem Fall! Auge um Auge, Zahn um Zahn. Aber die Realität ist eine andere!" Er sah Schorsch nachdenklich in die Augen und nahm dabei einen Schluck aus seinem Wodka-Martini.

Schorsch sah ihn erwartungsvoll an. „Dann bin ich ja echt gespannt auf deine Version."

„Die Tötung Osama bin Ladens ging ja um die ganze Welt. Die Amis hatten sich mächtig ins Zeug gelegt, jeder hier auf dem Planeten sollte die Geschichte glauben. In Wirklichkeit aber wurde diese Aktion von langer Hand von den Geheimdiensten geplant, eine strategische Meisterleistung und zugleich super inszeniert. Die Blicke der Beteiligten aus dem Oval Office, die beobachteten, wie die Seals in das Objekt eindrangen, gingen ja um die ganze Welt. Jeder Nachrichtensender, jede Zeitung brachte das Foto aus dem Weißen Haus. Aber nun mal ganz ehrlich, Schorsch, glaubst du an diese Geschichte? Alleine die widersprüchlichen Angaben darüber im Netz stinken doch gewaltig in den Himmel. In nachrichtendienstlichen Kreisen wird nämlich von einer ganz anderen Version ausgegangen."

Schorsch überlegte kurz. „Keine Ahnung, aber mach's nicht so spannend! Erzähl!"

„Jahrelang haben die Amerikaner versucht, an den Mann heranzukommen. Im Januar 2011 kam dann endlich ein Hinweis auf Pakistan, und Osama wurde in Abbottabad aufgespürt. Bis zum Zugriff am 2. Mai also hatten ihn die

Amerikaner bereits fast ein Vierteljahr observiert, seine Mobiltelefone angezapft, und ein Bewegungsbild von ihm erstellt. Die Amis wussten alles über den alten kranken Mann. Sie wussten, wann er die Toilette benutzte, welchen Film oder welches Video er ansah, und wann sein Leibarzt die nächste Dialyse für ihn vorbereitete. Denn Osama hatte ja in dem Anwesen eine eigene Krankenstation. Eine gewollte Tötung wäre jederzeit möglich und kinderleicht gewesen. Das bewohnte Objekt stand frei auf einem Grundstück, und eine speziell entwickelte Mini-GPS-Bombe hätte diese Angelegenheit in Sekunden erledigt. Diese thermobarischen Lenkwaffen mit der Bezeichnung ‚Massive Ordnance Air Blast' entwickeln bei der Detonation eine enorme Druckwelle sowie einen Hitzekern von viertausendfünfhundert Grad Celsius. Und das im Radius von bis zu hundert Metern, also eine absolut letale Wirkung. Da bleibt nur noch Staub übrig. Das Ziel der Amerikaner war aber ja, dieses Terrornetzwerk aufzuklären. Wie du ja selbst als Ermittler weißt, will man immer an die Hintermänner rankommen, denn nur so lassen sich die Strukturen einer solchen Organisation aufdecken. Und zu diesem Zweck brauchten sie Osama. Und zwar lebend. Jede Spezialeinheit ist darauf trainiert, ihre Zielperson möglichst unverletzt zu bekommen. Und die im Objekt festgestellten und mit einem Trojaner infizierten Computer gaben bis dahin keine konkreten Hinweise auf die Strukturen des Al-Qaida-Netzwerks. Diese Erkenntnisse lagen der CIA bereits Ende März vor. Man musste also an die Zielperson heran, koste es, was es wolle. Deshalb griff man auf die Navy Seals zurück. Auf diese Truppe konnte sich Barack Obama verlassen."

Ben machte eine Pause, um das Gesagte auf Schorsch wirken zu lassen. Der signalisierte ihm durch ein Kopfnicken, dass er ihm folgen konnte und gespannt auf die Fortsetzung war.

„Die Geschichte für die Öffentlichkeit", sprach Ben weiter, „also dass der alte Mann beim Zugriff getötet und kurze Zeit später auf einem Flugzeugträger der Seebestattung zugeführt wurde, war zudem ein kluger Schachzug. Eben hollywoodreif. Zumal auf diese Weise keine weiteren Sympathisanten seine Trauerstätte besuchen konnten. Eine Pilgerstätte wurde damit schon mal kategorisch ausgeschlossen. Und wäre bekannt geworden, dass Osama doch noch am Leben sei, hätten diese Meldungen vermutlich verheerende Reaktionen seitens des Terrornetzwerks hervorgerufen. Terroranschläge gegen US-Einrichtungen sowie Erpressungen und Entführungen wären an der Tagesordnung gewesen. Die Amerikaner hätten sich nicht mehr in Sicherheit wiegen können. Es war also ein perfekt durchdachter Plan. Die Spezialeinheit der Seals überwältigte den Gebrechlichen, und die CIA wartete bereits auf der Insel Diego Garcia mit den dazu notwendigen Praktiken der Wahrheitsfindung. Im Kubark-Manual konnten sie jede Vorgehensweise aussuchen, um Osama zum Reden zu bringen. Ob Wahrheitsdrogen oder sonstige Schweinereien, dieses geheimdienstliche Verhör-Handbuch über moderne Foltermethoden war ihr Schlüssel zum Erfolg. Denn ihr Plan ging auf, bis zum Jahresende hatten die Amerikaner fast sechshundert Führungsgrößen des Netzwerks mit ihren Drohnenangriffen ausgeschaltet. Zuerst konnte man diese Erfolgsmeldungen noch offiziell in den Medien mitverfolgen, aber die gezielten Tötungen erreichten irgendwann ein Ausmaß, bei dem jeder investigative Journalist hellhörig wurde. Jeder fragte sich, wie die Amerikaner so schnell an die Hintermänner kamen und so das Terrornetzwerk zerschlagen konnten. Viele Medienvertreter fragten sich zudem, ob alle getöteten Terroristen ein markantes Kennzeichen trugen, weil sie so schnell identifiziert wurden. Hatten die alle ein Fähnchen auf dem Rücken mit der Aufschrift: Hallo, hier, ich gehöre zu Al-Qaida!"

Unwillkürlich musste Schorsch lachen, denn vor seinem geistigen Auge sah er einen solchen Fähnchen-Terroristen an ihnen vorbeispazieren.

„Nach kurzer Zeit stellten die Amerikaner ihre Erfolgsmeldungen schlagartig ein", setzte Ben seine Erzählung fort. „Nachdem man Osama sicher in Gewahrsam hatte und alle Informationen abgeschöpft hatte, war er nutzlos. Man hat ihn dann vermutlich im Camp Justice, also auf dem Atoll entsorgt."

Er endete und blickte Schorsch beinahe herausfordernd an. Der sog erst einmal die Luft ein, rührte mit dem Strohhalm in seinem Cocktailglas und nahm dann einen kräftigen Schluck, bevor er antwortete: „Mensch, Ben, deine Geschichte klingt so plausibel und realitätsnah, da weiß man gar nicht, was man dazu sagen soll. Außer vielleicht, dass offensichtlich auch die Amerikaner mit der Talionsformel vertraut sind. Und dass möglicherweise nicht immer alles so ist, wie es den Anschein hat, und man sich seiner Sache nie zu sicher sein darf."

Ben nickte und blickte versonnen auf das Meer. „Na ja, Schorsch, vielleicht ist es manchmal ja auch gut, dass man bestimmte Dinge eben einfach akzeptiert und nicht weiter hinterfragt. Die Wahrheit kann manchmal nämlich auch ziemlich schockierend sein."

# Epilog

Einige Monate später ...

*Freitag, 16. März 2012, Main Prison, Corradino Correctional Facility, Road Paola, Valletta, Malta*

Dr. Geoffrey Cambers leitete seit neunzehn Jahren die Gefängnisstation auf Valletta. Sein Job war nicht so gut bezahlt wie der seiner selbstständigen Kollegen oder derer, die in den umliegenden Hospitälern eine Anstellung hatten. Doch ein älterer Untersuchungshäftling mit einer Schulterfraktur befand sich in der Rekonvaleszenz, und dessen Anwalt hatte den Auftrag, für ihn den Kontakt zum Doktor zu suchen.

Es war ein kalter, verregneter Freitagnachmittag im März 2012, als Dr. Cambers dem älteren Herren eine besondere Mischung aus Propofol und Remifentanil injizierte. Die Narkose wirkte in Sekunden, und die Herztöne sowie der Pulsschlag des Betroffenen waren durch diese Medikamente kaum mehr feststellbar. Der Doktor verließ die Einzelzelle und wartete darauf, dass ihn das zuständige Wachpersonal alarmieren würde.

Er war zuständig für die Leichenschau an verstorbenen Häftlingen sowie die Ausstellung der behördlichen Totenscheine. Es war der sogenannte „schwarze Entlassungsschein", der Verantwortlichen der Justiz erlaubte, ein Bestattungsunternehmen mit dem Transport des Leichnams in das städtische Leichenhaus zu beauftragen. Und da das Gefängnis über keinerlei Kühlräume für verstorbene Häftlinge verfügte und das Wochenende vor der Tür stand, sollte dieser Transport noch heute stattfinden.

Für Dr. Cambers war das seine letzte Amtshandlung auf der Insel. Nachdem der Verstorbene vom Bestatter übernommen worden war, verstaute er noch ein paar persönliche Dinge in seinem Aktenkoffer, darunter auch einen Kontoauszug der HSBC Bank Malta. Auf seinem Gesicht breitete sich ein zufriedenes Lächeln aus, als er einen letzten Blick darauf warf, bevor er ihn im Koffer verschwinden ließ. Dann nahm er die Bedienstetenschleuse der Justizvollzugsanstalt und verließ das Gefängnis. Vor dem Gebäude wartete bereits der schwarze Range Rover, der ihn zum Flughafen brachte.

*Donnerstag, 22. März 2012, 21.20 Uhr,*
*nahe St. Johns, Neufundland*

Der Hausangestellte griff zum Austernmesser und öffnete gekonnt sieben weitere Schalentiere, die er anschließend seinem Herrn servierte. Der spülte das köstliche Fleisch, das mit frischen Zitronen gespritzt war, mit einem kräftigen Schluck Champagner herunter.

Kurze Zeit später begab er sich in die Kaminecke, öffnete seinen Humidor und griff zur Montecristo. Dann machte er es sich in seinem Ledersessel bequem und blickte stumm in das knisternde Feuer.

Er lächelte, als kurz darauf die Melodie seines Lieblingsliedes den Raum erfüllte und die wunderbare Édith Piaf sang:

„Non, je ne regrette rien ..."

*Der Gerechtigkeit kommt an sich kein Sinn zu, vielmehr ist sie nur ein im gegenseitigen Verkehr in beliebigen Ereignissen getroffenes Übereinkommen zur Verhütung gegenseitiger Schäden.*

- Epikur -

# Glossar

**A**

- Abaddon = von hebräisch: „abad" = Untergang, Vertilgung, Abgrund; im Neuen Testament als „Engel des Abgrunds" gebraucht
- Allmächd = ist ein beliebter, sehr häufig verwendeter fränkischer Ausruf des Erstaunens, des Erschreckens oder der Freude
- Auslandskopfüberwachung = operatives Einsatzmittel für Strafverfolgungsbehörden und Geheimdienste. Es ermöglicht, die Telekommunikation eines registrierten Endgerätes eines ausländischen Zugangsproviders zu überwachen, sobald dieser sich im nationalen Telekommunikationsnetz einloggt und dort eine Verbindung aufbaut. (Quelle: § 4 Telekommunikations-Überwachungsverordnung [TKÜV] sowie Google)

**B**

- BGBL = Bundesgesetzblatt
- Bilderberg-Konferenz = informelle, private Treffen von einflussreichen Personen aus Wirtschaft, Militär, Politik, Medien, Hochschulen und Adel (strenge Geheimhaltung der Gesprächsthemen!)
(Quelle: Wikipedia)
- BKA = Bundeskriminalamt
- Blaue Notiz = Sammlung von zusätzlichen Informationen über die Identität oder Aktivitäten einer Person in Bezug auf ein Verbrechen (Quelle: Wikipedia)
- BLKA = Bayerisches Landeskriminalamt

## C

- Camp Justice = Gefangenen- und Folterlager der CIA für Terroristen im Indischen Ozean auf dem US-Stützpunkt Diego Garcia
- CIA = Central Intelligence Agency, ein Geheimdienst der Vereinigten Staaten von Amerika
- Circus = englischer Auslandsgeheimdienst; offizielle Bezeichnung: „MI6"
- Claims Conference = Die Jewish Claims Conference (JCC) wurde 1951 mit dem Ziel gegründet, den jüdischen Opfern des Nationalsozialismus wenigstens ein Mindestmaß an Gerechtigkeit widerfahren zu lassen, indem sie sich um finanzielle Entschädigung und Rückerstattung von enteigneten oder verloren gegangenen Besitztümern bemüht. (Quelle: Deutsche Botschaft Tel Aviv)
- Copter-Headset = Kommunikationsanlage im Hubschrauber, um sich gegenseitig während des Fluges verständigen zu können.

## D

- Daktyloskopie = „Fingerabdruckwesen"; Sie ist heute eine von Wissenschaft und Rechtsprechung anerkannte Personenidentifizierungsmethode, die sich mit der Aufnahme und Auswertung der Abbilder der menschlichen Leistenhaut zum Zwecke der Identifizierung sowie der Feststellung von Spurenverursachern befasst. (Quelle: Bundeskriminalamt)
- Dan & Bradstreet-Abfrage = internationale Firmenabfrage; Unternehmen können weltweit Firmendaten und Bewertungen zu ihren Kunden, Lieferanten oder potenziellen Geschäftspartnern über die Datenbank von D&B abrufen. Nach eigenen Angaben von D&B finden sich in der Datenbank Informationen zu mehr als 170 Millionen Unternehmen in über

200 Ländern sowie 4,5 Millionen Unternehmen in Deutschland. (Quelle: Wikipedia)
- Diego Garcia = militärischer Stützpunkt der USA, der für geheimdienstliche Operationen der CIA geschaffen wurde (Atoll im Indischen Ozean). (Quelle: Wikipedia)
- Drei im Weckla = drei Nürnberger Bratwürste im Brötchen

# E

- edzerdla = fränkisch für „jetzt"
- Eichmann, Adolf = war ein deutscher SS-Obersturmbannführer und während der Zeit des Nationalsozialismus und des Zweiten Weltkrieges in Deutschland mitverantwortlich für die Ermordung von schätzungsweise sechs Millionen Menschen im weitgehend vom Deutschen Reich besetzten Europa. (Quelle: Wikipedia)
- Einsatz-Protokoll-System/EPS-Web = Web-basiertes Computerprogramm für Einsatzlagen der Polizei, das in Echtzeit die Einsatzlagen der verschiedenen Einsatzabschnitte der am Einsatz beteiligten Kräfte gerichtsverwertbar protokolliert.
- Einsatzstärke 1/7 = 1 Gruppenführer mit 7 Zugriffskräften einer Spezialeinheit (SEK / MEK)
- EUROJUST = „Eurojust" oder „Einheit für justizielle Zusammenarbeit der Europäischen Union" ist die Justizbehörde der Europäischen Union mit Sitz in Den Haag. Eurojust hat den Status einer EU-Agentur und koordiniert grenzüberschreitende Strafverfahren auf europäischer Ebene. (Quelle: Wikipedia)
- Europol = „Europol" oder „Europäisches Polizeiamt" ist eine europäische Polizeibehörde mit Sitz in Den Haag. Sie soll die Arbeit der nationalen Polizeibehörden Europas im Bereich der grenzüberschreitenden organisierten Kriminalität (OK) koordinieren und den Informationsaustausch zwischen den nationalen Polizeibehörden fördern. (Quelle: Wikipedia)

## F

- FinSpy-Trojaner = eine Spionage-Software, die Fernzugriff auf Rechner und Handys ermöglicht. (Quelle: Wikipedia)
- Fregger = raffinierter Bazi, sodass sich jeder, der geschäftlich oder geschlechtlich mit ihm zu tun bekommt, in Acht nehmen sollte. (Quelle: Franken-Wiki)

## G

- GCHQ / Government Communications Headquarters = britische Regierungsbehörde (Nachrichtendienst und Sicherheitsdienst), die sich mit Kryptographie, Verfahren zur Datenübertragung und der Fernmeldeaufklärung befasst. (Quelle: Wikipedia)
- Ghillie-Anzug = engl.: „ghillie suit"; ein Tarnanzug, der meistens von Scharfschützen und Jägern eingesetzt wird. Er verbirgt die Form des menschlichen Körpers und lässt ihn mit seiner Umgebung „verschmelzen". In der Regel besteht ein Ghillie-Anzug aus einem Netzmaterial, entweder in Form eines Überwurfes oder als zweiteilige Ausführung. (Quelle: Wikipedia)
- Gimli = Figur im Filmklassiker „Herr der Ringe". Ein Zwerg und Sohn des Glóin aus dem Volk Durins.
- Glubb = 1.FC Nürnberg
- Gogern = so viel wie rumsuchen, umschauen, stöbern; ist wohl eine Ableitung von „gucken".
- GRU = Abkürzung für Glawnoje Raswedywatelnoje Uprawlenije; ehemals sowjetischer und aktueller russischer Militär-Nachrichtendienst (Quelle: Wikipedia)
- GSG 9 = Antiterroreinheit der deutschen Bundespolizei (früher Bundesgrenzschutz) mit Standort in Sankt Augustin-Hangelar (Quelle: Wikipedia)

# H

- Holocaust Victim Assets Litigation = Verfahren, um die Vermögenswerte der jüdischen Opfer bei Schweizer Banken aufzuklären.
- Humidor = Ein Humidor (lat. „humidus" = feucht), Mehrzahl Humidore, ist ein aus Hölzern oder anderen Materialien gefertigter Behälter, in dem Zigarren gelagert werden. (Quelle: Wikipedia)
- HUMINT = Als „Human Intelligence" (HUMINT) bezeichnet man die Erkenntnisgewinnung aus menschlichen Quellen. Obwohl der Begriff meist im Zusammenhang mit Nachrichtendiensten verwendet wird, ist HUMINT auch ein wesentliches Instrument von Staatsanwaltschaften, Journalisten und der Polizei sowie im militärischen Nachrichtenwesen und der militärischen Aufklärung durch Feldnachrichtenkräfte. (Quelle: Wikipedia)

# I

- IMSI-Catcher = operatives Einsatzmittel der Strafverfolgungsbehörden und Geheimdienste für das Auslesen der Mobilfunkkarte eines Mobiltelefons, die Bestimmung des Standorts und das Mithören von Mobilfunktelefonaten. (Quelle: Wikipedia)
- INPOL = polizeiliches Informationssystem der deutschen Polizei
- Interpol = Die Internationale kriminalpolizeiliche Organisation-Interpol, kurz „ICPO" oder „Interpol" (von engl.: „International Criminal Police Organization"), ist eine internationale Organisation zur Stärkung der Zusammenarbeit nationaler Polizeibehörden. (Quelle: Wikipedia)
- Isotopengutachten = Herkunftsbestimmung; Isotope leichterer Elemente (vor allem Kohlenstoff, Sauerstoff, Stickstoff,

Schwefel, Wasserstoff) dienen zum Beispiel als Nachweis für die regionale Herkunft von verstorbenen Personen. (Quelle: Wikipedia)

## J

- Journal-Staatsanwalt = Staatsanwalt, der Bereitschaftsdienst hat und für anfallende strafprozessuale Maßnahmen die Entscheidung trifft.
- Jüdische Brigade = Die Jüdische Brigade (Jewish Brigade) war eine kämpfende Einheit in der British Army während des Zweiten Weltkriegs, die auf Seiten der Alliierten gegen die Achsenmächte kämpfte. Die Brigade setzte sich aus Freiwilligen aus dem Gebiet des Völkerbundsmandats für Palästina zusammen. (Quelle: Wikipedia)

## K

- KDD/Kriminaldauerdienst = ein „Rund um die Uhr"-Bereitschaftsdienst der Kriminalpolizei (Quelle: Wikipedia)
- Kommissar-Befehl = Befehl an das Oberkommando des Heeres (OKH).Er enthielt die Anweisung, Politkommissare der Roten Armee nicht als Kriegsgefangene zu behandeln, sondern sie ohne Verhandlung zu erschießen. (Quelle: Wikipedia)
- KTU= Kriminaltechnische Untersuchung von Beweismitteln auf Basis naturwissenschaftlicher Analyseverfahren
- Krypto-Leitung = besonders abgeschirmte Telefonleitung zum Führen von geheimen und vertraulichen Gesprächen zwischen den Nachrichtendiensten untereinander oder mit Strafverfolgungsbehörden
- Kubark-Manual = geheimes Folter- und Verhörhandbuch der U.S. Army und der CIA

## L
- Loge= Eine Logenvereinigung grenzt sich gegenüber der Öffentlichkeit ab. Die Mitglieder werden in der Regel erst nach einer Phase gegenseitiger Prüfung aufgenommen. Sie haben über bestimmte Interna nach außen hin Stillschweigen zu bewahren (Freimaurerei). (Quelle: Wikipedia)

## M
- Maglite = Stabtaschenlampe; Ausrüstungsgegenstand der Polizei
- MEK = Mobiles-Einsatz-Kommando der Länder / des Bundes
- Metzelsuppe = kräftige Brühe, die bei der Herstellung von Brüh- und Kochwurst entsteht, dazu reicht man frisches Bauernbrot.
- Mossad = israelischer Auslandsgeheimdienst
- Montecristo = kubanische Zigarre

## N
- Nakam = jüdische Terrororganisation, die sich seit 1945 das Ziel gesetzt hatte, Rache für den Holocaust zu üben und der Welt zu zeigen, dass die Juden in der Lage seien, sich zu wehren. (Quelle: Wikipedia)
- Navy Seals = Die United States Navy Seals sind eine Spezialeinheit der US Navy. (Quelle: Wikipedia)

## O
- Obergefreitendienstweg = auch „Kleiner Dienstweg" genannt; ist die scherzhafte Bezeichnung für die inoffizielle Lösung von bürokratischen und anderen häufigen dienstlichen Problemen abseits des regulären Dienstweges innerhalb von Behörden.

- OK-ler = Bezeichnung für Beamte, die im Bereich der Organisierten Kriminalität ermitteln
- OSINT = Nachrichtengewinnung aus offenen Quellen (Open Sources Intelligence) durch die Geheimdienste
- Oval Office = Büro des Präsidenten der Vereinigten Staaten von Amerika. Es befindet sich im westlichen Flügel des Weißen Hauses und hat seinen Namen von der ovalen Form des Raumes. (Quelle: Wikipedia)

P
- Polizeidienstvorschrift = Polizeidienstvorschriften (PDV) sind Dienstvorschriften der deutschen Polizeien. Ein großer Teil von ihnen ist nicht öffentlich und als Verschlusssache eingestuft. (Quelle: Wikipedia)
- Proliferation = ist im Rüstungsbereich die Bezeichnung für die Weiterverbreitung bzw. die Weitergabe von Massenvernichtungswaffen und ihren Trägersystemen oder Bauplänen dafür, von Staaten, die derartige Technologien besitzen, an andere Staaten, die noch nicht darüber verfügen. (Quelle: Wikipedia)
- Propofol und Remifentanil = Narkotika, die aufgrund ihrer kurzen Plasmahalbwertszeit und relativ geringen Kumulation als gut steuerbar gelten.

R
- Rentner-Bravo = Apotheken-Umschau

S
- Schäuferla= Das „Schäuferla" (oder „Scheiferla" / „Schäufele") gehört zu den Lieblingsgerichten der Franken. „Schäuferla" ist der Name für das Schulterblatt des Schweins, das Gericht hat also seinen Namen von dem mit dem Fleisch

verbundenen, schaufelförmigen Schulterblatt. (Quelle: Franken-Wiki)
- Schlapphüte = umgangssprachlich für Angehörige der deutschen Nachrichtendienste
- Schneggerla = weibliches hübsches Wesen oder kleines süßes Kind, aber auch eine Umschreibung für die Liebste (Quelle: Google)
- Schottersheriffs = ursprünglicher Ausdruck für die ehemalige Bahnpolizei
- Sedge = gebundene Trockenfliege zum Fliegenfischen (meist aus Wildschweinfell hergestellt)
- Seidla = in Franken ein Bierkrug oder Bierglas mit einem halben Liter Bier
- Sepp Wolfshaut = Jack Wolfskin (Freizeitausstatter)
- SEK = Spezialeinsatzkommando der Polizeien der Länder/des Bundes
- soderla = so/jetzt
- Spusi = Spurensicherung und -auswertung des jeweiligen Tatorts.
- Sturmgepäck = Alles, was man(n) für einen unvorhergesehenen Außeneinsatz benötigt (Zahnbürste, Kosmetik, Handtuch, Unterwäsche etc.)

T
- Talionsformel = Die Talionsformel ist nicht spezifisch biblisch, sondern stammt aus einer älteren altorientalischen Rechtstradition. Entgegen seiner ursprünglichen Absicht, Rache abzuwehren und Gewalt zu begrenzen, wird das Bibelzitat in der Umgangssprache oft unreflektiert als Ausdruck für gnadenlose Vergeltung verwendet. In dieser Bedeutung erscheint es heute etwa in Medienberichten über Kriegsaktionen, als Roman- oder Filmtitel. (Quelle: Wikipedia)

- Tight lines and dry socks! = Grußspruch der Fliegenfischer untereinander
- TKÜ = Telekommunikationsüberwachung der Strafverfolgungsbehörden und Geheimdienste
- Tod von Forchheim = mittelfränkische Bezeichnung für das kranke, blasse Aussehen eines Menschen. Hintergrund: Durch die Stationierung von vielen Soldaten, die zur Zeit des Dreißigjährigen Krieges mit den Forchheimern auf engstem Raum zusammenleben mussten, verkam Forchheim zu einem Seuchenherd. Der Stadt erwuchs der Ruf, dass Besucher von Krankheiten gezeichnet zurückkehren werden, wenn überhaupt. (Quelle: Wikipedia)
- Tommys = umgangssprachlich für britische Staatsbürger

V
- Volcker-Kommission = eine Untersuchungskommission im Verfahren um jüdische Vermögen bei Schweizer Banken. (Quelle: Wikipedia)
- Vorfach = so bezeichnet man beim Angeln die Schnur vom Haken bis zur Hauptschnur. (Quelle: Wikipedia)

### Danksagungen von Roland Geisler

Während meiner „Reise im Zug" durfte ich einige interessante Leute kennenlernen. Ein besonderer Dank gilt dem „Templer83"; ohne deine Infos wäre diese Geschichte so nicht entstanden.

Dank an Julia, denn besondere Projekte erfordern einen starken Teamgeist!

### Danksagungen von Julia Seuser

Danke, Roland, für die Chance, mit dir gemeinsam dieses Projekt zu realisieren, und vor allem das blinde Vertrauen, das du mir von Beginn an entgegengebracht hast.

Außerdem danke ich allen, die immer an mich und meinen beruflichen Weg geglaubt haben, allen voran meinen Eltern.